해방의 기억

해방의 기억

초판 1쇄 펴낸날 | 2025년 8월 15일

지은이 | 건국대학교 통일인문학연구단
펴낸이 | 고성환
펴낸곳 | (사)한국방송통신대학교출판문화원
　　　　(03088) 서울특별시 종로구 이화장길 54
　　　　전화 1644-1232
　　　　팩스 02-741-4570
　　　　홈페이지 press.knou.ac.kr
　　　　출판등록 1982. 6. 7. 제1-491호

출판위원장 | 박지호
편집 | 신경진 · 김경민
본문 디자인 | 티디디자인
표지 디자인 | 플랜티

ISBN 978-89-20-05362-7　03910

값 19,000원

- 잘못 만들어진 책은 바꾸어 드립니다.
- 이 책의 내용에 대한 무단 복제 및 전재를 금하며 지은이와 (사)한국방송통신대학교출판문화원의 허락 없이는 어떤 방식으로든 2차적 저작물을 출판하거나 유포할 수 없습니다.
- 뒤표지 이미지 출처(우)
  공공누리 제1유형에 따라 한국학중앙연구원의 공공저작물을 이용하였습니다(민백-49734).
  https://www.kogl.or.kr/recommend/recommendDivView.do?recommendIdx=81000&division=img#
- 본 연구와 집필은 2019년 대한민국 교육부와 한국연구재단의 지원을 받았습니다.
  (NRF-2019S1A6A3A01102841)

건국대학교 통일인문학연구단 지음

해방의 기억

한반도·중국·일본에서
8.15를 맞이한 코리언들의 삶

지식의날개

일러두기

- 이 책에 나오는 외래 인명과 지명은 외래어표기법에 따라 표기했으나, 인용문은 원래 표기를 그대로 따랐고 4부 대담에서는 조선족 어법 표현(예: 생각된다)을 살려 표기했다.
- 연변은 연변조선족자치주(延边朝鲜族自治州), 연길은 연길시(延吉市)를 뜻한다. 연길시는 연변조선족자치주의 주정부가 위치한 곳으로, 자치주에는 6개 시와 2개 현이 포함된다.
- 이 책에서는 발화자의 입장에 따라 일본군'위안부'와 일본군성노예제라는 단어를 모두 사용하고 있다. 일본군'위안부'란 제2차 세계 대전 동안 일본군이 조직적·계획적으로 여성들을 강제 동원하여 성적 착취를 한 제도를 말하며, 위안부가 역사적 용어임을 밝히기 위해 작은따옴표를 붙여 표기한다. 일본군성노예제 표기는 주로 국제사회에서 사용되었고, 일본군이 '군위안소'를 설치·운영했고 여성을 대상으로 성폭력을 저질렀던 범죄의 본질을 정확히 밝힌다는 점에서 의의를 갖지만, '성노예'라는 적나라한 표현이 피해생존자가 겪은 역사적 상처를 각인시키고 피해생존자 중에서도 이에 대한 불쾌감을 드러내는 경우가 있어 비판받기도 했다. 한국 학계에서는 일본군'위안부'라는 사건이 피해와 강제성만으로 설명할 수 없는 다층적 경험이며 이 사안이 식민지 범죄에 갇혀 인식되지 않아야 한다고 보는 입장이 일반적이다. 현재 기준, 학계에서는 피해생존자들이 역사적 상처와 자신의 삶을 증언하며 투쟁하고 활동해 온 삶의 맥락을 표현하는 차원에서 일본군'위안부'라는 표기가 좀 더 넓게 활용되고 있고, 시민 사회 단체와 활동가들 사이에서는 점차 일본군성노예제라는 표현을 확장적으로 사용하고 있는 경향을 보인다.

들어가며

국경일 '8.15'와 8.15 기억하기

박영균

국경일 '8.15', 봉쇄된 질문

8월 15일은 국가가 기념하는 국경일이다. 그날이 되면 거리와 집 대문에는 태극기가 걸리고 대통령과 주요 인사들이 총출동하는 기념 행사가 대대적으로 거행된다. 여기서 8.15가 의미하는 바는 의심의 여지없이 단순명료하다. 나를 포함해 한국인이라면 누구나 다 잘 알고 있다고 생각하기 때문이다. 그러나 8.15라는 역사적 사건이 가진 의미는 그렇게 단순하지도 명료하지도 않다.

'8.15'는 광복절光復節이다. 광복光復은 중국의 광무제가 황제의 외척이었던 왕망王莽이 세운 신新나라를 무너뜨리고 한漢나라의 국권을 회복한 광복구물光復舊物에서 온 말이다. 즉 광복은 '일본 제국으로부터 빼앗긴 국권國權을 되찾은 사건 또는 1945년 8월 15일 일본으로부터 국권을 되찾은 사건'이다. 그러나 1945년 8월 15일에 이루어진 '해방'이 곧 대한민국이라는 국가의 수립, 즉 '국권의 회복'으로 이어진 것은 아니다. 익히 알고 있듯이 38선을 기점으로 북에는 소련군이 남에는 미군이 진주했고, 남과 북에 국가가 건국된 것은 3년 뒤인 1948년이었기 때문이다.

나아가서 일본이 항복한 날짜가 8월 15일인지도 문제다. 일본이 연합국에 항복을 통보한 날은 14일이고, 15일은 히로히토裕仁, 昭和天皇가 낮 12시에 라디오를 통해 옥음(임금의 육성)으로 이를 발표한 날이다. 심지어 일제가 항복 조인식을 한 날은 9월 2일이다. 그렇다면 정확한 항복 날짜는 언제인가? 그럼에도 8.15가 일제의 항복이라는 일련의 사건들 속에 있었다는 점에서 일단 8.15를 일본 제국주의 패망의 상징 기호로 간주하자. 그런데 이 경우에도 8.15에는 균열이 있다. 주권을 찾은 날인 광복과 겹쳐 읽는다면 8.15는 하나가 아니라 둘로 분열하기 때문이다.

만일 일본 제국주의의 항복으로 '해방된(구속이나 억압에서 벗어난)' 날이라면 그것은 1945년 8월 15일이다. 반면 대한민국이 건국되어 국권을 회복한 날이라면 그것은 1948년 8월 15일이다. 그렇기에 대한민국 건국 이후에도 국경일 8.15에 어떤 이름을 부여할 것인가는 논란의 대상이 되었다. 1949년 국무회의에서 8월 15일을 '독립 기념일'로 하는 안건을 상정했다. 하지만 10월 1일 「국경일에 관한 법률」에서 최종적으로 공포된 것은 '광복절'이었다. 따라서 8.15라는 상징 기호가 불러오는 사건도 단일하지 않다.

그럼에도 이런 기억의 구성과 편집은 역사의 왜곡이나 곡해가 아니다. 역사는 실제 일어난 사실에 관한 기록이다. 하지만 우리는 그때 일어난 사건들을 모두 기록하거나 기억하는 게 아니다. 많은 사건 중에서도 특정한 사건만을 기록하거나 기억한다. 역사라는 거대 서사뿐만 아니라 개인사라는 미시 서사에서도 마찬가지다. 예를 들어 둘 다 일어난 사건이지만 8.15에서 해방의 의미를 더 중시하는 사람은 1945년의 8.15를, 나라를 세워 국권의 회복을 더 중시하는 사람은 1948년의 8.15를 불러올 것이다. 따라서 오늘날 우리가 기억하는 사건은 현재 우리가 의미화하는 '기억하기의 집합'일 뿐이다.

그렇기에 역사는 하나로 수렴되는 과거 사건에 관한 '기억하기' 또는 단 하나의 이야기로 수렴되는 '서사'가 아니다. 계속해서 분열하면서 심지어 서로 충돌하는 기억'들' 또는 서사'들'이기도 하다. 이미 지나간 특정 사건에 관한 기억이자 이야기이지만 결코 하나의 목소리가 아니라 무수한 목소리들의 분출인 셈이다. 따라서 홀로코스트 연구자이자 역사학자인 도미니크 라카프라는 역사를 "과거의 텍스트와 현재 역사가의 끊임없는 다성多聲적 대화"라고 했다.

그런데 우리가 기억하는 8.15는 어떤가? 너무나 뻔하고 상투적인 것, 심지어 진부한 것이다. 8.15는 너무나 단순하고 명료하기에 질문의 대상이 되지 않지 않는다. 게다가 매년 치러지는 행사를 통해서 국가가 상징화한 의미 체계들을 학습하고, 8.15를 몸에 새기는 의례를 반복하면서 우리 신체에 아로새기고 있다. 따라서 8.15라는 국경일이 반복되고 국가적 상징으로 추앙되면 될수록 그것은 우리의 관심에서

멀어지고, 사유의 대상으로 초점화되지 않는다.

그런데 문제는, 이런 8.15에 관한 '사유 없음'이 오늘날 한국 사회에서 8.15를 둘러싸고 벌어지는 논란이 보여 주듯 '반지성주의'를 낳는다는 점이다. 만일 8.15라는 날짜로 표상되는 상징과 의미, 8.15가 기억되는 방식에 관한 논의가 활성화된다면 그것은 사유의 대상이 될 것이며 그 의미를 찾는 진지한 논쟁의 장도 열릴 것이다. 하지만 그렇지 못하기에 오늘날 8.15에 관한 논쟁은 토론과 사유의 대상 또는 역사적 의미를 찾는 과정이 아니라, 오히려 8.15의 역사적 의미 자체를 무효화하면서까지 다른 당파를 공격하는 수단이 되고 있다.

국가는 상징 자본의 독점체다. 따라서 국가는 역사에 관한 사실과 해석, 의미화에 관한 독점권을 가진다. 오늘날 뉴라이트를 비롯해 교과서를 둘러싼 기억 전쟁은 바로 국가가 전유하는 상징 자본의 독점권을 이용해서 사람들을 자신의 헤게모니 아래 두고자 하는 도그마들의 전쟁이다. 따라서 여기에는 진정한 토론이나 논쟁이 아예 존재할 수 없다. 오직 나만이 유일하게 참이며 나와 다른 해석이나 의미화는 모두 적이다. 여기에는 애초에 '대화' 자체가 없다. 거기에는 자신의 아집에 근거한 독백만이 있을 뿐이다. 이런 점에서 오늘날 8.15는 그 자체로 문제적이다.

8.15의 국가 기억들, 집단기억의 복수화

8.15를 초점화하려면 하나의 답변만을 고집스럽게 반복하는 국가

의 상징 독점에서 벗어나야 한다. 거대한 권력에 의해 독점된 역사는 그가 제시한 것만을 진리로 고집하기 때문에 모든 탐구와 배움을 봉쇄한다. '나는 그것에 대해 너무나 잘 알고 있다. 따라서 배울 필요가 없다.' 그래서였을까? 소크라테스는 '너 자신을 알라', 즉 '네가 무지하다는 사실을 깨달을 때' 비로소 진리를 향한 탐구와 배움이 시작된다고 말했다. 우리 또한 그래야 한다. 8.15에 대해 잘못 알고 있거나 모르고 있다는 가능성을 열어 놓을 때, 비로소 8.15에 대한 탐구와 배움을 시작할 수 있다.

그러나 이런 열린 물음에 기초한 다성적 대화는 내가 생각하고 싶은 대로, 내가 기억하고 싶은 대로, 심지어 내가 알고 있는 사실만을 반복하는 게 아니다. 과거의 사실들이 기억되고 심지어 해석되어야 한다는 것은, 실제로 일어난 사건이 없었거나 현재 우리가 알 수 없기에 과거 사실에 대한 검증 없이 마음대로 만들거나 소설처럼 텍스트를 허구적으로 창작해도 된다는 게 아니다. 그것은 매우 게으르면서 목소리만 높은 자가 역사를 편의적이고 자의적으로 재단한 후에 자신의 독단을 합리화하고자 하는 것, 즉 반지성주의자들의 헛소리일 뿐이다.

반대로, 열린 다성적 대화에는 철저한 자기 성찰이 있다. 역사가들은 과거 사실에 대한 검증에 누구보다 애쓰지만 자신이 파악한 역사가 진짜 역사이고 참이며 진리라고 주장하지도 않는다. 오히려 자신이 아는 역사가 전부일 수 없으며 심지어 틀릴지도 모른다고 의심하며 항상 경계한다. 여기서 객관성은 서로 대립하는 두 입장 중에 어느 편도 들지 않는 제3의 입장, 중립적 태도가 아니다. 오히려 과거를 기억하거나 텍스트를 해석하는 자기 자신을 객관화하면서 자기를 성찰의 대상으로 삼는다. 마치 우리가 일기를 쓰면서 자기가 한 일을 나와 분리해 비판과 성찰의 대상으로 삼는 것처럼 말이다.

이런 점에서 먼저 비판과 성찰의 대상으로 삼아야 하는 것은 '나'라는 존재다. 8.15라는 사건을 파악하고 그것에 의미를 부여하는 것은 나의 몸과 마음이다. 그런데 나의 몸과 마음은 특정한 사회·역사적 관계의 망 속에서 만들어진, 이미 사회적인 산물이다. 내가 8.15에 관해 가진 지식과 정서, 느낌은 내가 살고 있는 대한민국이라는 국가와 사회적 관계망 속에서 만들어진 것이다. 그러나 이것은 내가 상징 자본을 장악하고 있는 국가에 의해 세뇌되었다는 것을 말하는 게 아니다. 이와 반대로 내가 이런 역사적 사실을 인식하고 해석하는 데 적극적으로 참여한다는 것을 의미한다.

그렇기에 여기서 진짜 문제는 세뇌가 아니라 내가 살아가는 삶이 놓인 사회적 장과 위치 그 자체다. 나는 현재 한반도에서 대한민국 국민으로 살아간다. 따라서 적극적으로 나의 장과 위치를 나의 해석과 상징화 행위에 개입시킨다. 그렇기에 국가가 강요하지 않더라도 특정한 국가에서 특정한 정치공동체를 이루고 사는 사람들은 그들이 사는 국가의 공식화된 기억과 담론을 주류화한다. 예를 들어 현재 내가 대한민국 국민이기에 8.15는 일제 치하에서 해방된 날이자 대한민국이라는 나라가 건국한 날이라고 생각한다.

그러나 그런 국가의 공식 기억조차 나라마다 다르다. 한국(남)과 조선(북), 일본은 똑같이 8.15를 기념하지만, 한국은 '광복절'이고 조선(북)은 '해방기념일'이며 일본은 '종전기념일'이다. 반면 중국과 미국, 러시아는 날짜부터 다르다. 미국은 항복 문서에 조인한 날인 1945년 9월 2일을 '대일전승일Victory over Japan Day'로 삼는다. 하지만 중국과 러시아가 2025년 현재 '항일전쟁승리기념일抗战胜利纪念日'로 삼고 있는 것은 전날 체결된 항복 문서를 전달받은 9월 3일이다. 대만은 우리와 같은 광복절이지만, 8월 15일도 9월 2일도 아니고 10월 25일이다. 그 날은 당시 대만의 총독이었던 안도 리키치가 중화민국 국민 혁명군에 공식적으로 항복한 날이다. 또 그 날짜나 기념일도 각 나라가 처한 상황에 따라 변해 왔다.

그렇다면 왜 일제의 항복이라는 하나의 사건에 대해서 각국은 서로 다르게 기억하는 것일까? 바로 이 사건에 연루된 상황과 그것에 의미를 부여하는 바가 국가마다 다르기 때문이다. 한반도의 남과 북은 모두 일제에 의해 국권을 박탈당한 '식민지'였다. 그렇기에 일제의 항복을 해방 또는 광복으로 규정한다. 하지만 중국의 경우, 일제에 의해 점령된 지역이 만주와 동쪽 연안 일부였기에 식민 상태가 아니라 '전쟁' 상태였다. 따라서 중국은 미국이나 러시아와 마찬가지로 승전勝戰이라고 칭하고, 항복 문서가 전달된 9월 2일을 승전일로 삼았다. 반면 대만은 1945년 일제의 패망 이후 전개된 국공내전에서 패배해 타이베이로 들어갔고, 거기서 '중화민국을 수립'했기 때문에 일제가 항복한 날을 광복절로 삼고 있다.

게다가 각 나라의 공식 기억을 그 나라 시민들 전체가 공유하는 것도 아니다. 각국은 그들의 공식 기억을 국가 전체의 기억으로 만들려고 하지만, 그것은 컴퓨터에 기록되듯이 그렇게 주어진 대로 기입記入되는 게 아니다. '기억하기'는 과거에 일어난 특정한 사건을 현재로 가져오는 작업으로 몸을 움직여 무언가를 만들어 내는 행위가 아니다. 하지만 과거의 사건을 불러와 현재 내가 당면한 문제들과 나의 처지를 생각하도록 하고 미래로 나아갈 바를 찾는다는 점에서 미래를 현재화하는 행위다. 우리의 몸과 마음은 현재를 살고 있지만 항상 과거의 기억을 불러오며 오늘과 다른 내일을 꿈꾼다. 여기에 현재라는 시간이 지닌 독특성이 있다.

예를 들어 일본 정부는 8.15를 '종전기념일'로 삼지만 그것은 가해자 트라우마가 일으키는 장애로, 자신들이 항복했다는 '패배'와 전범국가로서 그들의 '죄악'을 감추려는 의도를 깔고 있다. 따라서 자신들이 저지른 죄악을 성찰하려는 양심적인 일본의 시민들은 종전기념일이 아니라 패전일로 규정해서 이를 교훈으로 삼고자 한다. 마찬가지로 중국에서도 8월 15일로 할 것인가, 항복 조인식 다음 날인 9월 3일 또는 남경에서 일본군과 직접 항복 조인식을 했던 9월 9일로 할 것인가에 대한 논란이 있다. 대만에서도 10월 25일을 '광복절'로 정하는 것에 문제를 제기하고, 8월 15일 또는 9월 3일을 제시하기도 한다. 이처럼 8.15에 관한 시민들의 집단기억은 언제나 복수적multiple일 수밖에 없다.

8.15 기억하기_분단

집단기억의 복수화는 모든 '기억하기'를 논쟁적으로 만든다. 그러나 진정한 논쟁은 기억하기를 내 삶의 문제로 가져오는 데서 시작할 수밖에 없다. 국가는 국가의 보존과 유지를 일차적인 목적으로 삼기 때문에 전쟁을 불사하면서도 자국의 영토 내에 있는 사람들을 하나로 일체화하고, 다른 집단과의 대립을 조장한다. 게다가 권력자들은 시민의 안녕과 행복을 말하지만, 자신의 지지자를 결집하기 위해 역사를 이용하고 더 큰 권력을 만들어 내는 데서 행복을 느끼는 자아도취에 빠져 있다. 따라서 이런 국가의 공식 기억에 문제를 제기하고 이를 내 삶과 연관 지어 해석하려고 할 때만 '기억하기'는 권력자의 통치 수단이 아니라 나의 것이 될 수 있다.

예를 들어 일본에서 '종전기념일'이냐 '패전일'이냐를 놓고 논쟁을 벌일 때, 거기에는 과거를 보는 눈을 통해 우리의 삶이 어디로 나아가야 하는가에 관한 미래의 선택이 놓여 있다. 일본에서 '종전終戰'은 '전쟁이 끝났다'는 중립적 의미로, 일제의 패배를 거부함으로써 제국주의 침략에 대한 성찰 자체를 거부하는 것이다. 물론 이것은 '패전' 또는 '종전'이라는 단어 선택의 문제가 아니다. 만일 병자호란과 같은 패전이 외적의 침략을 막지 못한 원인 파악에 근거한 역사적 교훈을 되새기는 계기라면, 일제의 패전敗戰은 제국주의적 침략 전쟁에 대한 성찰이기에 침략 전쟁을 반성하고 세계 평화라는 교훈을 되새기는 계기가 될 것이다.

'종전일'은 패배라는 사실 자체를 거부함으로써 종전을 평화와 일치시키고, 전쟁을 일으킨 자(침략)와 이를 막을 자(방어)를 구별하지 않으며, 양자 모두를 반평화적인 것으로 만든다. 반면 패전일은 패전에 대한 인정을 통해 '방어 전쟁'과 구별하여 자신들이 일으킨 '침략 전쟁'이 평화를 파괴하는 행위였음을 명확히 하여 평화로운 삶의 미래를 위해 현재 자신들이 무엇을 해야 하는가를 사유하도록 한다. 그러나 이것은 오늘날 일본이라는 국가의 공식 기억만이 가진 문제가 아니라 현재 대한민국에서 국민으로 살아가는 우리 자신의 문제이기도 하다.

우리 또한 8.15에 관한 국가의 공식 기억은 대한민국 중심주의를 벗어나지 못하며, 이는 한반도의 해방을 대한민국의 건국과 동일시하는 태도를 양산하는 토양이 되고 있다. 1945년 해방과 함께 세우고자 했던 나라는 근대적인 민족국가였다. 근대적인 민족국가는, 베네딕트 앤더슨이 본 것처럼 비록 그들이 모두 같지는 않지만 마치 한 가족처럼 특정한 역사·문화적 공동체, 즉 '상상된 정치적 공동체'라는 민족적 환상을 통해 하나의 국가를 만들고, 그 권력의 통치와 지배에 정당성을 제공해 왔다.

그러나 남과 북에 수립된 두 국가는 한반도 전체를 자신의 주권이자 영토, 국민으로 포괄하지 못하고 '민족≠국가'라는 어긋남과 내적 결함을 가진, 자기 스스로 분열된 분단국가다. 따라서 38선으로 분단된 8.15 이후, 1948년에 세워진 두 개의 분단국가는 자신의 결함을 감추기 위해 민족이 아니라 오히려 국가가 민족을 대표하는 전치display(자리바꿈, 위치의 전도)를 통해, 민족이 국가에 정당성을 부여하는 것이 아니라 오히려 국가가 민족에 정당성을 부여하는 분단국가주의를 작동했다.

여기서 남쪽은 한민족이라는 정체성을 대한민국이라는 국가가 규정한다. 그러나 현재 대한민국은 휴전선 이북을 실효적으로 지배하지 못하고 있다. 이에 대한민국은 나머지 반쪽을 '반反민족'으로 규정하고 제거 대상으로 삼아 자신의 분열을 감춘다. 그렇기에 8.15라는 사건을 기억하는 우리의 행위에는 균열이 있을 수밖에 없다. 이때의 균열은 해방과 광복, 1945년과 1948년이라는 시간적 간극에 있지 않다. 일본 제국주의에 의해 국권이 박탈되기 이전의 국가와 이후 되찾는 국가 사이, 1945년 해방과 함께 시작된 '나라 세우기', 즉 1948년 건국建國이 지닌 내적 균열 속에 있다. 따라서 이런 내적 균열을 인정한다면 8.15는 미완의 광복이 될 수밖에 없으며, 이때 8.15는 '분단 극복'이라는 실천적 과제로 의미화될 것이다.

하지만 대한민국 중심주의는 이를 수용할 수 없다. 이렇게 되면 대한민국이라는 국가 자신도 극복의 대상이 되기 때문이다. 따라서 현실적으로 존재하는 한반도의 분단을 인정하지 않고, 대한민국 건국을 중심으로 기존 역사를 재단하려는 극단적인 입장이 등장한다. 최근 8.15에 관한 이른바 '건국절' 논쟁이 이를 보여 준다. 그들은 1945년 해방과 1948년 건국 사이에 존재하는 시간적 간극과 의미의 괴리를 극단적으로 밀어붙이는 방법으로, 1945년 일제로부터의 해방 기억을 극소화하고 1948년 대한민국 건국 기억만을 극대화하여 1948년의 건국 기억을 중심으로 이를 일체화하고자 한다.

하지만 이렇게 되면 1945년 8.15 기억은 아예 삭제될 수밖에 없다. 그들은 일제의 식민 통치를 근대화의 관점에서 서술하고, 심지어 일제의 지배가 있어서 대한민국이 발전한 것처럼 미화한다. 그러나 그것이야말로 그들이 척결해야 하는 것처럼 주장하는 '자학사관自虐史官', 우리를 우리 자신의 힘으로 삶을 개척하고 발전을 이룩할 수 없는 열등한 족속으로 만들어 오히려 나를 비하하고 학대하는 역사관에 빠지는 것이다. 일본 뉴라이트의 자학사관은 일본 제국주의 시절의 강대한 권력, 그들 자신의 힘과 능력을 그리워하는 것이다. 반면 일본의 뉴라이트를 좇는 한국의 뉴라이트는 일제에 의해 지배당했던 노예로서의 삶을 그리워한다. 그렇기에 8.15를 '건국절'로 일원화하는 것은 앞으로 올 미래의 삶까지 남에게 의탁하려는 노예적 삶을 선택하는 것이다.

반면 북은 남북기본합의서에서 남북이 합의한 '통일을 지향하는 특수관계'라는 것을 거부하고, '적대적 두 국가론'을 이야기하면서 남에 대한 비난 수위를 높이고 있다. 한반도에 두 국가가 있다는 것을 인정한다면 우리가 서로에 대한 인정을 통해 평화로운 공존을 모색할 수 있다. 하지만 북은 두 국가의 존재를 이야기하면서 거꾸로 서로에 대한 적대성을 강화한다. 이것이야말로 또 하나의 자기 분열이며 한민족이라는 동일화의 욕망을 자기 자신에 대한 폭력으로 전화하는 자기 파괴적 행위다. 그렇기에 이런 자기 분열과 자기 파괴를 극복하기 위해서라도 남북은 1948년 8.15 해방 이후 진행된 광복이 불충분했다는 것, 즉 분단이라는 내적 분열과 결함을 받아들여야 한다. 그리고 그럴 때만 8.15는 한반도라는 전체성 차원에서 남과 북이 서로의 평화와 공존 속에서 민족적 번영이라는 미래를 만들어 가는 '기억하기'가 될 것이다.

8.15 기억하기_제2차 세계 대전

8.15를 기억하는 과정에서 대한민국 중심주의를 벗어나 한반도라는 전체성 속에서 보는 것은 매우 중요하다. 하지만 이것만으로 문제가 해결되는 것은 아니다. 이런 경우 한반도라는 전체성은 거꾸로 한반도라는 위치 안에 우리 자신의 시야를 가둘 수 있다. 어쩌면 한반도 중심주의는 대한민국 중심주의보다 더욱 벗어나기 힘들지도 모른다. 우리는 시·공간적으로 제약된 삶을 산다. 그렇기에 내가 사는 곳과 시대의 경험을 보편화하면서 내 삶을 해석하는 경향이 있다. 대표적으로 8.15와 더불어 온 해방의 문제를 일본이라는 민족이 가진 침략적 특성으로 규정하고, 일본의 패망을 미국이라는 선한 국가의 승리로 해석하거나, 분단이라는 역사적 비극을 미국과 소련이라는 두 강대국이 남북을 강제로 분할 점령하면서 발생한 것으로 보는 관점이 그러하다.

하지만 1945년 8월 15일에 일어난 항복 선언은 한반도, 심지어 동아시아를 벗어난 세계사적인 맥락을 지닌다. 히로히토는 '대동아전쟁 종결의 조서大東亞戰爭終結ノ詔書'라는 원고를 읽으면서 항복을 선언했다. 하지만 여기에는 '항복'이라는 말이 나오지 않는다. 일제가 항복을 공식적으로 거론한 것은 1945년 9월 2일에 미주리호의 선상에서 진행된 조인식이다. 여기서는 "연합국에 무조건 항복함을 선언한다(proclaim the unconditional surrender to the Allied Powers)."라고 밝힌다. 그럼에도 8월 15일에 한 발표를 일제의 항복으로 해석하는 것은 "짐이 제국 정부로 하여금 미·영·지·소美英支蘇 4국에 대하여 그 공동선언을 수락한다는 뜻을 통고"했다고 말했기 때문이다.

여기서 '미·영·지·소 4국의 공동선언'은 포츠담선언Potsdam Declaration을 가리킨다. 포츠담선언은 1945년 7월 26일 독일 베를린 근교 포츠담에서 열린 회담에서 일제의 즉각적이고 무조건적인 항복을 요구한 13개 항으로 이루어진 선언이다. 그런데 이 선언은 본의제가 아니라 회담을 진행하는 도중에 갑작스럽게 이루어진 것이다. 포츠담 회담의 본의제는 제2차 세계 대전 이후 유럽의 전후 질서를 논의하는 것이었다. 1945년 5월 8일 나치 독일의 항복(4월 28일 무솔리니의 총살, 4월 30일 히틀러의 자살)과 더불어 유럽에서 제2차 세계 대전은 사실상 끝이 났다. 이렇게 볼 때 포츠담선언은 일종의 돌출 행위처럼 보인다.

그러나 그렇다고 이 선언이 본의제에서 완전히 벗어난 것이라고 할 수는 없다. 나치 독일의 항복으로 유럽에서는 전쟁이 끝났으나 일본과는 교전 중이었기 때문이다. 포츠담선언의 서명도 이런 정황을 보여 준다. 당시 포츠담선언의 서명자는 미국의 대통령 트루먼, 영국의 수상 처칠, 중화민국의 총통 장제스였지만 실제 포츠담 회담에서 논의를 진행한 사람은 트루먼, 처칠(나중에 애틀리), 소련의 스탈린이었다. 당시 장제스는 일본의 마지막 공세(일명 '대륙타통작전')로 입은 피해 복구로 인해 불참했기 때문이다. 하지만 서명을 한 사람은 회담에 불참한 장제스였고, 정작 회담에 참석했던 스탈린은 빠졌다. 그래서 소련이 이를 반대한 것처럼 오해하기도 한다.

하지만 이것은 소련이 반대했기 때문이 아니라 아직 대일 선전포고를 하지 않은 상태였기 때문이다. 소련은 8월 8일 대일 선전포고와 더불어 참전 후에 즉각 포츠담선언에 서명했다. 이런 점에서 세계사적 맥락에서 보자면 1945년 8월 15일 일제의 포츠담선언 수락 발표는 진주만 습격으로 시작된 미일 간의 전쟁 또는 중국과 대만, 동남아시아를 포함한 태평양 지역에서 전개된 '아시아·태평양전쟁'의 종결만을 의미하는 것이 아니다. 더 정확히 말하자면, 그것은 제2차 세계 대전의 최종적 종결을 의미한다. 그래서 세계사 교과서에서도 제2차 세계 대전의 종결을 나치 독일의 공식적 항복 날짜인 1945년 5월 8일이 아니라 일본이 공식적으로 항복한 날짜인 1945년 9월 2일로 잡는 게 일반적이다.

그러나 현재 한반도에 사는 코리언들은 8.15를 한반도 해방이라는 차원에서 보며, 더 넓게 본다고 하더라도 중국과 대만, 동남아시아 지역에서의 해방이라는 차원에서만 보는 경향이 있다. 심지어 제2차 세계 대전의 종결을 9월 2일이라고 생각하더라도 대부분은 제2차 세계 대전을 유럽과 중동, 아프리카와 아시아를 포함하는 '지구적global' 차원, 즉 규모의 차원에서만 생각한다. 또 많은 사람들이 유럽의 전쟁은 독일의 히틀러와 이탈리아의 무솔리니에 대항한 반나치-반파시즘 전

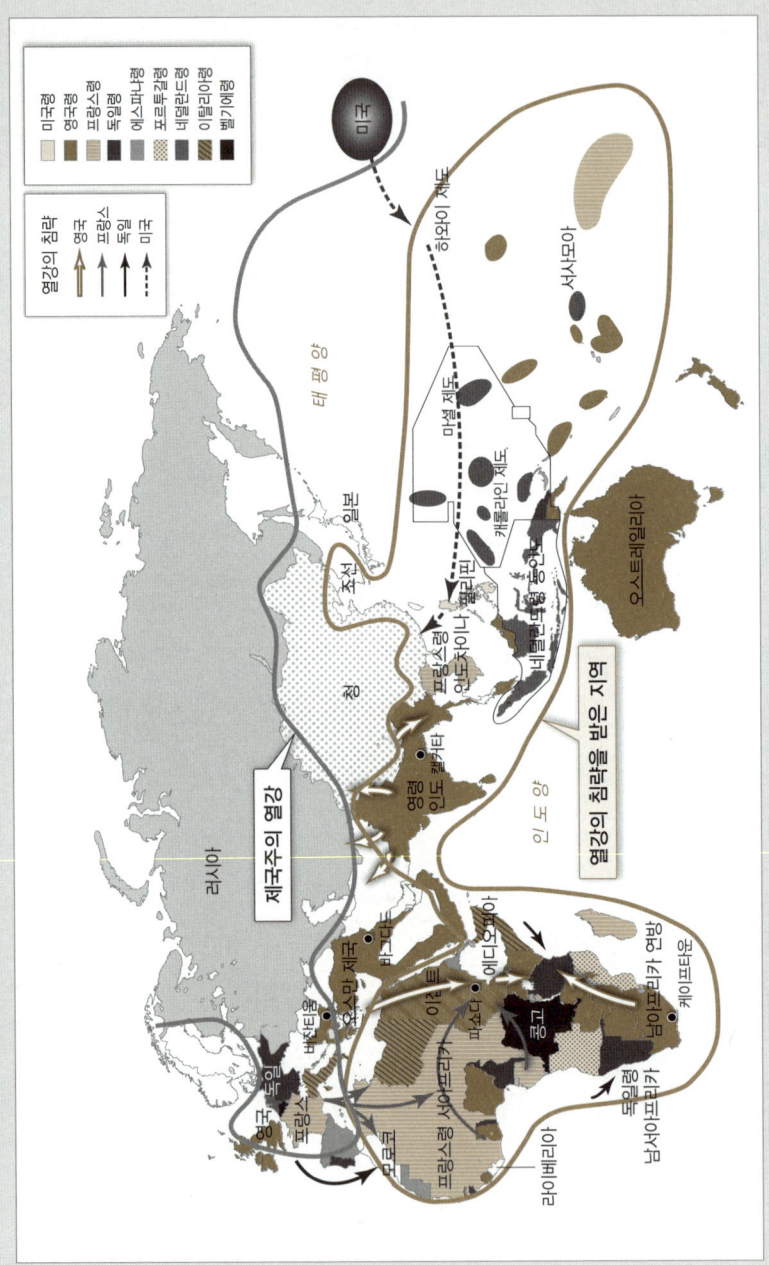

제국주의 침탈 경로와 식민지 지배 현황

20 해방의 기억

쟁이고 아시아·태평양전쟁은 일본의 군국주의에 대항한 전쟁으로 서로 다르다고 생각하거나, 설사 이들을 함께 묶는다고 하더라도 당시의 일본 군국주의를 유럽의 '파시스트들'처럼 돌출적인 자들 또는 애초에 침략적인 본성을 가진 일본의 민족성 문제로 볼 뿐이다.

그런데 더 기묘한 것은, 제2차 세계 대전이 끝난 이후 일어난 가장 큰 세계사적 격변이 일본과 독일의 식민지였던 지역들의 독립만이 아니라 연합국의 핵심 일원이었던 영국, 프랑스 등 유럽 국가의 식민지였던 아시아, 중동, 아프리카 등지에 있었던 나라들의 독립으로 이어졌다는 점이다. 1945년 일제의 항복 이후, 식민지 상태를 벗어나 독립한 나라는 한반도와 대만만이 아니다. 프랑스의 식민지였다가 일제의 식민지가 되었던 베트남, 네덜란드의 식민지였다가 일제의 식민지가 되었던 인도네시아, 나아가서 일제의 침략과 관계없는 무수한 나라들, 영국의 식민지였던 인도에서부터 영국·프랑스·독일의 식민지였던 중동과 아프리카의 나라들로, 제2차 세계 대전 이후에 독립은 말 그대로 '지구적'이었다.

그렇다면 어떻게 일부 광기 어린 파시스트들과 군국주의자들이 일으킨 제2차 세계 대전의 결말이 과거 제국주의 국가들, 심지어 승리한 연합국 국가들에 의해 식민지가 되었던 지역의 해방과 독립이라는 탈식민지화로 이어졌던 것일까? 그것은 바로 제2차 세계 대전 자체가 유럽의 제국주의가 벌인 식민지 쟁탈전이 격화되면서 제국주의 국가 간의 대립으로 폭발한 '참화'였기 때문이다. 따라서 제2차 세계 대전이 끝난 이후, 독일·이탈리아·일본 등의 파시스트와 군국주의자들의 국가만 무너진 것이 아니다. 그것은 이전까지 세계 질서를 구축해 왔던 제국주의-식민지 관계 전체가 무너지는 '탈식민화'로 이어졌다.

하지만 사람들은 제2차 세계 대전의 귀결이 제국주의-식민지 질서의 붕괴였다는 점에 별로 주목하지 않는다. 그것은 바로 유럽의 제국주의 침략 시절에 만들어 놓은 계몽된 선진국이라는 유럽의 신화가 오리엔탈리즘과 함께 제2차 세계 대전의 서사를 '악의 축(독일·이탈리아·일본)과 선의 축(미국·영국·프랑스)의 대립'으로 만들었기 때문이다. 오늘날 가장 대중화된 제2차 세계 대전의 서사는 히틀러와 무솔리니라는 인종차별주의자이자 파시스트가 일으킨 전쟁이라는 것이다. 심지어 여기서는 일본의 히로히토라는 천황의 죄악상은 거론조차 되지 않는다. 따라서 유럽 제국주의의 식민지 쟁탈전은 사라지고, 그 대신에 영국과 프랑스, 미국 등 연합국은 제2차 세계 대전의 참화 속에서 악을 처단하고 인류를 구원하는 '정의의 사도'가 되었다.

8.15 기억하기_냉전

제2차 세계 대전에 관한 유럽중심주의의 동아시아판이 바로, 미국이 태평양에서 일본의 군국주의에 맞서 아시아를 구원했으며 전쟁으로 파괴된 지역을 재건할 수 있는 자금을 제공해 전후 물질적인 풍요를 가져다주었다는 서사다. 그러나 이런 서사는 유럽에서 소련의 공헌을 지웠던 것처럼 동아시아에서 중국과 한반도의 항일투쟁을 지운다. 1941년 6월 22일부터 1945년 5월 9일까지 나치 독일과 소련은 동

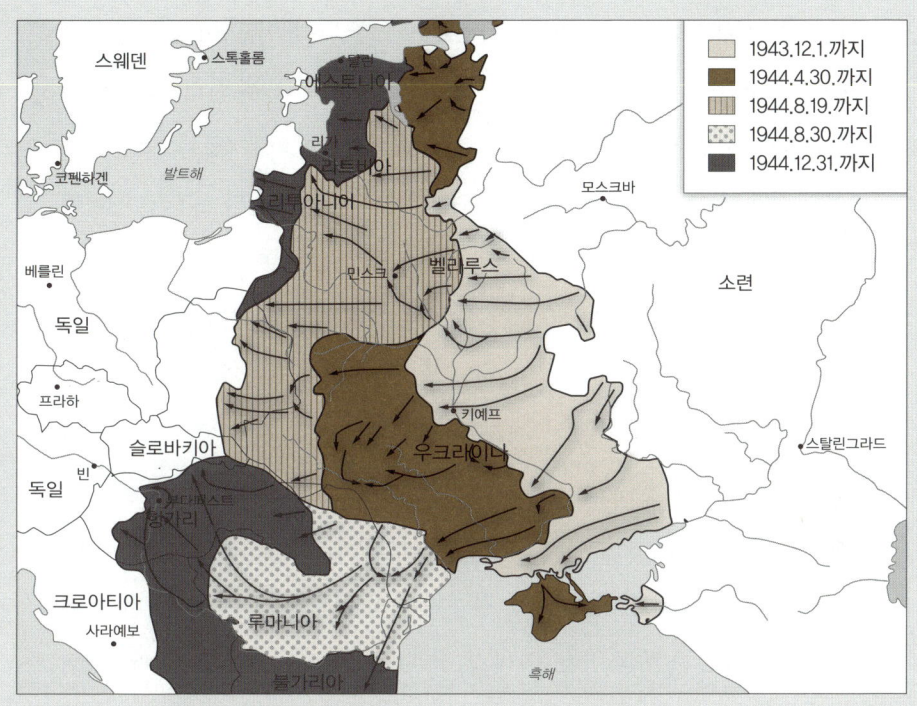

1943년 8월부터 1944년 12월까지 동부 전선

부 전선에서 인류 역사상 가장 큰 규모의 전쟁을 벌였다. 그것은 서구가 제2차 세계 대전에서 최대 공적이자 전세를 역전시킨 전투로 내세우는 노르망디 상륙작전보다 최소 10배 이상 큰 전쟁이었다. 게다가 노르망디 상륙작전은 1943~1944년 동부 전선에서 승리한 소련이 동유럽을 향해 진격 중인 1944년 6월 6일이 되어서야 감행되었다.

그럼에도 제2차 세계 대전에서 소련의 공적은 제대로 기억되지 않는다. 그것은 물론 스탈린이 벌인 폭정 때문이기도 하지만 더 중요한 요인은 제2차 세계 대전 이후 만들어진 냉전 체제 때문이었다. 일반적으로 냉전 체제는 1990년대까지 제2차 세계 대전 이후 미국을 중심으로 한 자본주의 진영과 소련을 중심으로 한 사회주의 진영 간의 이데올로기적 대립이 정치·경제·사회·문화를 포함하는 모든 방면에서 상호 경쟁과 대립으로 나아갔던 세계 질서를 가리킨다. 그러나 이런 냉전 체제는 소련에 의해 일방적으로 만들어진 것이 아니다. 세계를 양분하는 두 진영을 탄생시킨 것은 양차 세계 대전이었다.

제1차 세계 대전은 1917년 레닌이 주도하는 10월 혁명에 의한 소련(소비에트 연방)의 탄생을, 제2차 세계 대전은 동부 전선에서 승리한 소련의 진격으로 동유럽 지역에서 사회주의 국가들의 탄생을 낳았다. 따라서 두 진영은 모두 유럽 자신의 산물이다. 그러나 유럽중심주의는 이런 역사를 유럽의 역사로 간주하지 않는다. 심지어 독일의 냉전 학자인 도베른트 슈퇴버는 19세기 이래로, 동서 대립은 '아시아적·러시아적' 문명과 심성 대 '서방' 문명과 심성 간의 대립이라고 표현하면서, '미국 중심의 자본주의 진영' 대 '소련 중심의 사회주의 진영'의 대립을 동서 문명의 충돌로 바꿔 놓았다.

그러나 이런 식의 미소, 동서 이분법에 근거한 냉전 담론들이 감추고 있는 것이 있다. 바로 냉전 체제가 제2차 세계 대전 이후, 제국주의에 의해 식민화되었던 지역들이 독립하면서 만들어진 세계 질서를 다시 자신들의 통제 아래 두고자 하는 국제적 패권 질서이기도 했다는 점이다. 제2차 세계 대전 이후에도 서구 제국주의는 자신들의 식민 지배 역사를 반성하지 않았다. 그 대신에 세계를 두 개로 나누어 양극화하고, 냉전 체제의 적대성을 이용해 상대를 악마화하는 방식으로 그

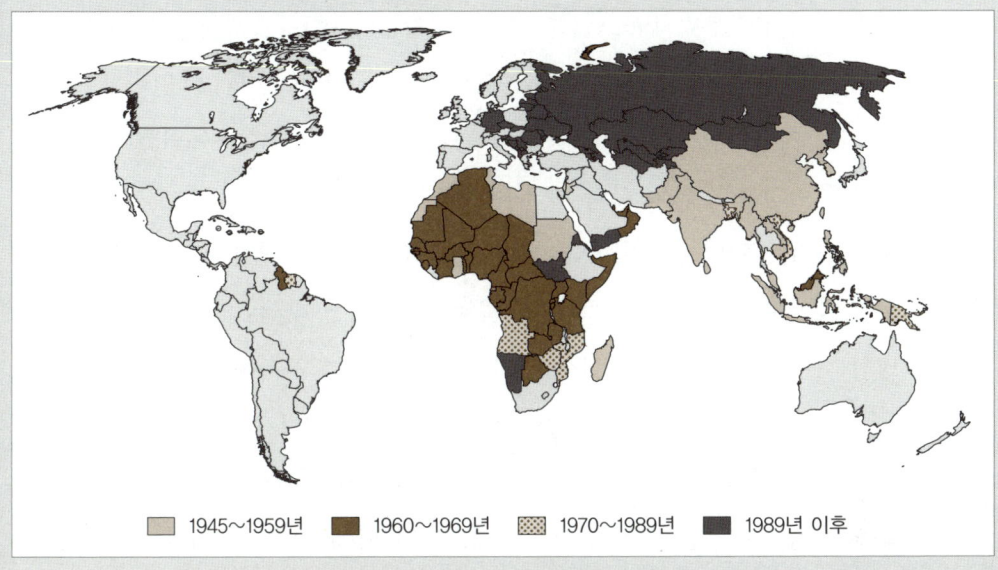

제2차 세계 대전 이후의 독립 국가 추이

들의 지배를 확립하고자 했다. 하지만 이것도 처음부터 그런 게 아니라 더는 식민지의 독립을 막을 수 없었기 때문에 불가피하게 선택한 것이었다. 제2차 세계 대전이 종결되자 나치의 지배에서 벗어난 유럽의 제국들은 기존 식민 질서를 회복하려는 야욕을 그대로 드러냈다.

나치에 의해 쫓겨난 후 알제리에서 망명정부를 구성하고 싸웠던 드골의 프랑스, 나치의 지배를 받았던 네덜란드는 제2차 세계 대전 종결 이후에 베트남, 알제리, 인도네시아에서 식민 지배를 회복하고자 했다. 그러나 이들 식민 국가는 서구 제국주의자에 맞서 싸웠고 독립을 쟁취했다. 일제가 항복하기 이전인 1945년 8월 13일, 8월 혁명을 일으킨 호찌민은 프랑스와 4년간 이어진 전쟁에서 이겨 독립했고, 알제리는 1954년부터 1962년까지 전쟁을 치르며 독립을 쟁취했다. 또 인도네시아는 일제의 항복 이후 곧바로 독립을 선언했지만, 네덜란드가 이를 거부하면서 4년간의 전쟁을 치른 이후인 1949년에 독립했다. 따라서 이전과 같은 방식의 제국주의-식민지 지배 질서는 더는 가능하지 않다는 것이 분명해졌다. 그 대신에 제2차 세계 대전 이후, 패권을 장악한 미국과 소련을 중심으로 하는 기존 서구 제국주의 국가들은 냉전 체제를 이용해 제3세계에 관한 패권적 질서를 구축해 들어갔다.

제2차 세계 대전 이후에 중국의 내전 당시 국민당을 지원했던 미국은 프랑스 패전 이후인 1964년 '통킹만 사건'을 조작해 베트남 전쟁을 시작했지만 실패했다. 또 옛 팔레스타인 땅에 이스라엘이라는 국가의 건설을 지원하고, 영국이 팔레스타인인들에게 약속한 독립을 헌신짝처럼 내팽개쳤다. 반면 소련은 동유럽을 비롯해 자신의 진영을 관리했다. 1953년에 동독 봉기를 강제 진압하고, 1956년 헝가리에서는 너지 임레Nagy Imre를 중심으로 한 민주화 요구에 학살로 응답했으며, 1968년 체코슬로바키아에서는 알렉산데르 둡체크Alexander Dubček가 취한 언론-출판 등의 자유화 조치를 바르샤바조약기구의 4개국(소련, 불가리아, 폴란드, 헝가리)의 군대를 동원해 진압했다.

그러므로 제2차 세계 대전의 종결이 낳은 미소, 동서 냉전 체제는 두 진영으로 나누어 어느 한쪽을 '선', 다른 한쪽을 '악'으로 규정하면서 서로의 적대를 통해 내부를 결집·통제하는 '적대적 상호 의존성' 또는 '적대적 공모 관계'에 기초한 세계 체제이기도 했다. 여기서 은폐되는 것은 제2차 세계 대전 이후 본격화된 영국과 미국 등 과거 서구의 식민지였던 지역인 아시아와 중동, 아프리카와 아메리카에서의 정치·경제·문화적인 탈식민화의 움직임에 대한 통제와 제국주의적 영향력의 강화라는 패권주의였다. 한반도의 분단 또한 바로 이런 국제적인 냉전 체제의 산물이기도 했다.

바로 이런 점에서 일제가 항복을 선언한 8.15가 가져온 해방이 다시 미소 냉전 체제로 흡수되면서 분단으로 나아간 한반도의 비극적 역사와 더불어 한·미·일(남방삼각) 대 북·중·러(북방삼각)라는 동북아시아의 냉전 기억은, 미소 또는 동서 냉전이라는 이데올로기적인 대립에 관한 냉전으로 기억하는 서구 제국의 기억과 같을 수 없다. 거기에는 완전한 자주와 자립을 달성하려는 탈식민적 주체들의 투쟁이 있었다. 1945년 일본의 패망은 중국에서 국공내전을 거쳐 중국공산당의 승리(1949년)로 귀결되었고, 동아시아에서는 한국전쟁(1950~1953)을 거치면서 미일 동맹을 구축하기 위해 일본 제국주의 침략에 면죄부를 준 샌프란시스코조약(1951~1952)이 맺어졌다. 이런 과정 중에 1947년 대만에서 '2.28' 국가폭력과 학살이, 제주도에서 '4.3' 국가폭력과 학살이, 미군기지가 된 오키나와에서 비극이 발생했다.

그러므로 8.15 기억하기는 대한민국 또는 한반도, 심지어 동아시아의 차원을 벗어나 국제적 차원에서 제2차 세계 대전 종결 이후 무너진 식민주의 질서에 대응해 구축된 냉전 체제의 동아시아판(중국 봉쇄, 미·일 동맹)으로, 한반도에서는 분단으로 이어졌다는 역사적 맥락 속에서 문제화되어야 한다. 또 일제의 침략과 강점으로 인한 고통이 일본 또는 독일이라는 종족이 생산한 것이 아니라 제국주의라는 시스템이 만들어 낸 것이라는 점에서 제2차 세계 대전은 종전과 더불어 진행된 제3세계 시민들의 정치·경제·문화적 탈식민화라는 맥락 속에서 기억되어야 한다. 그리고 이렇게 맥락화contextualization될 때, 8.15는 단지 과거에 일어난 사건이 아니라 오늘날 우리가 해결해야 할 문제인 '탈식민', '탈분단', '탈냉전'이라는 실천적 과제를 사유하도록 이끄는 현재성을 가질 수 있다.

'8.15', 80주년의 '반복'적 기억하기

2025년 8월 15일은 8.15라는 사건이 80번째 되돌아오는 날이다. 1945년 8월 15일에 일왕의 포츠담선언 수용 방송이 있었고 우리는 이 사건을 무려 80번이나 반복해 가면서 기억하기를 매년 수행하고 있다. 그만큼 8.15는 우리에게 중요하다. 그러나 횟수가 중요한 것은 아니다. 80번을 반복해서 기억하더라도 동일한 기억의 반복이라면 그것은 이미 죽은 기억일 뿐이다. 비록 80년 전에 일어난 사건이지만 지금도 우리가 8.15를 기억하는 것은, 그만큼 우리의 삶에 활력을 주는 새로운 의미를 제공하고, 더 나은 삶을 사유하는 데 도움을 주기 때문이다. 그러나 만일 똑같은 기억들이 반복된다면 8.15는 어떤 새로움도 추가하지 못하는 박제된 기억일 뿐이다. 따라서 '8.15 기억하기'는 해마다 반복되는 것이지만 항상 차이가 나는 반복이 되어야 비로소 생명을 가질 수 있다.

그런데 그 반복에 '차이'라는 생명을 제공하는 것은 과거를 불러오는 '현재'다. 현재는 단순히 과거와 미래를 연결하는 통로이거나 매개자가 아니다. 현재는 오히려 과거의 지속으로 존재하는 현재를 거부하고, 오늘과 다른 내일을 향한 이탈과 비껴짐, 도전을 감행하는 '분기점'이다. 기억하기란 바로 이런 과거와 미래를 향해 갈라지는 분기점을 만들어 내는 삶을 사유하고 상상하고 실천하도록 이끄는 행위다. 이런 점에서 우리는 이 책을 통해 80주년을 맞이하는 2025년 8월 15일의 '기억하기'가 이전과 다른 '기억하기', 여전히 8.15라는 상징 속에서 반복되지만 '차이'에 의해 새로움을 제공하는 '기억하기'가 되길 바란다.

특히 이 책에서 기억하는 8.15에는 이전과 동일한 8.15도 있지만, 그러면서도 이전과 다르게 비껴지고, 어긋나고, 심지어 충돌하는 8.15도 있다. 물론 이 책을 기획하면서 추구하고자 하는 것은 이런 빗겨짐, 어긋남 그 자체가 아니다. 이들 빗겨짐, 어긋남을 통해 '다성적 대화'가 가능해지고, 우리에게 더 나은 미래를 만들어 가는 사유를 제공하고, 주어진 삶을 정신적·문화적으로 풍요롭게 한다는 데 있다. 그렇기에 여기서 빗겨남과 어긋남은 단순히 이전과 다른 기억하기, 이전과 다른 차이를 생산하는 데 있는 것이 아니라 8.15라는 사건에 생명을 부여하면서 8.15라는 기억 자체를 풍요롭게 만드는 데 있다. 이에 우리는 한국과 중국, 일본의 공식 기억을 교차하고, 다시 8.15를 형상화하는 문학과 의미들의 재현, 8.15가 남긴 충격적 기억을 각국의 코리언들(남, 북, 재중조선족, 재일조선인)의 기억과 교차하는 방식으로 젊은 세대의 기억하기라는 행위 속에서 균열을 만들고, 그렇게 다성적 대화를 만들고자 했다.

이런 목적하에 이 책은 크게 두 가지 방식으로 구성되었다. 1부에서 3부까지는 한·중·일의 교과서와 문학 작품, 마을 풍경을 서술한 에세이로 구성했으며 마지막 4부는 이런 에세이를 읽고 8.15 기억하기를 중심으로 모인 젊은 친구들의 대화를 기록한 대담으로 구성했다. 여기서 1부에서 3부까지의 에세이는 4부 대담을 위한 기초 자료이자 4부에서 진행되는 다성적 대화를 위한 소재이자 촉발제로, 각 갈래의 글이나 주장, 논의가 모여들어 마침내 하나의 강을 이루는 곳이 4부다. 우리는 차이를 만들기 위해 공간적으로 한반도·중국·일본을 교차했을 뿐만 아니라 거기에 살고 있는 코리언들의 기억을 다시 교차했다. 게다가 여기에 다시 8.15를 다루거나 형상화한 문학과 지역적인 사건들에 대한 기억을 교차해서 삼중, 사중의 교차를 통해서 공식 기억을 해체하고 기억 자체를 다층화하고자 했다.

1부에서는 '동아시아의 탈식민과 냉전, 공식 기억의 교차'라는 제목으로 중국 교과서와 재중조선족의 역사 기억, 일본 교과서와 재일조선인의 역사 기억에 이어 한·중·일 학자들이 모여 함께 만든 동아시아 공동 역사 교과서를 다룬다. 이를 통해 한국과 중국, 일본의 공식 기억뿐만 아니라 거기에 살고 있는 코리언들의 기억인 재일조선인과 재중조선족의 역사 경험과 기억까지 교차하고자 했다.

2부는 '문학을 통해 본 8.15의 풍경과 기억들'로, 북으로 간 대표적인 지식인이자 문학가인 이태준의 8.15 행적과 기억뿐만 아니라 재중조선족과 재일조선인 문학 작품에서 형상화된 8.15를 다룬다. 또 3부

'해방과 함께 온 냉전, 살풍경의 현장들'에서는 8.15라는 사건이 일으킨 충격과 역사적 맥락을 호남 농촌 마을과 북한, 그리고 재일조선인 사회를 중심으로 지역화해서 다루고자 했다. 물론 이런 기억의 교차와 빗겨짐, 어긋남을 통해서 우리가 얻고자 한 것은 4부에서 젊은 친구들이 서로의 의견을 나누는 '다성적 대화'였다.

4부 '2025년에 바라본 1945년 코리언의 해방과 분단'에서는 다소 젊은 세대에 속하는 한국인과 북향민, 재중조선족, 재일조선인 간의 대담을 진행했다. 따라서 이 대담은 앞서 진행된 에세이에서 드러나는 다층화된 기억의 교차를 오늘날 젊은 세대들이 살아가는 삶의 문제 속으로 갖고 들어가면서 공간적으로 한반도·중국·일본을 중심으로 한 코리언들의 지역별·세대별 감각의 차이를 극대화하여, 8.15 기억하기를 풍부하게 만들고자 했다.

그러므로 우리는 독자들이 이 책에서 8.15라는 기억의 정답을 찾지 않기를 바란다. 그 대신에 다양한 기억하기의 차이들이 제공하는 사유의 다채로움과 풍요로움을 향유하고 만끽하면서 현재를 극복할 수 있는 각기 나름의 답을 찾아갔으면 한다.

차례

들어가며 국경일 '8.15'와 8.15 기억하기_박영균   5

1부 동아시아의 탈식민과 냉전, 공식 기억의 교차

1. 1945년, 중국의 기념일과 배제된 재만조선인의 기억_박솔지   36
2. 해방과 패전의 카오스, 재일조선인과 일본인의 서로 다른 기억_정진아   62
3. 한·중·일의 공동 역사 기억과 8.15_박민철   85

2부 문학을 통해 본 8.15의 풍경과 기억들

4. 8.15 전후 새로운 빛과 남겨진 그림자 - 이태준의 단편소설_박재인   108
5. 해방의 두 얼굴, 환희와 공포 - 중국 동북 지역 조선인 문학_전은주   132
6. 적지에서 부르는 해방 찬가 - 재일조선인 문학_전영선   153

3부 해방과 함께 온 냉전, 살풍경의 현장들

7. 새로운 세상을 설계하다, 보성 회천면의 8.15_ 김종군 174

8. 해방 후 북한 사회의 불안과 공포, 그리고 희망_ 김종곤 195

9. 누가 반역자인가? 해방 직후 재일조선인의 좌우 대립_ 도지인 213

4부 2025년에 바라본 1945년 코리언의 해방과 분단

10. 레드 콤플렉스 때문에 막혀 있는 상상력이 넓어진다면
 - 남과 북 청년의 대담_ 조경일·김연우·강태성 234

11. 냉전적 인식과 혐오를 넘어서 서로를 만나는 것
 - 재중조선족과 한국인의 대담_ 박솔지·최연·안걸 268

12. 코리언의 미래를 위한 약속, 반차별주의와 페미니즘
 - 재일조선인과 한국인의 대담_ 이태준·김리화·김리이슬 306

나가며 2025년 코리언'들'에게 1945년 8월이란? 342
참고문헌 361
이 책의 집필진 367

8.15

1부

동아시아의 탈식민과 냉전, 공식 기억의 교차

1장

1945, 중국의 기념일과
배재된 재만조선인의 기억

박솔지

어떤 기억들, '해방'의 날

1945년 8월 18일 새벽이였다. 똑똑똑. 다급한 노크 소리와 함께《불을 켜시오. 불을! 일본놈들이 망했다오. 이제는 해방이라오!》라고 말하는 앞집 아주머니의 기쁨에 젖은 목소리가 들려왔다. 참으로 기쁜 소식이였다. 아버지가 어느새 등잔불을 밝히자 방 안은 삽시에 환해졌다. 일본제국주의가 무조건투항을 했으나 이곳 백성들은 그것을 모르고 계속 비상상태에 있으며 등화관제를 하고 있었던 것이다.

우리 두 형제는 상쾌한 기분으로 걸음을 다그쳤다. 연길시내에 들어서니 사람들의 얼굴에는 전에 볼 수 없던 웃음꽃이 환하게 피였고 저마다 해방맞은 기쁨을 자랑하는 것이였다.

– 「해방을 경축하던 날 - 한택수」,『중국조선민족발자취총서 5 - 승리』, 1992, 4쪽.

두만강 건너편 연길, 그곳은 1932년에 일본 제국의 '꼭두각시'나 다름없는 만주국이 선포된 후 그 통치 아래 있었다. 그런데 당시 그곳에 살던 조선인은 왜 8월 15일이 아닌 8월 18일이 되어서야 '일본이 망했다'는 소식을 듣고 거리로 나갔던 것일까?

1945년 8월 18일은 만주국의 황제 푸이가 퇴위 조서를 낭독하고 만주국이 멸망했음을 발표한 다음 날이었다. 또 그날은 일본 관동군 사령관 야마다 오토조가 각 부대로 소련에 대항하는 것을 멈추고 무장을 해제하라는 명령을 내린 바로 다음 날이기도 했다. 그래서 연길에 살던 조선인 한택수는 15일보다 며칠이 더 지난 후에야 일본이 정말로 '망했다'는 해방 소식을 들은 것이었다.

그렇게 기쁜 마음을 안고 거리로 나선 그는 일본 제국주의로부터 그들을 '해방'시킨 소련의 군대를 만난다.

> 우리가 지금의 제2백화상점 앞에 갔을 때 쏘련땅크 한 대가 먼지를 일구며 달려왔다. 길 가던 사람들은 너나없이 두 손을 높이 추켜들고《쏘련군대 만세!》를 목청껏 웨쳤다. 나와 형님도 사람들 틈을 비집고 나가《만세!》를 높이 웨쳤다. (중략) 달리던 땅크가 우리 앞에 와 멈춰서더니 쏘련붉은군대전사 한 사람이 땅크에서 내려, 모여선 사람들과 일일이 악수하면서 뭐라고 말하였지만 우리는 도무지 알아들을 수가 없었다. 그러자 그 병사는 땅바닥에 청천백일기, 태극기, 일본기를 그려놓고 나에게 어느 것인가를 가리키라고 손시늉을 하였다. 어려서 내가 조선에서 살 때 집에 감추어둔 태극기를 본 적이 있어 두근거리는 가슴으로 태극기를 가리켰다. 그러자 그 병사는 기뻐

하며 《하라쑈! 까레스끼!Good! Korean!》 하고는 엄지손가락을 내밀며 우리를 고무해주었다. 군중들은 또다시 《쏘련 만세!》, 《조선독립 만세!》를 높이 웨쳤다.

- 「해방을 경축하던 날 - 한택수」, 『중국조선민족발자취총서 5 - 승리』, 1992, 4쪽.

8월 9일 0시, 소련은 '얄타회담'에서 미·영과 합의한 대로 일본과의 전투를 시작했다. 그날 그 시간 이후, 만주와 조선 북부 일대에서 소련과 일본군의 전투가 벌어졌다. 15일에 일본의 천황이 포츠담선언의 무조건 수락을 선언하면서 사실상 항복이 확정되었지만, 각지에서 연합군과 싸우고 있던 일본군에는 전투 행동 중지 명령이 하달되지 않았고 관동군 역시 곳곳에서 소련군과 전투를 지속했다. 17일, 전투를 중지하라는 명령이 내려진 후에도 계속되던 관동군의 저항은 19일에 구체적인 항복 절차와 장소, 시간, 정전 절차, 무장 해제 등에 대한 담판을 벌이고 나서야 차차 중단되기 시작했다.

만주 지역은 1944년부터 미군의 공습 등으로 통신망이 파괴되고 사령부의 기능이 상실된 곳이 많았다. 그로 인해 정전 관련 명령을 뒤늦게 전달받은 관동군이 적지 않았다. 결국 8월 말이나 되어서야 비로소 만주 지역에서 관동군의 총성이 멎었다. 그러니까 연길은 드넓은 만주에서도 비교적 빨리 일본과 만주국의 패망 확정 소식이 닿은 곳이었던 것이다.

또 다른 재만조선인의 기억을 따라가 본다. 길림성 화룡현에 거주하던 최헌순 역시 '광복'의 순간을 소련군의 등장과 함께 기억하고 있다.

일본놈들은 부역도 많이 시켰다. 우리 집 령감도 동성비행장 닦는데 끌려나갔댔다. 그때 우리 시어마이가 편치 않아서 우리 령감이 못가겠다 하니 무조건 가야 한대서 할 수 없이 갔댔다. (중략) 그런데 조양천 어구루 오니까 쏘련군대가 온다 하면서 길 량옆에 사람들이 꽉 서 있었다. 그 중간으루 쏘련군대들이 오는 것이였다. 경찰서 문앞에 오니깐 경찰들이 말짱 총을 땅에다 눕혀놓구 칼두 싹 눕혀놓구 기척을 한채 서 있는 것이였다. 이렇게 광복을 맞이했다.

- 「최헌순의 구술」, 『중국조선족 이민실록』, 1992, 22쪽.

만주국은 일본 제국이 벌이는 '대동아전쟁'의 병참기지와 같은 곳이었다. 다수의 만주국 거주민은 낮이고 밤이고 전시통제 아래 하루하루를 살아가고 있었다. 밤에는 미군의 공습에 대비한 등화관제 때문에 어떤 불빛도 허용되지 않았고, 낮에는 전쟁 수행을 위한 각종 작업에 강제 동원되어야 했다.

그러던 그들에게 일본 패망의 상황이 관동군을 물리친 소련군의 입성과 함께 찾아온 것이다. 장소마다 구체적인 날짜상 차이는 있었을지언정, 일본의 패망을 기쁨으로 받아들인 이들에게 그때의 시간은 '소련의 참전으로 조선이 독립되고 일본으로부터의 해방을 맞은 날'로 기억에 남았다. 그렇게 '해방군'으로 만주 전역을 장악했던 소련군은 1946년 5월, 만주를 중화민국에 '반환'하고 철수했다.

1945년 8월, 연변 지구에서 여러 민족 인민들이 항전승리를 경축하는 장면
출처: 『중국조선족혁명투쟁사』, 연변인민출판사, 2009, 9쪽.

기념일에 갇힌 1945년, 국가의 선택적 기억화

1945년 8월 6일과 9일, 미국은 일본 히로시마와 나가사키에 각각 원자폭탄을 투하했다. 8월 8일, 소련 정부는 일본에 선전포고를 했다. 다음 날, 소련 홍군은 중국 동북부에 출병하여 일본관동군을 공격했다. 8월 9일, 마오쩌둥은 '일본 침략자에 대한 마지막 전쟁' 성명을 발표하여 중국 인민의 모든 항일 세력에게 호소했고, 전국적인 규모의 반격을 실시하여 일본 침략자를 완전히 물리쳤다.

1945년 8월 15일, 일본 천황은 무조건 항복을 선언할 수밖에 없었다. 9월 2일, 일본 정부는 공식적으로 항복 문서에 서명했다. 중국의 항일 전쟁은

14년 동안 험난하고 곡절 많은 투쟁을 겪었으며, 특히 8년간 전 민족의 피비린내 나는 투쟁을 통해 최후의 승리를 거두게 되었다. 대만도 조국의 품으로 돌아왔다. 세계 반파시스트 전쟁이 승리로 끝났다.

- 8학년, 『中国历史上』, 2024, 108~109쪽.

현재 사용하고 있는 중국의 중학교 역사 교과서에서 일본의 패망은 이렇게 정리된다. 우리에게 익숙한 역사적 전개와 비교해도 중국의 내부적인 맥락만 빼면 크게 다르지 않다. 그런데 일본의 식민지배 아래 있었던 우리가 천황이 '포츠담선언' 무조건 수락 의사를 방송한 8월 15일을 '나라를 되찾은' 광복절로 기념하고 있는 것과 달리, 중국은 8월 15일이라는 날을 따로 기념하지 않는다. 대륙에서는 9월 3일을 '항일전쟁승리기념일'로 삼고 있지만 우리처럼 공휴일은 아니다. 타이완의 경우 10월 25일을 '광복절'로 지정해 국가공휴일로 지내다가 2001년부터는 광복과 관련한 기념일 자체를 폐기했다. 이런 차이는 어디에서 오는 것일까?

항일 전쟁이 끝난 지 얼마 되지 않았던 1946년 4월, 국민당 정권은 일본 정부가 항복 문서를 공식적으로 서명한 다음 날인 9월 3일을 '항일전쟁승리기념일'로 지정했다. 그러나 내전에서 승리하여 새로 수립된 중화인민공화국은 건국 직후인 1949년 12월에 9월 3일 안을 폐기하고 '8.15항일전쟁승리기념일' 규정을 발표했다. 이것은 연합국의 공식적인 항복 절차가 완료된 시점을 기준으로 삼았던 국민당의 입장보다, 일반적으로 민중이 승리의 날로 받아들이는 8월 15일에 주목한 결정으로 보인다. 하지만 1951년 8월, 중앙인민정부 행정위원회는 다시 '항일전쟁승리기념일'을 9월 3일로 변경했다. 이와 같은 결정은 1999년에 국무원에서 전국의 기념일과 연휴 등을 개정할 때도 유지되어 현재도 지속되고 있다.

타이완이 애초에 10월 25일을 '광복절'로 삼았던 이유는, 1895년 청일 전쟁에서 청이 패한 후 체결한 '시모노세키조약'에 따라 타이완섬과 펑후제도가 일본에 '넘어갔기' 때문이다. 그 후 타이완섬에는 일본의 타이완총독부가 설치되었고, 1945년 일제 패망 후 타이완에 대한 통치권은 한반도와 마찬가지로 연합군 측에 넘어갔다. 여기서 한반도와 타이완섬이 갖는 차이는, 연합국이 한반도를 1910년 한일 병합 이후 '주권·영토·국민'이 성립되지 않는 곳으로 간주해 통치권을 갖는 정부의 권한을 인정하지 않았다는 점이다. 그래서 광복 후 한반도는 38선을 기준으로 남과 북으로 나뉘어 각각 미군정과 소군정의 점령 통치를 받았다.

반면 타이완은 연합국의 일원인 중화민국이 승전국의 하나였기 때문에 당사국인 중국 정부가 곧바로 통치 권한을 적용할 수 있는 곳이었다. 이에 따라 중화민국의 총통 장제스는 1945년 10월 24일, 타이완성 행정장관 자격으로 천이를 보내 타이완 총독의 항복 의식을 진행하도록 했다. 50여 년간 일본의 식민지였던 타이완섬이 '조국의 품으로' 돌아왔다는 중국 역사 교과서의 표현은 그런 의미 맥락에 놓여 있다.

문제는 항일 전쟁이 끝난 후 '평화로운 새 중국 건설'을 하자던 약속이 깨지고 새로운 중국의 진정한 주인을 가리는 또 다른 전쟁이 시작되었다는 데 있다. 일본의 패망이 확실시된 후 충칭에서는 장제스의 요청으로 마오쩌둥, 저우언라이를 비롯한 공산당 주요 인사와의 담판이 43일간 진행되었다. 그 결과 10월 10일, 상호 간에 내전을 피하고 독립적이며 자유롭고 부강한 새로운 중국을 건설하자는 '쌍십협정'이 체결되었다. '더 이상 전쟁은 없어야 한다.' 이것은 당시 긴 세월 전쟁으로 피폐해진 많은 중국인의 염원이었다.

해가 바뀐 1946년 1월 10일, 그 연속적인 차원에서 국민당과 공산당은 물론 민주동맹, 청년당, 그 외 무소속 인사들이 참석하는 '정치협상회의'가 충칭에서 진행되었다. 회의에서는 '평화건국강령안'이 채택되었다. 그러나 국민당은 내부 전원회의에서 이 협의 채택을 부결했고, 같은 해 6월 공산당의 세력 권역인 '해방구'에 포위공격을 시작하며 국공내전이 발발했다.

초반에 압도적인 전력 차로 우세에 있던 국민당은 내전이 진행되는 사이에 실시한 경제정책이 실패하면서 민심을 크게 잃기 시작했다. 국민당은 내전을 반대하고 기아를 구제하라는 시위나 공장 노동자들의 임금인상 요구 파업 등을 강하게 탄압했다. 이에 따라 물가 폭등과 식량 부족 등의 상황 속에서도 반민주적인 헌정과 전쟁을 지속하는 국민당에 회의를 느낀 정부 관료가 공산 측 지지로 돌아서거나, 정부 소속 부대가 싸우기도 전에 공산 측에 투항하는 일들이 발생했다. 결국 국공내전은 국민당의 패배로 끝났다. 내전이 종료된 후 대륙에는 1949년 10월 1일에 중화인민공화국이 출범했다. 타이완섬으로 옮겨 온 중화민국 정부는 자신이 신해혁명으로 1912년에 수립된 중화민국의 맥을 잇는 정부임을 강조하며 반공을 기치로 삼아 대륙의 정부와 선을 그었다.

그런데 의아한 점은 당시 연합국의 성원인 중국, 즉 중화민국의 대표자 장제스가 항일 전쟁의 승리를 기념하는 날을 타이완섬이 '광복'된 10월 25일로 삼았다는 점이다. 대륙의 신중국이 승전기념일을 8월 15일에서 9월 3일로 옮김으로써 '중화의 적자'임을 내세우는 방식을 택했다면, 타이완의 '옛 중국'은 새롭게 터전을 잡은 타이완섬 내부 구성원 사이의 갈등을 포섭하고 통치권을 장악하려는 의도에서 10월 25일을 택했다.

타이완섬은 그 섬의 원주민 부족들과 명·청 시대에 중국 본토에서 이주해 정착한 한족계 본성인이 함께 거주하고 있던 곳이었다. 그러다 국공내전 종료 후 소수의 한족, 외성인이 타이완으로 넘어와 중화민국의 정부를 세우고 사회상층부와 통치권을 장악해 버렸다. 긴 세월 타이완섬에 살고 있던 사람들 입장에서는 그야말로 주객이 전도된 상황이 된 것이다.

'광복' 후 타이완섬은 본토와 마찬가지로 국민당의 경제정책 실패로 물가가 폭등했다. 여기에 본성인과 원주민에 대한 정부의 불평등하고 억압적인 통치가 지속되었다. 그러니 외성인을 향한 분노가 다수의 주민 사이에 쌓이는 것은 자연스러운 일이었다. 그러다 결국 민과 관이 대대적으로 충돌하는 '2.28' 사건이 발생했다. 1947년, 아직 정부가 타이완으로 다 옮겨 오기도 전에 발생한 이 사안은 정부의 강력한 탄압으로 정리되었고 이는 지속적인 타이완 주민 내부의 융합과

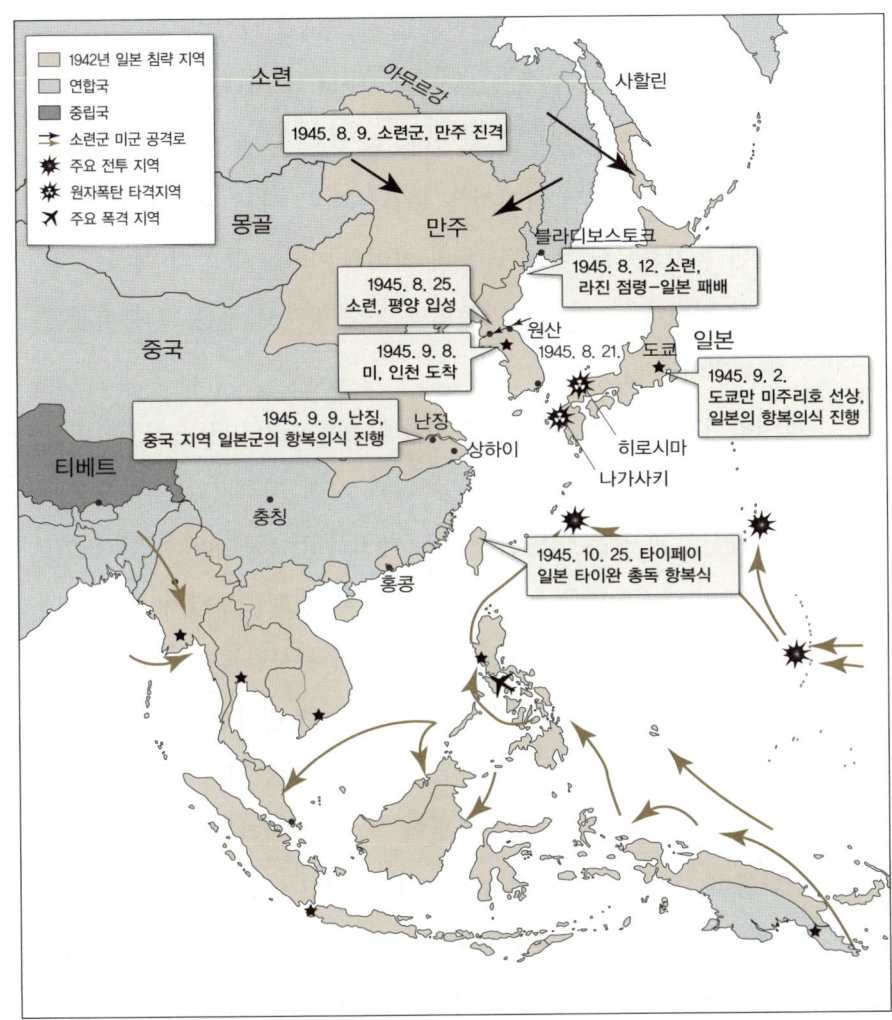

1945년의 종전과 '해방'은 지역마다 시간차를 두고 진행되었다.

국민당의 집권 안정성 문제와 관련된 핵심 문제로 남았다.

국민당은 바로 그런 균열을 봉합하는 방편 중 하나로 10월 25일을 강조하는 방법을 택한 것으로 보인다. 한 손에는 반공이라는 깃발을 흔들며 타이완의 단결된 국민성을 응집시키고, 다른 한 손에는 일본의 억압된 통치로부터 해방된 '우리 타이완'이라는 봉합의 서사를 만들려고 한 것이다. 그러나 국가폭력을 통해 강제로 묶은 그 봉합선은 민주화를 거치며 끊어졌다.

타이완의 '광복절'은 2001년 천수이볜 총통과 민진당이 집권하면서 폐지되었다. 현재 타이완은 국민당 집권 시절 제정되었던 광복절과 '장제스 탄신일'과 같은 기념일을 모두 폐지하고, 2월 28일 평화기념일과 10월 10일 국경일만을 정치적 기념일이자 공휴일로 남겨 두었다.

국가가 정한 기념일은 교과서와 마찬가지로 사람들이 공통으로 가진 역사적 경험을 활용하여 국가가 선택적으로 편집한 관점의 '기억'을 각인하는 작업 중 하나다. 한반도가 냉전 대립 과정에서 두 개의 국가로 분단되었듯, 중국 역시 본토와 타이완섬이라는 두 개의 공간으로 나뉘어 각각의 정부가 수립되었다. 그리고 이들은 각기 누가 '민족'을 대표할 정통성을 가진 통치권자인지를 내세우며 경쟁했다.

그로 인해 긴 세월 제국주의의 침략과 지배에 고통받다 일본과의 전쟁을 통해 그 억압을 끝냈다고 믿었던 수많은 사람의 기억과 바람은 각자의 깃발을 세운 국가의 입장에 따라 편재되었다. 그리고 지금의 우리는 '8.15'라는 전형적인 이미지 혹은 '항일 전쟁 승리'라는 상징적 의미화에 각기 갇혀 우리 자신과 서로를 보는 데 익숙해져 있다.

'항일 전쟁의 종식'이라는 공식 서사 속 중국의 1945

천황이 항복 의사를 밝힌 당시, 일제의 식민 지배 아래 모든 공간이 장악되어 있던 한반도와 달리 거대한 중국 땅은 일본군이 점령한 지역, 일본에 영합하는 세력이 관할하는 지역 등이 있었음에도 전 지역의 통치권을 모두 빼앗긴 상태는 아니었다.

괴뢰국 만주에는 소련군이 투입되어 전쟁을 끝냈지만, 동북 3성(랴오닝성, 지린성, 헤이룽장성. 만주국 해당 지역) 이외의 지역에서는 중국군이 일본군과 싸우며 종전을 맞았다. 종전 당시, 중화민국 정부는 충칭에 있었다. 1945년 9월 9일, 난징에서 중국 정부를 대표해 고바야시 아사부로의 항복서를 접수한 허잉친은 '연합군 중국전구中國戰區 육군 총사령관' 신분이었다. 중국은 그들 스스로가 연합군으로서 제2차 세계 대전의 추축국 중 하나인 일본을 패퇴시킨 승전 당사국이었다.

그래서 중국이 기록하는 일본 패망 전후의 역사는 한국인이 익숙한 역사 서술과 비슷한 면이 있으면서도 다르다. 한국의 고등학교 『한국사』 교과서에서는 이 시기를 다룰 때 'V. 광복을 위한 노력, VI. 대한민국의 발전'이라는 대주제 속에서 '8.15 광복과 통일정부 수립을 위한 노력 – 대한민국 정부의 수립'이라는 체계로 접근하는 것과 달리, 현재 중국에서는 이 시기의 역사를 '중화민족의 항일 전쟁과 인민해방전쟁'이라는 틀에서 다룬다. 여기에서 항일 전쟁은 일본 제국주의와 싸운 전쟁을 의미하고 인민해방전쟁은 제2차 세계 대전이 끝난 후 국민당과 공산당 사이에 전개된 국공내전을 이른다.

관련 내용은 현재 중국에서 많이 사용하는 중학교(8학년) 역사 교과서 『중국역사上』(2017년 심의)과 고등학교 역사 교과서인 『중외역사강요上』(2019년 심의)에서 다루고 있다. 그에 대한 구체적인 목차 체계와 서술은 서로 차이가 있긴 하지만 전체적인 흐름은 유사하다.

교과서에서 중국의 항일 전쟁은 1931년 9월 18일에 일본이 만주사변을 일으킨 시점부터 서술된다. 이후 본격적인 일본과의 '투쟁'은 1937년 7월 7일에 베이징 루거우차오에서 촉발된 '7.7 사변'부터 전개된 것으로 보아 전 민족적인 항일 전쟁이 8년 동안 진행되었다는 점을 강조하고 있다.

중국과 일본의 전쟁은 1941년 일본이 진주만을 공격하면서 미국이 연합군 측에 참전하고, 이어 중국이 공식 연합국의 일원이 되면서 그 성격이 변화했다. 중국은 제2차 세계 대전의 전쟁 권역 중 '아시아-태평양 전구'의 하나로 연결되었고, 전쟁의 최종적인 종결은 연합군의 합동 작전 속에서 마무리되었다. 이런 맥락에서 현재 중국의 역사 교과서는 항일 전쟁이 갖는 의미를 다음과 같이 정리하고 있다.

> 중국 인민의 항일 전쟁은 근대 이후 중국인이 외적의 침입에 맞서 처음으로 완전한 승리를 거둔 민족해방투쟁이다. 그것은 중화민족의 각성을 촉진하고, 중국공산당이 중국 인민을 이끌어 완전한 민족독립과 인민해방을 실현하는 데 중요한 기초를 마련했다. 중국의 전장은 세계 반파시스트 전쟁의 동방 주요 전장으로, 세계 반파시스트 전쟁의 승리와 세계 평화 유지에 큰 기여를 했다. 이에 따라 중국의 국제적 위상이 높아졌다.
>
> - 8학년, 『中国历史上』, 2024, 109쪽.

교과서에서는 세계 파시스트 세력과 싸우는 제2차 세계 대전의 전장 중에서도 중국이 주요한 장소였다는 점을 강조한다. 이를 통해 중국의 항일 전쟁이 갖는 세계사적 의미를 짚는 것이다. 이런 관점은 세계사 교과서에서도 나타난다. 중학교(9학년) 교과서 『세계역사下』(2018년 심의)는 '제4단원 경제대공황과 제2차 세계 대전'에서 이 시기의 역사를 다룬다.

여기서 제2차 세계 대전은 '1939년 9월 1일 새벽에 독일군이 폴란드를 급습'하고 '폴란드의 동맹국인 영국과 프랑스가 전쟁을 선포'하며 발발한 것으로 서술된다. 유럽에서 시작된 전쟁은 점차 그 전선과 전장이 확장되는데, 교과서는 이를 '파시스트 국가들의 무분별한 침략'과 이에 맞선 '전 세계 반파시스트 국가들의 연합'으로 설명한다. 그리고 1942년 1월에 미국·영국·소련·중국을 포함한 26개국 대표들이 워싱턴에서 한 '연합국 공동 선언'이 "세계 반파시스트 동맹의 공식 형성을 의미"한다고 보고 있다. 공동선언 이후 "각국은 공동의 목표를 위해 서로 지원하고 협력하여 전쟁 상황을 점차 전환"해 갔다고 정리한다.

바로 이런 흐름에서 중국의 항일 전쟁은 '민족해방투쟁'인 동시에 '세계 반파시스트 전쟁의 동방 주요 전장'의 위상에 놓이고, 중국인이 항일 전쟁 승리에 기여한 것은 곧 세계 평화에 기여한 것으로 평가된다. 이런 평가는 항일 전쟁이 '항일통일민족전선'을 수립하는 과정에서 전개된 것이라는 서술과 연결되며, 중국공산당이 항일 과정에 중추적인 역할을 했다는 점을 강조하는 것으로 정리된다. 항일에 대한 위상 평가, 여기에서 공산당의 역할을 강조하는 중국 역사 교과서의 서술적 특징은 타이완과 대륙으로 분리되어 대립하는 '두 개의 중국'이 존재하게 된 지금의 현실을 반영하는 것이다.

이런 특징을 잘 이해하려면 한반도와는 다른 중국의 역사 맥락으로 조금 더 들어갈 필요가 있다.

아편전쟁에서 패배한 후 제국주의 열강들과 줄줄이 불평등조약을 체결하며 갉아 먹히던 청나라는 1911년 신해혁명 후 다음 해 중화민국이 수립되면서 멸망했다. 하지만 당시 중화민국 수립을 주도한 혁명 세력은 그 힘이 너무 미약해 전체 중국의 정국을 장악할 수 없었다. 이에 따라 위안스카이를 비롯한 지방 군벌들이 각 지역을 장악했고, 광활한 중국 땅은 그 후 여러 세력에 의해 분할 통치되었다.

그러다 1921년에 중국공산당이 창립되고 1924년에 국민당과 공산당이 1차 국공합작을 이루었다. 그리고 이들은 열강을 타도하고 군벌을 제거하는 것을 목표로 하는 '국민혁명운동'을 전개했다. 이후 혁명운동의 기세를 몰아 다음 해 광저우에 국민정부를 수립한 국공 양당은 북쪽 지역 군벌에 대한 전쟁을 벌여 나갔다.

그러나 쑨원의 죽음 이후, 북벌군을 이끌던 장제스는 1927년에 '반혁명정변'을 일으켜 국공합작을 깨고 '난징국민정부'를 수립했다. 이때부터 공산당은 별도의 근거지 수립을 위한 활동을 전개했고 1931년에는 '중화소비에트공화국 임시정부'를 수립했다. 그해는 만주사변이 일어나기도 했다. 또다시 온 사방팔방이 서로 다른 정권하에 놓였다.

이후 장제스의 국민정부가 공산당 근거지에 수차례 가한 '포위토벌'을 이겨 내지 못한 공산당은 1934년부터 1936년까지 강서성에 마련했던 근거지를 떠나 대장정에 올랐다. 긴 장정 끝에 홍군은 섬서성 옌안에 자리를 잡았다. 그때 그 지역에는 만주사변 이후 만주에서 관내로 후퇴해 국민정부 산하의 동북군 사령관이 된 군벌 장쉐량과 서북군 사령관 양후청이 있었다.

당시 총통 장제스는 만주국이 수립된 후에도 '먼저 국내의 적을 없앤 다음 외국의 침략을 막는다'는 방침을 고수하며 일본과의 전투는 도외시하고 홍군 토벌에만 열을 올리고 있었다. 일본군의 폭격으로 아버지를 잃고 자신의 근거지였던 만주를 떠나온 장쉐량의 입장에서 그와 같은 장제스의 방침은 불만으로 다가올 수밖에 없었다. 게다가 당시 서북 지역은 반일 감정이 고조된 상황이었기 때문에, 섬서에 자리를 잡은 홍군에 대한 공격을 항일보다 우선시하려는 국민당의 입장을 그 두 사람이 쉽게 수용하기 어려운 상황이었다.

1936년 12월, 장제스는 직접 시안으로 갔다. 홍군 토벌을 독려하기 위해서였다. 동북군의 지휘관들은 자신들을 만나러 온 총통에게 항일전에 나설 것을 촉구했지만 거절당했다. 거듭된 설득과 권고가 잘 먹히지 않자, 동북군과 서북군은 합동사단장회의를 통해 총통을 체포하기로 결정했다. 체포된 장제스에게 그들이 요구한 내용의 핵심은 "내전을 전면적으로 즉각 중지하고 '무력 항일 정책'을 채택하라는 것"이었다.

『중외역사강요上』에서는 이에 대해 "시안사변이 평화적으로 해결되면서 10년의 내전은 기본적으로 정리되었고 전국의 인민이 단합하여 항전하는 국면이 초보적으로 형성되었다."라고 정리하고 있다. 사로잡힌 장제스는 이들의 요구 조건을 받아들였다. 그리고 다음 해, 7.7 사변을 계기로 일본의 전면적인 공격이 개시되면서 2차 국공합작이 실현되었다. 비로소 중국의 '전 민족적'이고 '전면적'인 항전이 시작된 것이다.

2차 국공합작이 성사된 맥락 중 하나는 공산당이 장제스가 제시한 "홍군을 해체하고 국가의 단일 군사력(국민당군) 아래 편입"하라는 조건과 "소비에트공화국을 해체"하라는 등의 조건을 수용했기 때문이다. 이에 관한 내용은 『중외역사강요上』의 탐구 활동에서 〈국공합작을 공포하는 중국공산당 중앙위원회의 선언〉(1937. 7. 15.)-《주은래문집》을 읽고 생각하도록 제시되고 있다. 이 결정으로 공산당은 자체적인 홍군을 해체하고 이들을 국민혁명당 산하의 팔로군과 신편제4군(신사군)으로 전력 편재를 바꿔 항일 전쟁에 나선다.

지금의 교과서들은 이 부분을 비교적 상세히 다루면서 항일 전쟁이 전민족적인 항전이었고, 중국공산당은 이 과정에서 '항일민족통일전선'의 입장을 이끌며 '독립자주'와 '단결항전'의 대국을 유지하기 위한 중추적인 역할을 했다는 점을 강조한다. 그러면서 2차 국공합작 이후 전쟁의 전개 과정을 국민당 중심의 "정면전장의 항전正面战场的抗战"과 공산당 중심의 "적후전장의 항전敌后战场的抗战"으로 구분하여 서술한다. 이런 서술 방식은 항일 전쟁이 종료된 시점의 정부가 장제스를 총통으로 한 중화민국 정부 하나였다는 맥락에서 선택된 것으로 보인다. 제2차 세계 대전 종전 당시 연합국의 주요 성원이었던 중국은 아직 탄생하지 않은 중화인민공화국이 아니라 중화민국이었다.

그런 점에서 항일 전쟁에 관한 서술 체계는 중국이 연합국의 일원이자 세계 반파시스트 전장의 주요 장소였다는 흐름에 놓이면서도, 동시에 항일 전쟁이 당시 국가의 역할만으로 대변할 수 없는 '민족해방투쟁'의 맥락 안에 놓여 있었다는 점을 강조하고 그것을 이끌고 가는 데 공헌한 공산당이 있었음을 밝히는 것에 방점을 찍는다. 지금의 신중국이 중화민족을 대표하는 정통성을 갖는다는 것을 강조하는 데는 이 지점이 핵심이기 때문이다.

여기서 한 가지, 한반도의 역사 서술과 비교해 중국의 역사 서술 문제를 보며 염두에 두어야 할 것은 우리와 이들의 '민족' 개념과 범주에 차이가 있을 수밖에 없다는 점이다. 중국 대륙은 근대 이전에도 다양한 종족이 서로 뒤섞여 살아온 공간이었고, 일본 제국주의의 팽창 과정에서 서로 다른 민족으로 인식하던 다수의 조선인도 이주해서 사는 곳이었다.

현재 '중화민족'으로 표방되는 중국인의 인적 구성에는 중화인민공화국이 수립되는 과정에서 여기에 그 일원으로 함께 하기로 결정된 55개의 소수 민족과 한족이라는 다수 민족이 모두 포괄된다. 이것은 근대 이전의 역사적 기원을 둔 집단적 묶음을 이른다기보다 현재 국민 구성원을 기준으로 재편한 집단적 묶음을 뜻하는 것이다. 따라서 지금의 교과서에서 강조하는 '전 민족적인 항전'의 성원에는 이들 모두가 호명되는 것으로 읽어야 한다.

『중국역사上』에서 만주사변 후 '전국의 각 민족이 단결'하여 항전에 투입되었음을 언급하며 "동북 지역의 만주족과 조선족 등은 다양한 항일단체와 항일의용군에 적극적으로 참여했다. 동북, 화북 등지의 몽골족과 한족은 차례로 몽변기병, 몽한동맹군, 몽한항일유격대 등을 설립하여 일본에 대한 무장투쟁을 전개했다."라는 서술이 등장하는 것도 바로 이런 맥락으로 이해할 수 있다.

하지만 현행 중고등학교 역사 교과서의 전체적인 서술과 흐름에서 동북 지역의 구체적인 역사적 정황과 조선족 자체의 역사를 다루고 있는 것은 아니다. '항일 전쟁'의 주요 촉발점이었던 동북 지역에 관한 서술은 만주사변을 전후로 군벌 장쭤린과 관동군 사이의 충돌, 장쉐량의 이동, 만주국 치하로 떨어진 동북 지역 인민의 고난과 이에 대항하며 싸웠던 동북 항일 연합군의 존재 등이 간략하게 언급되는 정도다.

그러나 '만주'라는 공간은 긴 세월 제국주의 세력의 이권 다툼의 장소로 대상화되며 조선족을 비롯한 여러 민족이 다층적인 관계 맥락 속에 뒤섞여 살았던 곳이었다. 그곳에서 맞은 일본의 패망과 새로운 국가 건설을 향한 국공 사이의 대립은 그간 축적된 상호 간의 복합적인 감정의 폭력적인 지점을 건드렸다. 그리고 그 한가운데, 지금의 조선족이 된 재만조선인이 있었다.

공식 서사에서 배제된 재만조선인의 트라우마적 기억들

해방의 환희는 억압적 제국의 해체에 대한 기쁨과 기대감으로부터 터져 나온 것이었으나 제국의 패퇴가 곧 사람들에게 해방 그 자체를 가져온 것은 아니었다. 국공내전의 소용돌이에 들어간 만주 지역의 조선인들은 또 다른 시련과 갈등 앞에 놓였다. 그런데 거기에는 '국민당이냐, 공산당이냐'라는 이데올로기 갈등만 있는 것이 아니었다.

> 1946년 5월 27일 밤, (중략) 오후 4시쯤 되어 북산쪽에서 포소리가 홍콩 울리더니 뒤이어 미국제 무기로 전신을 무장한 장개석의 직계군 - 국민당 제88사가 시내로 들어왔다. (중략) 놈들은 지방의 주구(앞잡이)들을 앞세우고 조선족집들을 찾아다녔다. 《〈꼬리방즈〉는 모두공산당이고 팔로군이다.》 놈들이 이렇게 미친개처럼 짖어대면서 앙갚음을 하려고 조선족 집들을 찾아다니는데는 그럴만한 리유가 있었다. 그 주요한 리유라면 해방직후에 조선족인민들이 자기의 남편과 아들딸들을 해방군에 보냈다는 것이다. (중략) 그리하여 길림시의 조선족들은 모조리 략탈당하고 잡혀가고 짓밟히면서 갖은 유린을 다 당하였다.
>
> ― 「민족의 대재난 - 원시희」, 『중국조선민족발자취총서 5 - 승리』, 1992, 596쪽.

국공내전이 곳곳에서 본격화되고 공산당의 주요 근거지였던 동북 지역에도 국민당이 들어와 충돌하기 시작했다. 일본 제국의 신민이었던 조선인을 일괄 '적국인'으로 취급했던 국민당의 정책과 달리, 공산당은 당시 만주 조선인에 보다 우호적인 입장을 취했다. 그래서 동북 지역에 남은 많은 조선인은 그들의 편에서 '인민해방전쟁'에 참전했다.

그런데 동북에서 국민당이 우세한 상황이 발생하자 한족 중 일부는 앙갚음을 하기 위해 조선인이 다 해방군 편에 선 공산당이라는 이유를 들어 조선인들을 국민당에 고발했다. 그들은 무엇 때문에 앙갚음이 필요했던 것일까?

꼬리방즈高麗棒子는 만주의 중국인이 조선인을 부르던 모멸적 호칭 중 하나였다. 모두가 언제나 그렇게 부르며 서로 반목했던 것은 아니었다. 그러나 일본 제국주의가 물러간 공간에서 뒤섞여 살아온 그들 사이에 차차 쌓였던 무언가가 그 시점에 폭력적으로 분출하기 시작했다.

일본은 한반도를 대륙으로 뻗어 나가는 길목으로, 만주는 그다음 걸음을 내딛는 발판으로 여겼다. 광활한 공간에 드문드문 원주민이 살아가던 땅은 19세기를 지나며 청·러·일이 통치권을 확보하기 위해 경쟁하는 장소가 되었고, 그때부터 만주는 다양한 민족 구성원이 이주해서 같이 살아가는 곳이 되어 갔다.

19세기 후반, 조선 말기부터 조선인들이 조금씩 북간도 지역으로 이주했고 중국 산동과 화북 지역의 한족 농민도 이주해 각각 집단 거주지를 만들거나 함께 뒤섞여 살았다. 이후 조선을 완전히 식민지로 합병한 일본이 본격적으로 만주로 진출하며 일본인의 이주도 진행되었다. 풍부한 원자재를 가진 미개척 땅이었던 만주에는 농토는 물론 다양한 산업 건설을 위한 개척 사업이 진행되었다. 그리고 이 과정에 필요한 노동이주자와 이를 관리 감독할 제국의 착취자, 군인이 들어와 같이 살게 된 것이다.

일본은 '민족협화론'을 통해 만주국이 한족·만주족·몽골족·조선족·야마토족(일본)이 화합하는 곳이라는 명분을 내세웠다. 그러나 실제로 그 논리는 모두를 선도하는 일본을 정점으로 각 민족 간 위계화를 조장하는 등 이간 정책으로 사용되었다.

> 오족협화요, 일만협화라 하지만, 그러나 실제상에 민족차별을 했지요. 아주 대단히 차별했지요. 1등 민족은 일본사람이고, 2등 민족은 조선사람이고, 3등 민족은 한족이고. 배급을 준다든가 배급 줄 때에도 조금 못하게 준다든가.
> ― 「박진석 구술」, 『식민지시기 재만조선인의 삶과 기억 Ⅱ』, 2009, 263쪽.

'이등 신민'이라는 정책의 실체가 분명하게 존재했던 것은 아니었지만, 만주국을 경험했던 조선족 다수는 그들 사이에 위계화된 균열선이 있었다고 이야기한다. 그리고 그 균열은 일본인이 떠난 후에도 여전히 함께 살고 있는 그들 사이에서 극렬한 폭력의 형태로 부딪치며 재등장했다고 기억하고 있다.

> 노꼬리(老高麗, 늙은 고려인)가 중국사람 죽였다. 이놈새끼들이 얼구이즈(二鬼子, 앞잡이)인데, 일본놈 때도 그런데 지금도 어째 이래는가, 이거 글러먹었다. 그래 우리도 이놈 새끼들을 때려죽이자.
> ― 「정봉권 구술」, 『식민지시기 재만조선인의 삶과 기억 Ⅲ』, 2009, 213쪽.

'얼구이즈'는 당시 널리 통용되는 표현 중 하나였다. 이것은 일본의 중국 침략에 어떤 형태로든 기여하는 조선인에 대한 반감이 중국인의 의식 속에 녹아 있었음을 보여 주는 것이기도 하다. 재만조선인의 일본어 구사 능력은 중국인 일용직 노동자보다 확실히 더 나은 편이었고, 이는 만주국에서의 임금 격차에 반영되었다. 당시 조선인도 중국인 못지않게 열악한 주거환경과 빈곤 속에서 생활한 것은 사실이었으나, 그들은 일본 제국의 '황국 신민'이었기에 사안에 따라 치외법권적 특권에 기대거나 영사관과 영사경찰대 등의 보호에 의존할 수 있다는 점에서 중국인과 같은 대우를 받은 것은 아니었다. 그런 상황이 '이등 신민' 또는 '얼구이즈'라는 감정을 쌓는 배경이 되었을 것이다.

1910년 중반까지만 해도 만주 지역의 중국인과 조선인은 비교적 잘 지냈다. 토지 소유권이 없었던 조선인들은 중국인과 함께 거주하고 농사를 지으며 살아갔다. 쌀이 주식인 조선인과 달리 중국인은 벼농사를 주로 하지 않았기에 경쟁 관계도 심하지 않아 농촌에서 양 민족은 잘 지내는 분위기가 오히려 강했다. 일본의 침략에 대항한다는 측면에서 반일 감정을 공유한 유대관계가 존재하기도 했다. 그러나 조선의 식민화가 기정사실이 된 후 본격적으로 일본이 만주에 침략을 가속화하면서 이 관계에 변화가 생기기 시작했다.

동아시아에는 제국주의의 침략 앞에 무력하게 무너진 중국과 달리 근대를 선도하는 아시아 민족으로 일어선 일본의 존재를 정당화하는 서구의 '문명화' 논리 구조가 복제되어 파급되었다. 조선인 지식인 중에서는 일찍이 이 논리를 받아들여 서구의 다음은 일본, 그다음으로는 중국보다 나은 조선이 있다는 오리엔탈리즘적 시각을 가진 사람들이 있었다. 그리고 그 논리는 일본의 통치가 사람들의 일상을 장악하며 드러난 민족 간의 차별적인 대우와 함께 사람들의 생활 관계 안으로 스며들었다.

> 하여튼 그때는 차별은 났다. 우리는 학생이니까 민족 차별에 대한 것 민족은 차별 없는데, 우리 제정 때 교육을 받은 것은 소위 동남아시아라든가 혹은 다른데 소위 야만인이라고 야만인이라는 이런 말 상당히 많이 썼어요. 그리고 일본사람이 야마다민족이 가장 우월하고, 그 다음에 남쪽에 있는 사람을 야만인이라고 하는데, 이게 대단히 민족, 이게 결국 선진 민족 이런 차이가 있지. 그기에 무슨 민족적으로서 열등민족, 야만인이라고 하고 그런 교육을 많이 받았습니다.
> ―「박진석 구술」, 『식민지시기 재만조선인의 삶과 기억 Ⅱ』, 2009, 269쪽.

물론 만주에 거주하는 조선인에게도 '불령선인'과 '선량선인'이라는 또 다른 구분선이 존재했다. 항일 투쟁에 적극적으로 나서며 만주국의 통치구조에 파열음을 내려고 나섰던 독립운동세력과 사회주의 운동가들은 탄압되어야 할 불령선인이었고, 일제 침략 정책에 주도적으로 부응한 선량선인들은 일본인의 다음 가는 '이등 신민'으로 중국인보다 앞선 존재라는 서로 다른 구분선 아래 놓여 있었던 것이다.

그러나 만주국 수립 후 여러 방면에서 타민족보다 편의를 제공받으며 '일제의 주구'로 행세한 조선인 유력자의 등장, 일본의 만주 지배에 적극 기여하며 한편으로는 이득을 취하고 다른 한편으로는 중국인을 탄압한 친일 행위자의 활보는 조선인에 대한 부정적 감정을 쌓는

데 주요한 역할을 했다. 톈진, 우한, 광저우와 같은 내륙의 일본 점령 지역에도 일본의 침략 행위를 앞장서 보조하는 조선인이 있었다. 따라서 그들이 중국 땅에 살고 있던 전체 조선인을 대변하는 것은 아니었음에도, 사람들의 기억과 감정 구조에는 차차 이들을 통한 조선인에 대한 특정 이미지가 형성되었다.

여기에 1931년 평양에서 벌어진 중국인 화교에 대한 조선인의 폭력과 학살 행위가 역으로 만주 공간으로 전해졌고, 그곳에 거주하는 조선인과 중국인의 감정 사이에 또 다른 결절점을 만들어 놓았다. 일본은 만주국 수립 이전에도 계속 통제권을 확장하기 위해 간도 지역에 거주하는 조선인을 보호하겠다는 명목을 들어 상부상조 관계에 있던 중국 농민과 조선인 농민 사이에 분쟁을 조장하거나 중국인의 토지를 빼앗고 거기에 조선인을 이주시키기도 했다.

그런데 완바오산에서 발생한 이런 사건 중 하나를 〈조선일보〉가 "중국인에 의해 조선인 수백 명이 희생되었다."라고 사실관계와 전혀 다르게 보도하는 일이 발생했다. 문제는 그 오보를 접한 평양의 조선인들이 화교가 거주하는 곳곳을 찾아다니며 폭력과 살해를 서슴지 않았다는 것이다. 민족 간의 분할선을 위계적으로 도입한 일본 제국주의의 논리는 이제 조선인과 중국인 사이에 기입되며 조선인이 보복을 빙자한 제노사이드의 수행자로 나서게 하는 감정선으로 작동했다.

그렇게 조선인과 중국인 사이에 형성된 모든 균열과 누적된 갈등은 그 분할선을 이용해 만주를 통치하던 일본 제국이 사라진 자리에서 사실과 실재 여부를 넘어선 폭력으로 터져 나왔다. 거기에는 이제 새

국가 건설을 둘러싼 이데올로기적 입장 차까지 더해진 국공내전의 적대적 갈등 구조가 함께 작동하고 있었다.

> 장춘시에 잠복하고 있던 반동분자들은 《민족분규》를 조성하였다. 그자들은 조선사람은 일본인의 앞잡이였는데 지금은 팔로군에 붙어 불화를 일으킬뿐만 아니라 (무리) 지어 폭동을 일으키려 한다고 요언까지 날조하면서 비방중상하였다. 당시 사회의 불량배들은 이 기회를 리용하여 조선사람을 내쫓고 재물을 략탈하려고 몽둥이를 들고나섰다.
> ―「장춘 〈5.23〉참사 - 림장배」, 『중국조선민족발자취총서 5 - 승리』, 1992, 599쪽.

이처럼 '제국의 분할선이 사라진 자리에 생겨난 경계선'이 국적, 민족, 이데올로기라는 어느 한 기준으로도 단순히 정리할 수 없는 이 감정 구조를 계속 건드리고 있었다. 그리고 그것이 빚어낸 참극은 8.15의 경축에서도, 9.3 항일전쟁승리의 기념에서도 회상되지 않음으로써 치유되지 못한 또 다른 트라우마적 기억으로 남아 있다.

기나긴 시간의 강을 건너 지금의 우리가 '해방'의 기억을 불러오려는 시도는, 그 시간에 갇혀 있는 서로의 트라우마를 자극하고 민족적·인종적 분열과 대립을 부추기는 것이어서는 안 된다. 과거라는 트라우마에 대한 치유는 그것에 대한 기억이 배제되거나 억압되는 것이 아니라 그 비극을 반복하지 않는 현재와 미래를 만들 수 있을 때 가능해진다. 그리고 그것이 우리가 다시금 '해방'을 환기해야 하는 유일한 이유다.

2장

해방과 패전의 카오스, 재일조선인과 일본인의 서로 다른 기억

정진아

재일조선인의 해방, 귀환 그리고 잔류

동포들은 해방의 기쁨에 넘쳐 있었어요. 어디서 났는지 장구, 꽹과리, 피리, 깃발을 들고 있었으며, 하얀 모자를 쓰고 얼굴에는 수염을 붙여 옛날 양반 차림을 한 사람도 있었고 다들 치마저고리와 바지저고리 차림으로 밖에 나와 있었어요. 일본 전국 어느 곳이나 이런 분위기였겠죠.

- 김일화, 『재일 1세의 기억』, 2019, 548쪽.

1945년 8월 14일에 일본의 무조건 항복으로 전쟁이 끝났고, 재일조선인 사회에는 활기가 넘쳐흘렀다. 망연자실한 어둠 속에 미래에 대한 불안 속에 떨고 있던 일본인과 달리 조선인의 집에는 밤에도 대낮처럼 환한 불이 켜져 있고, 술 마시고 춤추고 노래하며 해방을 만끽하는 소리로 가득했다. 폭풍 같은 격정적인 기쁨이 이들을 관통하고 있었다. 하지만 모든 이들에게 해방이 동일하게 인식된 것은 아니었다.

일본의 식민지 지배 시절, 나는 황국 소년이었어. 일본은 신의 나라다, 천황은 신이다, 이런 걸 믿으며 일본인이 되기 위해 공부했지. 중학교 4학년, 일본이 패망했을 때는 정말 믿을 수가 없어서 일주일, 열흘 동안 밥도 먹지 않았어.

-김시종, 『재일 1세의 기억』, 2019, 496쪽.

1920~1930년대에 태어나 해방 당시 소년기를 맞이한 조선인은 큰 충격을 받았다. 이들은 교육을 통해 천황제 이데올로기를 깊이 내면화하고 있었다. 천황은 신이고 일본은 지지 않는 신의 국가이며, 따라서 일본인이 되려고 노력해 왔던 이들에게 패전은 '마른 하늘의 날벼락'이자 식음을 전폐할 정도로 충격적인 소식이었다. 일본 사회에서 저마다 나름대로 안정된 지위를 확보하고 있던 조선인도 혼란스럽기는 마찬가지였다.

하지만 이런 혼란은 오래가지 않았다. 미군의 점령 통치가 시작되고 연합국최고사령부GHQ가 민주화 조치를 취하면서부터 상황은 반전되었다. 인권지령에 따라 치안유지법 등에 의해 투옥되었던 인사들이 1945년 10월 10일에 석방되었다. 김천해를 비롯해 천황제 권력에 저항했던 이들이 석방된 사실은 재일조선인이 일본 제국의 몰락과 새로운 시대의 시작이라는 변화를 실감한 상징적인 사건이었다. 탄광이나 공장에 끌려온 노동자도 노동조합을 결성하여 대우 개선과 귀환자에 대한 임금 청산, 귀환 촉진 등을 요구했다.

이처럼 재일조선인은 해방 민족이라는 자각을 가지고 활동하기 시작했다. 재일조선인의 귀환을 지원하고 생활을 보장하려는 각종 조선인 단체가 전국 곳곳에 결성되었다. 1945년 10월에 도쿄에서 재일조선인연맹(조련)이 결성되었다. 조련은 귀국동포에 대한 다양한 지원 활동과 생활권의 보장, 민족교육의 실시 등을 활동 목표로 내걸었다. 최대의 현안은 귀환이었다.

1945년 8월 현재 일본에 거주하는 재일조선인은 200여만 명에 달했다. 1945년 말까지만 해도 재일조선인 다수가 고국으로의 귀환을 염두에 두고 준비했다. 조선과 인접한 시모노세키, 하카다, 센자키 등 서일본의 항구도시는 귀환을 서두르려는 인파로 가득했다. 1945년 8월 24일에는 고국으로 귀환하는 재일조선인을 태우고 부산으로 향하던 일본해군 수송함 우키시마호浮島丸가 마이즈루항 앞바다에서 폭파되어 수많은 동포가 목숨을 잃었다. 지금까지도 폭파의 진상은 규명되지 못하고 있다.

재일조선인은 1945년 9월 조선인귀국자구호회를 조직하여 귀국동포를 지원하는 한편, 일본 정부에 귀국보장과 식량, 미불임금 지불을 요구했다. 이에 GHQ는 1945년 11월 계획송환 방침을 일본 정부에 시달했다. 일본 정부는 1946년 2월부터 귀국희망자 등록을 실시하고, 3월부터 12월까지 계획송환을 실시했다. 하지만 계획송환이 시작된 1946년 3월 시점에는 이미 140만 명이나 되는 재일조선인이 본국으로 돌아간 후였다.

막상 계획송환이 발표되자 귀환 인원은 급감하는 양상을 보였다. 한반도에는 1945년 12월 모스크바 삼상 회의 결정 이후 좌우 대립이 격화되고 있었다. 한반도의 정국 불안과 4월부터 창궐하기 시작한 콜레라 등도 원인이었지만, 재일조선인이 귀국을 망설였던 가장 큰 이유는 귀국 시 소지할 수 있는 재산에 대한 제한이었다. 소지할 수 있는 재산이 1인당 소지금 1,000엔, 동산 250파운드(113kg)에 불과했다. 1946년 2월 현재 대장성은 도시 5인 가족의 한 달 표준 생계비를 500엔으로 산정했다. 1,000엔은 재일조선인 가족이 고국으로 돌아가서 정착하기에는 턱없이 부족한 돈이었다. 결국 계획송환에 의한 귀환자는 8만 3,000명에 그쳤고, 55만여 명은 일본에 잔류했다.

귀환한 사람들은 대부분 징용이나 전시경제 수요에 의해 일본에 오게 된 거주 기간이 짧은 조선인들이었다. 일본에 체류하는 동안 돈을 모아 고향에 땅을 사 두었거나 돈을 송금해서 귀환한 뒤에 안정된 생활을 할 수 있을 것이라고 기대한 경우에도 귀환을 쉽게 결정할 수 있었다. 하지만 1920년대부터 일본에서 생활의 뿌리를 내리고 생활권을 형성한 재일조선인 다수는 일본에 그대로 남았다.

이제 현안은 잔류한 재일조선인의 생활 안정과 민족적 권리의 문제였다. GHQ는 1945년 11월 1일 재일조선인을 해방 민족으로 규정했으나, 1946년 12월 일본 정부는 계획송환 기간에 귀국하지 않은 재일조선인은 일본 국민으로 간주하며 일본의 국내법과 규칙에 따라야 한다고 밝혔다. 민족적 차별과 박해는 여전했다. 해방 민족으로 행동하는 재일조선인에 대한 일본인들의 혐오도 고조되고 있었다. 1946년 8월에 중의원에서 시이쿠마 사부로 진보당 의원은 재일조선인이 암시장에서 막벌이를 하고 폭력적이어서 범죄율이 높으며, 밀입국을 통해 전염병을 옮겨 오는 등 패전과 혼란으로 인한 일본인의 비참한 상태를 먹이로 삼고 있다고 공개적으로 비난했다.

이에 조련은 1946년 10월에 귀국이 일단락되었다고 판단하고 잔류한 동포의 생활권 보장을 위한 활동 계획의 수립에 주력하기로 했다. 1946년 12월 20일에는 4만 명의 재일조선인이 도쿄에 모여 재일조선인생활옹호전국대회를 열었다. 이들은 연합국 국민에 준하는 법적 지위와 처우를 요구하는 한편, 생활권 확보와 조선인등록제, 적국인에게 적용하는 재산세 적용 반대를 외쳤다. 일본 경찰은 수상관저로 가던 시위군중에게 발포하고, 대표들에게 강제송환 조치를 내렸다. 해방 민족에게 취해진 강경한 조치였다.

이런 강경 조치는 일본국 헌법 선포 직전인 1947년 5월 2일 외국인등록령의 제정으로 제도화되었다. 일본 정부는 외국인등록령을 통해 재일조선인에게 외국인등록증의 국적란에 '조선'이라고 기입하도록 하고, 조선인을 통제 관리하기 위한 벌칙과 더불어 강제퇴거 규정까지 만들었다. 그다음 날 시행된 일본국 헌법의 권리에서도 배제했다. 전후 개혁이 표방한 민주주의와 인권의 가치는 재일조선인에게는 적용되지 않았다. 재일조선인은 일본의 민주화 조치에 역행하는 역코스가 1946년 무렵부터 재일조선인에게 조기에 시행되고 있었음을 간파했다.

학교, 우리 학교_해방 민족의 정체성 찾기

해방 후 조련을 비롯한 재일조선인 단체를 중심으로 곳곳에 국어강습소가 생겨났다. 국어강습소의 초기 목적은 일제의 침략주의적 교육에서 탈피하는 한편, 일본에서 출생해서 우리말이 서툰 재일조선인 2세에게 우리말과 우리글을 가르쳐서 고국으로 귀환한 이후의 적응을 돕는 것이었다. 초기에는 조련 지부 결성에 관여했던 사람들 중에 교원을 배출했고, 이들에 의해 교육과 조직화 사업이 추진되었다. 국어강습소는 재일조선인 부락을 기반으로 하면서 재일조선인을 하나의 민족공동체로 엮어 가는 기능을 담당했다.

송환이 일단락되고 재일조선인의 장기 체류가 예견되는 상황에서 조련은 1946년 4월, 그간 임시적인 성격이었던 국어강습소를 정규교육 형태를 갖춘 민족교육 기관으로 발전시키고자 했다. 기초적인 국어강습소들은 초등학원으로 틀을 잡았고, 1946년 10월 5일에는 도쿄조선중학교가 설립되었다. 곧 이어서 오사카, 효고, 아이치 등지에도 중학교가 세워졌다. 1948년 10월에는 도쿄조선중학교에 고급부가 병설되면서 중등교육체계가 갖춰졌다.

이를 추동한 힘은 민족적 자각이었다. 재일조선인은 해방이 되자 황민화 교육으로 인해 자신이 얼마나 소중한 것을 잃었는지 깨달았다.

해방된 것을 알았을 때는 쫓길 걱정도 없어졌고 조선도 해방돼서 기쁘기도 했지만 솔직히 말하면 마음이 복잡했습니다. 조선말도 모르고 글도 역사도 모르는 상태였기 때문에 앞으로 어떻게 하면 좋을지 생각하던 중에 그때서야 일본의 황민화 교육에 의해 가장 소중한 것을 빼앗겼다는 사실을 알아차렸습니다.

- 김경낙, 『재일 1세의 기억』, 2019, 128쪽.

민족교육에 대한 재일조선인의 뜨거운 열기는 학교 수의 급증으로 나타났다. "돈 있는 사람은 돈을, 힘 있는 사람은 힘을, 지식 있는 사람은 지식을 내어 우리 학교를 세우자!"라는 구호 아래 모든 사람이 학교 건설에 힘을 쏟았다. 조선학교는 타다 남은 공장이나 창고를 빌리거나 조선인 소유의 건물을 개조해서 운영하는 등 재일조선인의 모든 역량을 집결해서 쌓아올린 결실이었다. 재일조선인 자녀들은 조선학교에서 우리말과 우리글, 역사와 지리 등 일제 시기에는 전혀 배우지 못했던 민족교육을 받으면서 성장했다.

1947년 10월 조련의 보고에 따르면, 초등학원이 541개교(학생 5만

재일조선인은 일본 각지에 국어강습소를 개설하고 이를 민족교육 기관으로 발전시키려고 했다.

7,961명, 교원 1,250명), 중학교가 7개교(학생 2,760명, 교원 95명), 청년교육과 간부교육을 위한 청년학원이나 고등학원이 30개교(학생 2,113명, 교원 160명)에 달했다. 1948년 5월에는 교과서와 잡지, 참고서를 전문적으로 출판 보급하는 우리동무사(학우서방의 전신)도 창립되었다.

문제는 참정권을 잃고 외국인으로 관리 대상이 되었지만 재일조선인이 일본의 법적인 통제하에 놓여 있었다는 사실이다. 일본 문부성은 이를 근거로 1948년 1월 24일에 '조선인 설립학교의 취급에 대하여'라는 통달(1.24 통달)을 내려 인가받지 않은 조선학교를 폐쇄하고 취학연령에 해당하는 재일조선인 아동을 일본인과 마찬가지로 시정촌립 또는 사립 소학교나 중학교에 취학시키도록 명령했다. 재일조선인이 1947년 3월 제정된 일본의 「교육기본법」, 「학교교육법」을 따라야 한다는 취지였다.

일본 문부성은 3월 1일에는 교원 2명 이상, 학생 20명 이상의 교육시설에 대해 2개월 이내에 각종 학교 인가를 신청해야만 하고, 인가를 받지 않으면 교육을 시행해서는 안 된다고 통첩했다. 이 통첩이 하달되면서 각지에서 조선인 아동의 전입이 시작되었고, 야마구치, 효고, 오카야마, 오사카, 도쿄, 이바라기 등의 조선학교에는 학교 폐쇄령이 내려졌다.

재일조선인은 이를 황민화 교육의 강요이자 해방 민족에 대한 탄압으로 받아들이고 격렬하게 저항했다. 3월 23일에는 조선인교육대책위원회를 조직하고 민족교육을 지키기 위한 투쟁을 통일적으로 벌이기로 했다. 위원회는 일본의 민주단체와 인민들과 연대하여 1.24 통달을 철회시키는 한편, 학교의 통합과 내용의 충실화도 기하기로 했다.

일본 정부는 4월 23일에 '재일조선인에게 경고함'이라는 강압적인 성명을 발표하고 조선학교의 강제 폐쇄에 나섰다. 명도를 거부하고 있던 히가시고베, 나다의 초등학원에 가처분을 집행하여 헌병과 경관대가 학교 폐쇄를 강행하자 재일조선인의 분노가 폭발했다. 4월 24일, 효고현의 재일조선인들이 효고현청에 몰려가 지사로부터 학교 폐쇄령 철회를 약속받았다. 곧이어 헌병과 경관대가 니시고베 초등학원을 급습했지만 재일조선인 1,000여 명이 결집하여 경관대를 포위하여 폐쇄를 저지하고 니시고베 초등학원을 지켜 내는 승리를 거두었다.

> 학교가 폐쇄될 때는 어머니들의 활약이 대단했죠. 조토소학교에 GHQ 소속 군용지프가 오니까 바로 교문 앞에 소시지처럼 줄지어 누워버렸어요. 큰 철문을 열고 지프차가 안으로 들어가려고 하면 "한 발자국도 들어갈 수 없다"라며 줄지어 막아섰고, "들어가려면 날 죽이고 들어가"라고 고함치니 결국 포기하고 돌아갔어요.
>
> — 김일화, 『재일 1세의 기억』, 2019, 551쪽.

하지만 미 제8군은 물러서지 않고 4월 24일 밤 고베시 전역에 비상사태를 선포하고 군정을 실시했다. 4월 26일에는 오사카에서 학교 폐쇄령 철회를 요구하는 집회에 4만 명이 모여 시위를 벌였다. 이 시위에서는 경찰의 발포로 16세의 소년 김태일이 사망하고 여학생 8명을 포함해서 27명이 다쳤다. 이처럼 반대운동이 가장 격렬하게 벌어

조선학교에 대한 탄압은 계속되었다. 1950년 12월 20일 아이치현 모리야마 초등학원에 진입한 일본 경찰이 아이들을 교실 밖으로 몰아내고 있다.

일본 전국에 조선학교 폐쇄령이 하달되고 일본 경찰이 강제로 학교를 패쇄하여 아이들이 밖에 앉아 있다.

진 곳이 고베와 오사카였다. 따라서 이를 4.24 교육투쟁 혹은 한신교육투쟁阪神敎育鬪爭이라고 부른다.

사태가 심각해지자, 1948년 5월 5일 조선인교육대책위원회와 문부성은 다음과 같은 각서에 합의했다. 첫째, 조선인 교육에 대해서는 「교육기본법」과 「학교교육법」에 따른다. 둘째, 조선인 학교는 사립학교로서 자주성이 인정되는 범위 안에서 조선인이 독자적으로 교육한다. 셋째, 이를 전제로 사립학교 인가신청을 한다. 이는 유례없는 탄압에 맞선 재일조선인의 빛나는 승리였다.

비록 인가를 받은 학교가 전체의 약 40%에 불과했고, 일본 학교의 교사를 빌린 조선학교의 대부분은 강제 폐쇄되었다는 뼈아픈 사실이 존재함에도 불구하고, 재일조선인 교과서에서 한신교육투쟁이 갖는 의미는 축소되지 않았다.

재일조선인에게 학교는 '우리 학교'였다. 학교 폐쇄를 우려한 재일조선인은 밤마다 당번을 정해 불침번을 서면서 학교를 지키기도 했다. 민족교육이 지닌 공동체성과 재일조선인에게 갖는 의미는 오히려 조선학교 폐쇄령 이후 더욱 커졌다. 한신교육투쟁을 계기로 재일조선인은 자신들의 손으로 학교를 지켜 냈다는 자부심을 갖게 되었다. 그런 의미에서 한신교육투쟁은 해방 민족이 정체성을 찾는 과정이자 해방 민족의 승리의 결과물이었다.

패전이 아니라 종전이라는 일본의 감각

1944년 11월에 미군은 마리아나 제도의 섬들을 기지로 일본 본토에 대한 소이탄 공격을 시작해서 수많은 도시가 불탔다. 1945년 3월, 아시아·태평양전쟁의 격전지에서 옥쇄투쟁을 벌이던 이오지마 수비대가 전멸하면서 미군의 일본 본토 공습은 더욱 격렬해졌다. 3월 10일에는 도쿄대공습으로 시가지의 40%가 소실되었고, 10만 명의 사망자가 발생했다. 4월에는 미군이 오키나와 본섬에 상륙했다. 일본의 육해군 수비대가 방어했고 일본 본토와 대만에서는 육해군 특별공격대와 전함 야마토를 기함으로 하는 연합함대도 출격했다. 약 3개월에 걸쳐 치열한 전투가 전개되었지만 6월 23일에 결국 수비대가 전멸하면서 오키나와는 미군에게 함락되었다.

오키나와를 점령한 이후 미국의 루스벨트, 영국의 처칠, 중국의 장제스 세 정상은 7월 26일에 독일의 포츠담에서 일본의 무조건 항복을 요구하는 포츠담선언에 서명했다.

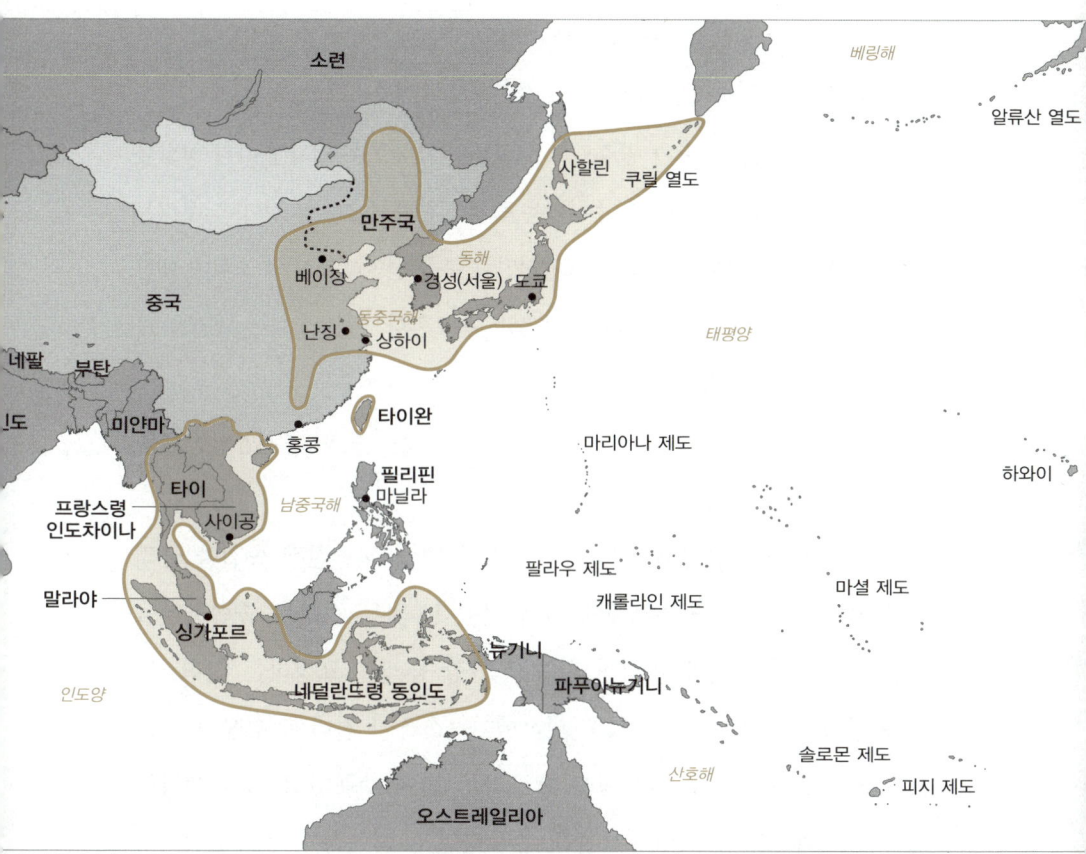

1945년 8월 일본 점령 지역

우리들의 조건은 다음과 같다. 일본의 주권은 혼슈, 홋카이도, 규슈, 시코쿠 및 우리들이 결정하는 부속도서로 제한될 것이다. 일본군은 완전히 무장해제된 후 평화롭고 생산적인 삶을 살 수 있도록 집으로 돌아갈 것이다. 우리는 일본 민족이 노예가 되거나 일본국이 멸망하기를 바라지 않는다. 그러나 우리의 포로들을 학대한 자들을 포함한 모든 전범들은 엄격하게 재판받을 것이다. 일본은 재무장을 위한 산업을 제외하면 경제를 유지할 수 있도록 각종 산업을 유지할 수 있고, 적절한 배상에 대한 징수를 허용해야 한다. 연합군은 이러한 목표가 완수되고 국민들의 자유로운 의지에 따라 평화를 지향하는 책임 있는 정부가 수립되는 즉시 일본에서 철수할 것이다. 우리는 일본 정부에게 일본 군대의 무조건적인 항복을 선언하고 이런 조치에 대한 적절하고 성의 있는 보장을 제공할 것을 촉구한다. 일본의 다른 대안은 즉각적이고 완전한 파멸뿐이다.

- 포츠담선언 일부 요약.

오키나와가 점령된 6월부터 일본 정부 내에서는 전쟁 종결을 둘러싼 최고지도자회의가 수차례에 걸쳐 열렸다. 일본 정부는 중립조약을 체결하고 있던 소련에 미국과의 종전 협상 중개를 요청하는 한편, 전쟁 종결을 둘러싼 내부 논의를 시작했다. 스즈키 간타로 수상과 각료들은 포츠담선언이 조건부 항복 요구라는 점에 주목하고 이를 수락하고자 했으나 육군은 본토 결전을 주장하면서 격렬하게 반대했다. 특히 일본 정부는 천황제에 대한 보장이 없다는 점을 들어 결국 포츠담선언을 묵살했다. 미국은 8월 6일에 히로시마에, 8월 9일에 나가사키에 원자폭탄을 투하했다. 최후통첩이었다. 원폭의 참상은 이루 말할 수 없었다.

눈앞에서 사람(피폭자)들이 물밀 듯이 도망쳐오고 있었지. 자세히 보니까, 이건 인간이 아니야. 입고 있던 옷은 불에 타버려서 벌거벗은 거와 진배없고 머리카락은 다 불에 녹아버렸고, 피 흘리는 사람들도 엄청 많았지. 화상을 입어서 피부가 물러 떨어져 나간 사람, 눈알이 튀어나온 사람 (중략) 너무나 참혹한 상태라서 남잔지 여잔지 구별이 안 될 정도였어. 자기 자식이 옆에서 울부짖고 있어도 어찌할 도리가 없는 거지.

- 강문희, 『재일동포 1세, 기억의 저편』, 2009, 84~85쪽.

8월 8일에는 소련도 참전하여 포츠담선언에 이름을 올렸다. 소련의 중재에 최후의 희망을 걸고 있던 일본 정부는 충격에 빠졌다. 더 이상 버틸 수 없었던 일본 정부는 8월 9일에 최고전쟁지도자회의를 열었다. 무조건 항복은 기정사실화되었지만 종전의 조건이 문제였다. 천황의 지위 보장만을 조건으로 붙이자는 외무대신과 자주적인 무장해제와 일본인에 의한 전범 처벌, 연합군의 일본 점령 제한 등 조건을 추가하자고 주장하는 군부가 대립했다. 8월 9일 밤에 열린 어전회의에서도 역시 의견은 좁혀지지 않았다. 결국 천황이 외무대신의 손을 들어주었다. 천황의 지위 보장만을 구걸하는 조건이었다.

8월 10일, 일본은 천황의 국가통치를 변경하지 않는다는 전제하에 포츠담선언을 수락한다는 뜻을 중립국을 통해 연합국에 전달했다. 이에 미국 국무장관 번즈는 천황과 일본 정부의 국가통치 권한은 연합국 최고지휘관에게 종속하며 그것은 국민이 자유롭게 결정해야 한다는 입장을 표명했다. 이런 입장을 접한 군부는 천황제 유지의 보장이 없다면 전쟁을 계속해야 한다고 주장했고 천황도 크게 동요했다. 이후 미국의 진의가 일본의 제안을 인정한 것이라는 정보가 수집되면서 포츠담선언 수락 쪽으로 의견이 급격히 기울었다. 8월 14일 어전회의에서 무조건 항복이 결정되었다.

8월 15일 정오에는 천황의 종전 선언이 라디오를 통해 방송되었다. 알아듣기 힘들고 난해한 표현이 가득했지만 "참을 수 없는 것을 참고", "만세를 위해 태평한 세상을 열고자 한다."라는 말 속에서 사람들은 패전의 기운을 감지할 수 있었다. 무릎을 꿇고 머리를 조아리며 천황의 방송을 듣고 있던 일본 국민들 사이에는 침통한 분위기가 가득했다. 9월 2일, 도쿄만 연안의 미국함 미주리호 선상에서 일본 정부 대표 시게미쓰, 대본영 대표 우메즈 요시지로와 맥아더 이하 연합국 8개국의 대표 사이에 항복 문서가 조인되었다.

일본 교과서는 패전을 다루면서 제2차 세계 대전의 피해를 일본에 대한 미군의 공습과 원폭 피해 중심으로 재구성했다. 원자폭탄의 폭풍으로 돔 형태의 철골만 남은 히로시마현의 산업장려관, 1955년 나가사키현 평화공원에 조성된 평화의 기념상, 나가사키에 원폭이 투하된 11시 2분에 멈춘 시계를 사진으로 보여 주고, 1944년 11월부터 집중된 공습, 히로시마와 나가사키의 참혹한 원폭 피해를 수치적으로 상세히 다루면서 아시아·태평양전쟁의 가해자가 아닌 피해자로서 일본의 이미지를 강화했다.

또 일본 정부가 항복의 조건을 가지고 논란을 벌이는 가운데 원자폭탄 투하 등 피해가 한층 격심해졌음에도 불구하고 전쟁 종결이 천황의 성스러운 결단聖斷에 의해 이루어진 것으로 표현했다. 이를 통해 연합국의 포츠담선언에 천황이 성단을 내려 절멸의 위기에 빠진 일본을

평화의 기념상
오른손은 하늘을 가리키며 원폭의 위협을,
왼손은 수평으로 뻗어 평화를 상징한다.

나가사키에 원폭이 투하된
11시 2분에 멈춘 시계

구했다는 이미지가 구축되었다. 일본이 패전이 아니라 천황의 결단에 의한 종전이라는 감각을 획득한 순간이다.

청산되지 못한 군국주의

일본은 1945년 8월 15일 이후를 어떻게 기억하고 있을까? 일본 교과서의 서술을 따라가 보자. 일본이 연합국에 무조건 항복함에 따라 1945년 8월 30일 연합군 최고사령관 맥아더가 일본에 도착하여 일본 점령을 시작했다. 독일에서는 미국, 영국, 소련, 프랑스 4개국에 의한 분할 직접 통치가 실시되었지만, 일본에서는 실질적인 미국의 단독 점령하에 맥아더를 최고사령관으로 하는 GHQ가 일본 정부를 통해 점령정책을 시행하는 간접 통치가 이루어졌다.

일본 제국이 해체됨에 따라 식민지에 설치했던 총독부는 기능이 정지되었고, 식민지와 점령지의 군대도 무장해제되었다. 식민지 통치와 관련한 관청이 해체되고, 식민지 사람들의 일본 국적도 상실되었다. 전후 일본의 영토는 일본 본토와 연합국이 정한 주변의 여러 섬으로 한정되었다. 조선과 타이완은 식민지의 통치 대상에서 제외되었고, 일본이 철수한 지역은 연합국이 접수했다.

연합국의 초기 일본 점령방침은 일본이 다시 주변 국가에게 위협이 되는 것을 막기 위한 철저한 비군사와 민주화였다. 이에 따라 군대가 해산되었고 일본군은 전쟁터에서 복귀했으며, 일본이 지배권을 상실한 중국과 조선, 타이완, 남사할린 등으로부터 민간인의 귀환이 실시되었다. GHQ는 여성의 해방, 노동조합의 결성, 교육의 자유주의화, 압제적인 제도의 폐지, 경제민주화라는 5대 개혁도 함께 공포했다.

이에 따라 1945년 12월에는 중의원 의원 선거법이 개정되어 만 20세 이상의 모든 남녀에게 선거권이 부여되었다. 1946년 4월에 실시된 전후 첫 중의원 의원 선거에서는 처음으로 여성 의원 39명이 당선되었다. 기성세력이 후퇴함에 따라 새로운 인물들이 8할 가까이 당선되었다.

1945년 12월에는 「노동조합법」이 제정되어 소위 노동 3권(단결권·단체교섭권·단체행동권)이 보장되었다. 8시간 노동을 규정한 「노동기준법」도 제정되었다. 1945년 12월에는 신도지령에 의해 국가와 신도가 분리되었고, 1946년 1월에는 천황이 조서를 통해 천황을 현신이라고 하는 가공의 관념과 신격성을 스스로 부정하는 인간선언을 했다.

교육 분야에서는 국가주의자들과 군국주의자들이 교육계에서 추방되었고, 군국주의 교육을 수행하던 수신·국사(일본역사)·지리 수업이 금지되었다. 나머지 교과서에서도 군국주의적인 내용은 삭제되었다. 새로운 교과서의 공급이 늦어졌기 때문에 GHQ의 지시를 받은 부분을 교사의 지시하에 아이들이 전부 먹을 칠해서 사용하기도 했다. 1947년에는 민주주의 이념을 담아 교육의 기회균등과 남녀공학, 9년 무상교육의 원칙을 규정한 「교육기본법」이 제정되었고, 「학교교육법」에 의해 6·3·3·4제가 시행되었다.

또한 특별고등경찰과 「치안유지법」이 폐지되었고, 옥중에 있던 정치범이 석방되었다. 경제민주화 조치의 일환으로 군국주의의 온상으로 지목된 재벌과 기생 지주제에 대한 개혁도 추진되었다. 미쓰이, 미쓰비시, 스미토모, 야스다 등의 재벌이 해체되었고, 농지개혁이 단행되어 기생지주제가 해체되고 자작농 중심의 농업체제가 이루어졌다. 전쟁 중 지도자의 위치에 있던 정·재·관계와 언론·문화계의 인물 21만 명에게는 전쟁 중의 책임을 물어 공직추방령이 내려졌다.

군과 정부의 전쟁 지도자도 체포되어 도쿄의 극동국제군사재판에 회부되었다. 이들은 통상의 전쟁범죄, 인도에 대한 죄뿐만 아니라 침략 전쟁을 일으킨 평화에 대한 죄로 재판을 받았다. 천황의 전쟁 책임도 논의되었으나 GHQ는 점령 통치를 안정시킨다는 미명하에 천황을 전범 용의자로 법정에 세우지 않았다.

한편 GHQ는 일본을 민주화하기 위한 핵심 과제로서 군국주의를 지탱해 온 헌법의 개정을 추진했다. 일본 정부가 여전히 천황에게 통치권을 부여하는 헌법 초안을 제시하자 GHQ는 이를 기각했다. 결국 GHQ의 개정안을 토대로 새로운 헌법안이 작성되어 의회의 심의를 거쳐 1946년 11월 3일에 일본국「헌법」이 선포되었고, 1947년 5월 3일에 시행되었다.

헌법에서는 주권이 국민에게 있음을 명시했고, 천황을 권능을 가지지 않는 상징적인 존재로 규정했다. 국회는 국민을 대표하는 최고 기관이 되었으며, 국회에서 총리를 지명하여 내각이 국회의 책임을 지는 의원내각제가 성립되었다. 헌법 제9조에는 국제분쟁을 해결하기 위한 수단으로서 전쟁을 포기하고, 무력과 교전권을 갖지 않을 것이 명시되었다. 국민은 기본적인 인권과 평등권, 생존권을 가지는 한편 교육·근로·납세의 의무를 지게 되었다. 1947년에는「형법」과「민법」도 개정되어 대역죄와 불경죄가 폐지되었고, 호주제와 간통죄가 폐지되어 남녀동등권이 인정되었다.

동아시아에서도 냉전이 표면화하는 가운데, 1948년에 한반도에는 대한민국과 조선민주주의인민공화국이 수립되었다. 중국의 국공내전에서는 공산당의 우세가 명확해졌다. 아시아에서의 공산주의의 확대를 경계한 미국은 비군사화와 민주화를 축으로 한 대일점령정책을 전환했다. 대일점령정책이 일본의 경제부흥과 자유화라는 기조로 전환하자 재벌 해체는 완화되었으며, GHQ의 명령으로 관공서의 노동자들은 쟁의권을 박탈당했다. 이른바 역코스였다.

일본 교과서는 이처럼 '점령과 개혁'이라는 장을 통해 연합국 점령 하의 일본 사회의 모습을 서술하고 있다. 일본의 전후 개혁을 GHQ에 의한 일본 점령, 민주화의 추진, 일본국 헌법의 제정, 일본의 정치경제·사회문화의 변화 등의 항목으로 나누어 앞과 같이 기술한 것이다. 하지만 개혁과 민주화라는 키워드 속에 옛 식민지 사람들에 대한 반민주적인 정책은 소거되었다. 2,100만 명의 여성참정권이 부여되어 전후 개혁의 금자탑이라고 불린 화려한 선거의 이면에 옛 식민지 사람들의 참정권이 박탈되었다는 사실도 감추어졌다. 민주화 조치의 상징이었던 일본국 헌법이 시행되기 전날 외국인등록령을 통해 옛 식민지 사람들을 외국인으로 배제한 사실 또한 기록되지 않았다. 「교육기본법」과 「학교교육법」이 제정되면서 민주주의의 가치가 실현되고 있다고 서술했지만, 정작 재일조선인의 교육권은 바로 이 법들을 통해 부정되었다. 참정권 박탈과 외국인등록령, 한신교육투쟁 탄압은 이렇게 일본 민주화 조치의 한가운데서 자행되었던 것이다.

초기 미국의 점령원칙이었던 일본의 철저한 비군사화와 민주화의 역코스도 냉전의 불가피한 결과물로서 설명한다. 중국이 공산화되자 공산주의에 대항하기 위해 중국 대신 일본을 발전된 경제력을 가진 아시아 자유주의 진영의 중심으로 육성한다는 미국의 대일점령정책의 변화로 인해 일본의 비군사화와 민주화는 미완의 조치로 남았고, 결국 일본의 군국주의가 청산되지 못했다는 사실은 망각의 늪 속으로 사라졌다.

헌법 제9조의 부정과 자위대의 부활

최근 일본은 "국제분쟁을 해결하기 위한 수단으로서 전쟁을 포기하고, 무력과 교전권을 갖지 않을 것"을 규정한 헌법 제9조를 수정해서 군국주의를 부활하려고 하고 있다. 우익교과서로 분류되는 메이세이샤의 『우리들의 역사총합』에서는 '빈발하는 지역분쟁에의 대응: 세계로 확산하는 분쟁의 불씨'라는 항목 아래 '냉전 후의 지역분쟁', '중동분쟁의 확산과 아메리카'라는 소제목을 설정하여 냉전 후 세계의 특징 중 하나를 지역분쟁의 빈발로 규정했다.

냉전이 종결된 후 미소 대립 속에서 억제되었던 인종, 민족, 종교의 차이, 국내의 정치 갈등, 자원 확보와 영토의 귀속을 둘러싼 경쟁 등이 폭발하면서 지역분쟁이 빈발해졌다는 것이다. 특히 '중동분쟁의 확산과 아메리카'라는 소제목을 통해서는 이란·이라크 전쟁과 9.11 테러의 사례를 들면서 분쟁 지역과 테러리즘에 맞서 일본의 정치적·경제적 영향력에 준하는 군사적 참여가 필요하다는 점을 강조한다.

> (1991년 걸프전 당시) 우리나라는 다국적군과 주변국에 대해 총액 130억 달러의 거액을 지원했으나 헌법 제9조 규정을 이유로 인력을 파견하지 않았기 때문에 국제사회에서 제대로 된 평가를 받지 못했고, 이에 따라 국제공헌론이 제기되었다.
>
> － 伊藤隆·渡辺利夫·小堀桂一郎 외, 『私たちの歷史總合』, 2022, p.171.

냉전 기간에 일본은 미국에 군비를 전적으로 의존하면서 비군사대국화를 표방했다. 또 무기와 군사기술 수출을 제한하고, 비핵화를 표방하며, GNP 1%로 방위비를 제한해 왔다. 그러나 냉전 이후 일본은 외부 환경의 변화를 전제로 기존의 안보정책에서 벗어나기 시작했다.

걸프전 당시 일본은 130억 달러의 원조를 제공했음에도 불구하고 미국과 일부 국가로부터 "군인이 아니라 수표책으로 전쟁을 수행하는 국가"라는 비난을 받았고, 국내에서도 일본이 국제적인 위기 상황에 적극 대처해야 한다는 여론이 비등했다. 이를 빌미로 일본은 자국의 수송선을 보호한다는 명분을 내세워 소해정 6척과 해상 자위대 400명을 페르시아만에 파견하면서 헌법 제9조에 반하는 활동을 본격적으로 개시했다.

〈칼럼〉 자위대의 국제공헌

자위대는 1954년 발족한 이래 해외 파병을 하지 않는다는 방침을 고수해 왔지만, 1991년 걸프전 후의 페르시아만 파견 이후 국제공헌 활동을 시작했다. 오늘날에는 국제평화유지활동(PKO), 국제긴급원조활동, 특별조치법에 근거해서 활동하고 있다.

- 伊藤隆·渡辺利夫·小堀桂一郎 외, 『私たちの歴史総合』, 2022, p.171.

일본은 1992년에는 PKO^{Peace Keeping Operation} 법안을 통과시키면서 제2차 세계 대전 후 처음으로 유엔의 휘하에 2,000명까지 자위대병력을 해외에 파병할 수 있는 법적 근거를 마련했다. PKO 법안 이후

캄보디아에 공병대 600명을 비롯한 문민경찰, 정전감시단 등 683명과 차량 8대를 공식적으로 파견했다.

2001년 일본이 전시 자위대의 해외 파병을 허용하는「테러대책 특별조치법」, 2003년「이라크부흥지원 특별조치법」을 잇달아 통과시키면서 자위대의 활동과 영역은 전방위적으로 확대되기 시작했다. 특히「이라크부흥지원 특별조치법」이 2003년에 통과된 후 그해 12월에 자위대가 파병되었는데, 이 파병은 전쟁이 종결되지 않은 지역에 자위대가 파병된 최초의 사례라는 점과 유엔의 승인과는 무관하게 이루어졌다는 점에서 중요한 의미를 갖는다. 유엔의 평화유지활동을 경유하지 않은 일본의 적극적인 해외 파병이 이루어지기 시작한 기점이기 때문이다.

일본 방위성에 따르면 유엔평화유지활동, 국제긴급원조활동 등을 명목으로 한 자위대의 해외 파견국은 캄보디아, 동티모르, 모잠비크, 이스라엘, 르완다, 아프가니스탄, 이라크, 네팔, 남수단, 아이티, 온두라스, 튀르키예, 인도, 이란, 태국, 인도네시아, 파키스탄, 뉴질랜드, 필리핀, 지부티, 오스트레일리아 등 아시아에서부터 오세아니아, 중동, 아프리카, 중앙아메리카까지 광범위한 지역에 이른다. 메이세이샤의 교과서는 헌법 제9조를 부정하고 자위대의 파병을 '국제공헌'으로 의미화하며 후대에게 교육하고 있다. 청산되지 못한 일본의 군국주의가 냉전 이후 다시 '평화유지', '국제공헌'이라는 외피를 쓰고 본격적인 부활을 꿈꾸고 있는 것이다.

3장

한·중·일의 공동 역사 기억과 8.15

박민철

동아시아의 공통 역사 8.15

1945년 8월 15일 동아시아 각국은 서로 다른 8.15를 경험했습니다. 일본에서는 이날 히로히토 천황의 라디오 방송을 통해 패전이 알려졌습니다. 그래서 전쟁에 패한 '패전일'이지만, '전쟁이 끝난 날'이라는 의미로 '종전일'이라고 하기도 합니다. 그러나 같은 8월 15일을 아시아 각국은 정반대로 맞게 됩니다. 한국에서는 일본의 식민지 지배에서 해방된 기쁨으로 '독립 만세'를 외치는 사람들로 가득했습니다. 한국은 이날을 1910년부터 1945년까지 35년에 걸쳐 일본이 지배한 암흑의 시대에서 '빛이 되살아난 날'이라고 하여 '광복' 또는 '해방'이라고 합니다. 1931년부터 일본과 15년 동안이나 전쟁을 했던 중국에서도 이날 항일 전쟁 승리를 맞이했습니다. 중국은 일본이 항복 문서에 서명한 이튿날인 9월 3일을 항일 전쟁 승리일로 정해축하했습니다.

- 한중일3국공동역사편찬위원회, 『미래를 여는 역사』, 2005, 196~197쪽.

우리에게 '8.15'는 과연 무엇일까. 물론 8.15에 내포된 역사적 의의와 세부 의미를 모르는 것은 아니다. 하지만 8.15를 특정한 하나의 역사 사건으로서만 국한했을 때 단편적인 이해와 일정한 오해가 발생할 수 있다. 대표적으로 8.15를 고민할 때 우리가 직면하는 문제는 '동아시아'라는 지역지평이다. 앞의 인용처럼 동아시아 삼국에서 8.15의 의미는 서로 달랐다. 결론적으로 말해 8.15는 한반도에만 국한된 어떤 일회적인 사건이 아니라 동아시아의 역동적인 근현대사의 과정이 집약되어 만들어진 결과이자, 그것으로 끝나지 않고 '지금, 여기, 우리'에게 여전히 영향을 끼치는 중요한 역사적 경험에 가깝다.

우리가 살고 있는 한반도를 둘러싼 동아시아를 보다 심층적으로 생각할 때 도달하는 것은 바로 '식민과 전쟁'이다. 무엇보다 동아시아는 그 내부에서 식민과 전쟁의 가해자와 피해자가 함께 살아가고 있는 거대한 권역이다. 역사적으로 동아시아는 19세기 후반 서구적 '근대 modern'라는 공통된 경험을 갖는다. 서구가 동아시아로 급작스레 진입한 이래 서구로부터 촉발된 '외부의 충격'은 한·중·일 삼국에 각각의 서구적 근대화를 수행하도록 만들었다. 서구적 근대와의 접촉은 제국주의의 확장과 함께 진행되었기에 그에 대한 강요된 대응이 발생했기 때문이다. 이에 따라 서구적 근대의 유입에 따른 동아시아의 대응은 동도서기東道西器, 화혼양재和魂洋才, 중체서용中體西用 등과 같이 서구와 자신들의 적절한 공존을 추구하는 방식으로 전개되었지만 결과는 '제국으로의 성장(일본)', '반식민지로의 전락(중국)', '식민지화(조선)' 등으로 귀결되었다. 이제 동아시아 내부의 식민과 전쟁의 경험이 공통으로 자리하기 시작했다.

또 20세기 중반의 동아시아 냉전도 삼국이 공동으로 경험한 식민 경험과 연동되어 있다. 미소 냉전은 미국을 대리한 일본의 동아시아 정책과 맞물리면서 과거 일본 제국주의 지배의 지역 질서와 유사하게 전개되었기 때문이다. 동아시아 내부 식민과 전쟁의 공통적인 경험이 응축된 역사야말로 동아시아의 냉전이 존속되는 핵심적인 이유가 된다는 사실을 부인하기 힘들다. 실제로 한·중·일 모두가 경험하는 식민지배의 인정과 배·보상 문제는 동아시아의 냉전 질서에 따라 더욱 그 갈등이 확대되고 있다는 점에서 동아시아 지역의 역사적 연관성을 여실하게 확인할 수 있다. 이와 같은 역사적 조건 속에 8.15가 존재한다. 제국주의와 식민주의로 점철된 제2차 세계 대전의 종결과 미소 대립으로 격화되는 냉전의 시작, 바로 이것이 8.15가 담고 있는 역사적 의의였다.

당연하게 한·중·일의 역사 인식은 많은 측면에서 다를 수밖에 없다. 문제는 그것이 단순한 역사 인식의 차이 확인에 그치는 것이 아니라는 사실이다. 한·중·일 삼국은 제국주의적 식민주의로부터 제기된 다수의 전쟁을 경험했고, 여기서 침략과 반침략, 지배와 비지배 등 서로 다른 경험이 내재화되었으며, 이제 그런 경험으로부터 한·중·일 삼국의 갈등과 충돌이 현재적으로 발생하고 있다. '혐한'과 '반일', '반중' 등으로 규정되는 배제와 혐오의 감정은 단순히 한국과 일본, 일본과 중국만의 문제가 아니라 이들 삼국이 상호 중첩되게 가지고 있는 문제다. 따라서 현재 동아시아의 평화와 미래를 위한 역사 인식은 매우 중요한 과제가 된다. 하지만 그런 과제는 여전히 어렵고 힘든 작업임이 분명하다. 예를 들어 2001년 일본 후소샤扶桑社에서 『새로운 역사 교과서』를 발간했다. 이 책은 일본의 침략 전쟁을 부분적으로 부인하고 '일본 고유영토인 독도'를 주장하는 등 역사 왜곡을 수행했으며, 따라서 일본을 포함한 중국과 한국 모두에서 엄청난 반발을 가져왔다. 물론 일본 내에서도 자성적인 목소리에 따라 이 책의 실제 보급률을 저조했지만, 여전히 이와 같은 역사 교과서의 발간과 배포 시도는 중단되지 않고 있다.

그런데 이와 반대로 동아시아의 화해와 평화를 지향하는 공동 역사 교재도 출간된 바 있다. 2000년대 전반기는 동아시아의 역사 문제가 본격적으로 제기되면서 동아시아의 공통된 역사 기억과 기록이 다시 한번 그 중요성을 획득한 시기였다. 여기서 만나는 책이 바로 『미래를 여는 역사: 한중일이 함께 만든 동아시아 3국의 근현대사』(한중일3국공동역사편찬위원회, 한겨레출판, 2005. 이하 『미래를 여는 역사』)이다. 여러 역사 교재 중에서도 특히 『미래를 여는 역사』는 후소샤의 『새로운 역사 교과서』에서 등장하는 동아시아 역사 왜곡을 적극적으로 반박하면서 동아시아 지역에 엄존하는 역사 갈등 해결의 실마리를 마련하는 데 발간 목적을 두었다는 점에서 중요하다. 국가의 협조와 지원 아래 오랜 기간 협의를 통해 공동의 역사 교과서를 편찬한 유럽에 비해 그 속도와 수준만큼은 아닐지도 모르겠으나, 동아시아 공동 역사 교재 발간은 동아시아의 진정한 평화와 연대를 위한 토대를 제공한다는 점에서 충분히 의의가 있는 작업이었다.

『미래는 여는 역사』는 2002년 3월 중국 난징에서 열린 '역사인식과 동아시아 포럼' 제1회 대회에서 한·중·일의 공동 역사 교재 발간에 합의한 이래 삼국을 오가는 11번의 회의를 거쳐 탄생했다. 중고등학교에서 부교재로 채택하여 삼국 청소년들이 단순한 자국의 역사 인식에서 벗어나 긴밀하게 연관된 동아시아의 전체 역사를 상호 이해하는 동시에, 평화와 인권이라는 보편적 가치에 입각한 동아시아 근현대사를 인식하도록 도와서 동아시아 역사 교육의 새로운 장을 마련하고자 했다. 이 책은 『미래를 여는 역사』라는 이름으로 한국과 일본에서, 『동아시아 삼국의 근현대사』라는 제목으로 중국에서 출간되었다. 이 책에 집필자로 참여한 이들은 한국 23명, 중국 17명, 일본 14명이었으며, 대학에서 강의와 연구를 담당하는 연구자만이 아니라 중등학교에서 역사를 가르치는 현직 교사도 포함하여 폭넓고 다양한 의견을 종합하려고 노력했다는 점에서도 높이 평가받았다.

하지만 이 책의 진정한 의미는 반전과 평화, 화해의 동아시아 미래를 위해 만들어진 공동의 역사서라는 점, 나아가서 기존 역사서에서 누락된 민중적 시각을 강조하여 동아시아 시민의 평등한 연대를 모색했다는 점 등에서 확인할 수 있다. "평화와 인권, 민주주의는 동아시아와 세계의 바람직한 미래를 위해 필요한 중요한 가치입니다."라는 설명처럼 이 책은 동아시아의 공통된 역사 인식을 바탕으로 향후 동아시아에서 실현될 평화와 인권, 민주주의라는 가치를 강조했다. 분명 근대 이후 동아시아의 역사는 일본의 제국주의 지배와 그에 따른 동아시아 지역 민중들의 아픔을 빼놓고서는 다가설 수 없다. 한국은 일제강점의 고통스러운 경험으로 접어든 시기였으며, 중국은 일본의 지속적인 침략으로 인해 수많은 피해가 누적되었던 시기였다. 그러한 동아시아의 아픔과 고통이 잠시나마 중단된 것은 1945년 8월 15일이었다. 이렇듯 8.15는 동아시아 공동의 역사 기억을 구성하는 핵심적인 요소가 된다.

동아시아적 맥락 속의 8.15_『미래를 여는 역사』의 구성

『미래를 여는 역사』는 한국·중국·일본 세 나라를 중심으로 동아시아의 근현대사를 다룬 책입니다. 지난 19~20세기에 동아시아의 역사는 침략과 전쟁, 인권 억압 등 씻기 어려운 상처로 얼룩져 왔습니다. 물론 동아시아의 과거가 항상 어두운 것만은 아니었습니다. 동아시아는 교류와 친선의 오랜 전통을 지니고 있으며, 국가의 울타리를 넘어서 밝은 미래를 위해 함께 노력한 사람들도 많이 있습니다. 지나간 시대의 긍정적인 면은 계승하면서도, 잘못된 점은 철저히 반성해야만 우리는 이 아름다운 지구에서 더욱더 평화롭고 밝은 미래를 개척할 수 있겠지요. 평화와 민주주의, 인권이 보장되는 동아시아의 미래를 개척하기 위해서, 우리가 역사를 통해 얻을 수 있는 교훈은 무엇일까요? 이 책을 읽으면서 다같이 생각해봅시다.

- 한중일3국공동역사편찬위원회, 『미래를 여는 역사』, 2005, 10~11쪽.

『미래를 여는 역사』의 구성은 이중적이다. 한·중·일 각국의 역사를 통사적으로 각기 서술하면서도 비슷한 시기에 있었던 삼국의 역사를 병렬적으로 배치하는 방식으로 동아시아의 공통 역사로 이해할 수 있는 역사 인식의 경로를 제시한다. 이 책이 이렇게 서술 방식을 구성한 이유는 식민과 전쟁이라는 동아시아의 경험에서 우선 도출되는 '가해와 피해'의 적대적인 관계를 넘어, 이런 민감한 문제를 객관적이고 반성적으로 인식하고 성찰하여 평화와 공존의 미래 동아시아를 꿈꿀 수 있는 역사 인식의 토대를 구축하겠다는 목적에서였다. 이 책의 출간 목적은 책 서문에 고스란히 드러난다. 여기서 강조되는 것은 평화와 인권, 민주주의이며 이런 가치가 동아시아의 공존과 화해를 가져다줄 핵심적인 요소라고 설명한다. 하지만 그 이념들이 당위적으로 제시된다고 해서 동아시아의 미래가 낙관적으로 다가올 수는 없다. 바로 그렇기에 이 책이 강조하는 것은 앞의 인용처럼 이웃 나라의 역사에 대한 상호 이해였다.

8.15는 동아시아 삼국이 공유하는 매우 중요한 역사다. 8.15야말로 해방(한반도)과 승전(중국), 패전(일본)이라는 삼국의 가장 중요한 역사 경험을 대표할 뿐만 아니라 동아시아의 냉전의 시작점, 나아가서 오늘날 동아시아에 휘몰아치는 신냉전의 중요한 기반이 되기 때문이다. 하지만 이 책은 8.15를 중요하게 또한 직접적으로 다루지 않는다. 오히려 8.15 이후 동아시아 삼국의 역사적 진행이 각각 어떻게 달라졌는지에 대한 설명이 주를 이룬다. 그렇다고 해서 이를 8.15가 갖는 동아시아적 의미를 축소하는 것으로 이해해서는 곤란하다. 다른

나라의 입장에서 볼 때 8.15에 대한 강조는 그 자체로 한반도의 역사 인식을 강조하는 것일 수 있으며, 오히려 진정한 8.15는 앞서 설명했듯 동아시아적 맥락 속에서 이해되어야만 비로소 그 의의와 가치를 획득할 수 있기 때문이다. 『미래를 여는 역사』의 구성은 이런 의도를 담고 있었다.

이 책은 총 5개 장으로 구성된다. 서장은 개항 이전 삼국의 역사를 간략하게 설명하며, 4개 장으로 구성된 본문은 개항부터 제2차 세계 대전 이후까지를 다루며, 종장은 동아시아 평화로운 미래를 위해 해결해야 할 역사 문제를 다루고 있다. 이렇게 볼 때 이 책에서 정리하는 동아시아의 근현대사는 '개항 이전 삼국의 내부적 상황', '개항과 서구적 근대화', '일본 제국주의의 확장과 동아시아의 저항', '제2차 세계 대전 이후와 동아시아의 미래'의 연대기적 순서다. 다시 말해 '개항과 서구적 근대화'라는 동아시아의 공통된 역사 경험이 '제국주의 확장과 그에 대한 저항'으로 이어졌으며, 이는 다시금 '제2차 세계 대전 이후 각국의 역사'가 달라진 배경이 된다는 것이다. 여기서 8.15의 동아시아적 맥락을 확인할 수 있다. 8.15는 '제국주의 확장과 그에 대한 저항'이 집약되는 역사적 순간이다. 또한 '제2차 세계 대전 이후의 각국의 역사'가 어떻게 달라졌는지를 확인할 수 있는 기준점이자 평화와 인권, 민주주의의 실현이라는 '미래 동아시아의 건설'을 위해 반드시 돌아봐야 할 참조점이 된다. 이제 구체적으로 『미래를 여는 역사』를 구성하는 각 장의 핵심적인 내용을 살펴보자.

서장의 제목은 '개항 이전의 삼국'이다. 서장에서는 "근대 이전한·중·일 삼국 사이에는 공식적인 외교와 더불어 민간 차원의 교류가 활발히 전개되고 있었다."라는 설명처럼 삼국의 교류와 협력을 부각한다. 동시에 당시 삼국의 공통성을 무사와 민중으로 구분된 일본, 양반과 민중으로 구분된 한국, 향신과 민중으로 구분된 중국 등으로 나누어 설명하면서 민중적인 역사관을 강조한다. 분명 이 책이 드러내고자 한 것은 분열적이 아닌 유기적이고 협력적으로 맺어져 있었던 삼국의 상호 관계였으며, 각국의 민중들에 대한 설명 속에서 동아시아의 평화로운 연대를 이론화하는 것이었다.

1장은 '개항과 근대화'의 제목이며 개항과 함께 본격적으로 나누어지는 삼국의 역사적 진행을 설명한다. 구체적으로 서구 열강의 압력과 함께 일본의 자유 민권 운동, 중국의 무술변법 운동, 한국의 농민전쟁과 독립협회 운동 등 삼국이 서구에 대해 표출했던 각각의 대응 방식을 소개하며, 동아시아 삼국에서 자리 잡기 시작한 분열의 순간들 역시 설명하고 있다. 청일전쟁, 러일전쟁 등 동아시아에 펼쳐지는 전쟁의 경험들이 서술되면서 역사적 긴장감이 동아시아 전역을 휩쓸고 있음을 확인한다.

2장은 그 결과로 등장한 일본 제국주의의 확장, 그리고 그에 대항했던 한국과 중국의 저항을 소개한다. 그래서 제목도 '일본 제국주의의 확장과 한·중 양국의 저항'이다. 이 장에서는 일본 제국주의 확장을 영토 침탈의 과정을 중심으로 서술한다. 한국과 대만을 거쳐 중국 본토로 침입해 들어가는 일본 제국주의의 모습을 역사적으로 나아가 사실적으로 묘사하고 있다는 점에서 인상적이다. 한국에 대한 일본의 강제병합과 한국인의 저항들이 소개되는 동시에 한국에 대한 일본의 지배 방식이 어떻게 심화되는지를 여러 영역을 통해 구체적으로 설명한다. 이와 함께 한국의 '3.1운동'과 중국의 '5.4운동'을 병렬적으로 놓고 일본 제국주의에 적극적으로 대항했던 한국과 중국의 민족운동을 소개하면서 일본 제국주의의 확장에 저항했던 양국의 움직임에 큰 의의를 부여한다.

   3장과 4장은 일본의 침략 전쟁과 패전의 역사적 흐름을 중심에 둔다. 그래서 3장은 '침략 전쟁과 민중의 피해'라는 제목이 붙어 있다. 여기서는 1931년 만주사변 이후 본격적으로 전개된 일본의 침략 전쟁을 다룬다. 나아가서 만주사변과 만주국의 등장, 중일전쟁, 아시아·태평양전쟁, 대동아 공영권으로 이어지는 전쟁의 역사뿐만 아니라 난징대학살과 삼광 작전, 세균전과 독가스전, 강제징용과 성폭력, 황민화 정책 등을 소개하면서 일본 제국이 일으킨 전쟁에 대한 엄중한 비판을 수행한다. 중국 민중에 대한 일본군의 잔학 행위뿐만 아니라 한국의 전쟁 기지화와 민중의 피해를 폭로하면서 대학살과 일본군'위안부'와 같은 중요한 주제들을 회피하지 않고 서술하고 있어서 그 의미를 더욱 크게 다가온다. 이때 중요한 것은 일본 민중의 가해와 피해를 동시에 소개하여 제국주의 전쟁에 대한 객관적인 비판을 위해 노력하고 있다는 점이다.

   나아가서 4장은 '제2차 세계 대전 후의 동아시아'라는 제목 아래 제2차 세계 대전 이후 동아시아에서 벌어진 역사적 사건을 소개한다. 일본의 패전과 전후 개혁, 한국의 해방과 분단, 중화인민공화국의 수립 등 급격하게 서로 다른 길을 걷기 시작한 동아시아 삼국의 현대사를 소개한다. 특히 제2차 세계 대전의 결과가 곧 동아시아 냉전의 시작과 같았다는 점을 지적하면서 현재 동아시아 삼국이 직면하는 핵심적인 국제질서를 소개했다는 점에서 의의가 있다. 또 식민지배와 전쟁이 남긴 문제가 동아시아의 냉전 발발과 함께 명확하게 해소되지 않았지만 한일 국교 수립, 중일 국교정상화, 한중 국교 수립의 과정이 있었음을 소개하면서 동아시아의 평화를 위한 토대가 우리에게 충분히 존재하고 있음을 보여 주고 있어 이 책의 발간 목적이 무엇인지를 다시 한번 확인할 수 있다.

따라서 이 책을 마무리하는 종장은 자연스럽게 동아시아 삼국의 평화적 미래를 모색할 때 직면하는 역사 문제를 다룬다. '동아시아의 평화로운 미래를 위하여'라는 제목에서 알 수 있듯이 동아시아의 근현대사가 식민과 전쟁이라는 고통스러운 기억과 경험들로 점철되었을지언정 그것을 극복하기 위한 평화, 인권, 민주주의와 같은 가치들이 동아시아의 미래를 위한 핵심적인 가치로 제시된다. 식민과 결부된 개인의 배·보상 문제, 일본군'위안부' 문제, 야스쿠니 신사 문제, 동아시아 삼국 청소년의 교류, 반전 평화 운동과 시민운동, 동아시아의 화해와 평화 문제 등을 다루고 있다.

서로 다른 8.15의 기억들, 동아시아의 화해와 공존을 위한 출발점

앞서 언급했듯 『미래를 여는 역사』에서는 8.15를 독립된 부분으로 다루지 않으며 그에 대한 상세한 설명 역시 등장하지 않는다. 하지만 그 중요성이 결코 사라지지 않는다. 오히려 8.15는 한·중·일 삼국에서 근대사의 핵심적인 과정이 집약되는 역사 경험이자 현대사의 본격적인 출발을 알리는 중요 사건으로 자리매김한다. 동아시아 삼국이 직접 경험한 서구적 근대화, 제국주의 확장과 식민지배, 나아가서 전쟁의 소용돌이로부터 전쟁 이후 새로운 사회의 모색 등이 8.15를 통해 정리되며, 또다시 분단과 전쟁, 냉전으로 이어지는 동아시아의 현대사의 출발점을 이룬다는 것이다. 이렇듯 8.15는 동아시아 삼국에서 서로 다른 의미로 받아들여지고 있다.

특히 『미래를 여는 역사』는 일본의 제국주의적 침략과 지배 사실, 나아가 그로부터 야기된 동아시아 민중들의 피해를 상세하게 서술한다는 점이 특징이다. 하지만 단순히 일본의 지배를 폭로하고 비판하는 데 그쳤다면 이 책의 의미와 의의는 축소될 수밖에 없었을 것이다. 오히려 제국주의적 침략과 지배로 점철된 20세기 동아시아 근현대사를 상호 이해하고 인식하며 이를 기반으로 평화와 인권으로 상징되는 미래의 공동 역사를 어떻게 구상할 수 있는지를 안내한다는 점에서 삼국의 역사적 대화를 추진한다. 바로 그렇기 때문에 『미래를 여는 역사』는 8.15를 하나의 독립적인 사건으로 따로 떼어 설명하기보다는 투쟁과 갈등으로 점철된 동아시아 근대사가 8.15를 통해 어떻게 종결되었으며, 다시금 8.15로부터 본격화된 동아시아 삼국의 현대사가 각각 어떻게 달라졌는지를 중점으로 서술하는 방식을 취한다. 『미래를 여는 역사』의 4장 1절이 '삼국의 새로운 출발'이라는 제목으로 구성된 것, 또한 4장 1절에서 일본이 제일 앞에 등장하는 것 역시 이런 이유 때문이다.

> 제2차 세계 대전의 패배와 더불어 일본은 연합군에게 점령되었습니다. 연합국은 아시아의 많은 사람들에게 커다란 피해를 입힌 침략 전쟁을 다시 일으키지 못하도록 일본의 군사력을 해체하고(비군사화) 민주주의를 뿌리내리게 하는 것(민주화)를 전후 개혁의 목적으로 삼았습니다. 이 개혁으로 일본은 과연 어떻게 변했을까요?
> — 한중일3국공동역사편찬위원회, 『미래를 여는 역사』, 2005, 198쪽.

일본에게 8.15는 무엇보다 일본 제국이 일으킨 '아시아·태평양전쟁'의 패전을 의미했다. 하지만 『미래를 여는 역사』는 일본의 8.15를 단순히 패전일로만 기록하지 않는다. 일본의 역사에서 무엇보다 8.15는 패전이라는 의미를 넘어, 전후의 처절한 반성과 함께 새로운 국가를 어떻게 만들 것인가라는 문제가 제기된 역사적 순간이었기 때문이었다. 구체적으로 『미래를 여는 역사』가 규정하는 8.15는 일본 사회의 방향을 민주주의와 평화주의로 개혁할 것으로 요청했던 일종의 전환점이었다. 하지만 그와 같은 전후 개혁의 지향은 오래가지 못했다. 동아시아에서 곧바로 미소 대립, 중국 내전, 한반도의 남북 분단 등이 발생했으며, 결국 동서 냉전의 질서가 이 지역을 지배했기 때문이다. 이는 제국주의적 침략과 전쟁 범죄 국가로서의 과거를 극복하고 민주 국가로의 출발을 가져올 절호의 기회가 일본에게 지속될 수 없었음을 의미한다. 결과적으로 『미래를 여는 역사』는 8.15가 건넨 역사적 계기가 더 이상 유지되지 않은 채 극동국제군사재판, 샌프란시스코강화조약 등이 추진되면서 미국이 주도하는 국제사회 질서에 일본이 포함되었으며, 이에 반해 중국과 한국과의 관계가 개선되지 않아 오늘날 동아시아 분쟁의 또 다른 원인이 되었다는 점을 지적하고 있다.

이와 반대로 1945년 8월 15일은 일본이 연합국에 항복하면서 한국이 마침내 식민지에서 벗어나 해방을 맞이하는 날이었다. 하지만 그 해방이 온전한 해방이 되지 못한 것은 주지의 사실이다. 해방을 맞이한 한반도는 사회를 안정시키고 새로운 국가 건설을 위한 다양한 고민과 시도를 했다. 이때 식민지로부터 벗어난 새로운 국가 만들기의 수많은 고민과 열정이 단일한 경로와 형태로 진행되는 것은 사실상 불가능했다. 한반도를 어떤 체제와 이데올로기의 나라로 만들 것인가에 대해 한반도 구성원들 사이에서도 의견이 엇갈렸기 때문이다. 결국 해방은 또 다른 혼란으로 이어졌다. 이런 의미에서 『미래를 여는 역사』는 한반도의 해방을 밝은 미래의 시작으로 서술하지 않는다. 동아시아에서 8.15가 모두 다른 의미로 받아들여졌듯이 한반도에서 해방 역시 오랜 식민지배로부터의 해방뿐만 아니라 또 다른 혼란의 시작이라는 의미 역시 동시에 담겨 있었다. 이 책은 그래서 1945년 12월 모스크바에서 열린 미국, 영국, 소련의 삼상 회의를 소개한다.

이 회의에서 한반도의 독립을 위해 임시정부를 수립하고 독립 능력을 스스로 갖출 때까지 최장 5년의 신탁통치를 한다는 데 합의했다. 물론 이는 또 다른 혼란과 분열을 낳았다. 한쪽에서는 임시정부의 수립과 한국의 진정한 독립이 가능할 것을 믿었던 데 반해, 다른 한쪽에서는 한반도의 능력을 과소평가하는 또 다른 식민의 모습일 뿐이라고 비판했다. 모스크바 삼상 회의의 결정사항을 실행에 옮기기 위해 열린 미소 공동 위원회 회의 역시 별다른 성과 없이 종료되었다. 결국 국제연합UN의 주도로 총선거 제안, 북한과 소련의 거부, 남한 단독 선거 등이 추진되면서 한반도의 갈등은 더욱 거세졌다. 식민을 벗어난 이후 곧바로 벌어질 남북 분단을 걱정한 이들에 의한 남북협상이 시도되었으며 남한만의 선거에 반대하는 봉기가 벌어졌다. 하지만 해방의 희망이 연속되지 못한 채 한반도의 분단은 가시화되었다.

> 결국 해방된 지 꼭 3년 만인 1948년 8월 15일 남한에서는 대한민국이 세워지고, 북한에서도 다음 달인 9월 곧바로 조선 민주주의 인민 공화국이 들어섰습니다. 결국 한국은 세계적인 냉전 체제와 국내의 대립으로 통일 정부를 세우지 못한 채 남북으로 갈라지고 말았습니다. 남북한의 대립과 더욱 깊어진 냉전 체제는 한국을 전쟁으로 몰고 갔습니다.
> – 한중일3국공동역사편찬위원회, 『미래를 여는 역사』, 2005, 201쪽.

결과적으로 8.15는 오랜 기간 처절하게 벌여 온 민족해방운동의 결과로 획득된 '해방'을 의미하는 동시에, 곧바로 이어진 한반도 '분단'의 의미 속에 놓여 있다. 1945년에 있었던 짧은 해방의 경험과 1948년에 있었던 분단으로의 급격한 진입은, 그 사이 3년이라는 시간이 존재하지만 실제로 체감상 매우 빨랐을 것이 분명했다. 이를테면 3년이라는 짧은 시간 동안 해방 조선에서 벌어진 사건들은 하나하나의 역사적 무게감이 결코 가볍지 않았기 때문이다. 1947년 '제주 4.3', 1948년 '여수·순천 10.19'과 같은 사건은 오늘날까지도 우리에게 커다란 의미를 전한다. 그럼에도 8.15는 식민해방이라는 역사적 의의를 빼고는 결코 설명할 수 없다. 한반도 모두가 포기하지 않고 장기간에 걸쳐 수행했던 민족해방운동의 결과이자 자주적 민족이념과 자유·평등의 결합으로서 민주주의, 나아가서 근대적인 민족국가 수립 등의 희망이 제시되었던 찬란한 역사의 순간이었다. 물론 그런 해방의 빛이 오래가지 못했던 것은 분명 사실이나 그 의의까지 훼손할 수는 없다.

패망(일본)과 해방(한반도)이라는 사뭇 다른 의미로서의 8.15가 존재하듯 중국에서도 8.15의 의미 역시 조금 달랐다. 1941년 일본 제국의 아시아·태평양전쟁이 시작되자 곧이어 중국은 연합국의 일원이 된다. 이후 중국은 일본군과 치열한 전투를 벌였다. 『미래를 여는 역사』에서는 이와 같은 일본 제국이 일으킨 침략 전쟁에 대한 중국의 반격을 '세계 반파시스트 전쟁'이라 규정하는 한편, 부분적 반격에서 전면적인 공격으로 점차 전개해 나갔음을 강조한다. 결국 1945년 9월 중국에 있던 일본군은 난징에서 항복 조인식을 거행했다. 중국에서 '8.15'가 전승일인 '9.3'에 비해 설명이 상대적으로 소홀할 수 없는 이유가 바로 여기에 있다. 그들의 입장에서는 일본의 패망이 곧 식민지 해방으로 이어졌던 한국과 달리 여전히 자국의 영토에서 직접적인 전투가 수행되고 있었기 때문이다. 그럼에도 동아시아적 맥락 속에서 이해하고자 할 때 한국의 8.15와 중국의 9.3은 동일한 의미를 갖는다.

그것은 일본 제국이 일으킨 전쟁에 끈질기게 저항했던 민족적 해방 운동이 마침내 승리를 거두었으며 이제 양국 모두가 해방(전승)과 함께 새로운 국가 만들기라는 또 다른 역사적 과제에 직면하게 되었다는 점이다.

> 이리하여 중국 인민은 마침내 항일 전쟁의 최후 승리를 거둘 수 있었습니다. 항일 전쟁에서 중국은 모두 3,500만 명이 다치거나 죽었으며 재산 손실은 6,000억 달러에 달했습니다. 민족의 독립과 해방을 위해 커다란 대가를 치른 것입니다. 중국의 항일 전쟁은 세계 반파시즘 전쟁에 크게 공헌했습니다. 이로 인해 전후 중국의 국제적 지위는 크게 높아졌습니다.
> – 한중일3국공동역사편찬위원회, 『미래를 여는 역사』, 2005, 185쪽.

그런데 한반도와 마찬가지로 8.15는 중국에게 항일 전쟁의 승리이기도 했지만 동시에 또 다른 전쟁의 시작이기도 했다. 냉전이 시작되면서 일본에 저항하기 위해 결성했던 중국 국민당과 공산당의 합작은 종결되었으며 이른바 '국공내전'에 빠져들었다. 결과적으로 국민당 지도자 장제스는 타이완으로 이동했으며, 마오쩌둥이 이끄는 중국 공산당은 집권당이 된다. 내전이 끝난 이후 1949년 10월 1일 마오쩌둥은 베이징의 톈안먼(천안문) 성루에서 중화인민공화국의 성립을 선포했다. 그리고 새롭게 수립된 신중국은 주지하듯 건국 이후 소련이 주도하는 사회주의 진영에 가입하여 세계 정치에 본격적인 영향을 미쳤다.

동아시아 8.15의 기억 지도

미래 동아시아의 평화 공존과 8.15

이렇듯 8.15는 서로 다른 의미와 내용 속에서 동아시아 삼국에 자리한다. 그런데 공통된 의미도 찾을 수 있는데 바로 8.15가 새로운 국가와 사회를 건설하기 위한 다채로운 고민이 본격화된 역사적 계기였다는 점이다. 그러나 그런 계기가 긍정적인 결말로 나아간 것은 아니었다. 미국과 소련을 중심으로 빠르게 뒤바뀐 국제질서는 동아시아를 냉전의 질서 속에서 재편했으며 한국과 중국, 일본 역시 그 질서에서 자신들의 미래를 강요받았다. 이제 『미래를 여는 역사』의 후반부는 8.15로부터 동아시아에서 요청되었던 평화가 실현되었던 것이 아니라 날카로운 대립의 냉전으로 나아가는 과정을 설명한다. 동아시아 냉전 체제를 더욱 심화한 한국전쟁, 냉전 질서의 편입을 알린 한국과 일본의 국교 정상화 등을 설명하면서 동아시아 냉전 질서의 실질적인 모습을 보여 주는 한편, 그럼에도 요청되는 동아시아의 평화로운 미래를 강조한다.

8.15는 동아시아가 새로운 세계와 국가를 어떻게 만들 것인가를 고민했던 순간이기도 했으며, 동아시아의 또 다른 역사적 아픔이 재생산된 시점이기도 했다. 8.15를 기점으로 동아시아에 몰아닥친 냉전과 분단은 여전히 존속하고 있으며, 그 속에서 중국과 일본의 패권주의적 경합, 한국과 북한의 군사적 긴장, 한·중·일 삼국의 역사 갈등, 미국의 억압적인 자본주의 세계화 전략 등은 동아시아의 평화와 화해가 여전히 멀리 있음을 보여 준다. 하지만 『미래를 여는 역사』는 동아시아의 평화로운 미래를 결코 포기하지 않는다. 『미래를 여는 역사』는 한국, 중국, 일본의 역사 인식의 차이를 넘어서 오랜 기간 논의를 거쳐 합의한 역사 교재였다. 이에 따라 이 책은 여러 의미를 지닌다. 우선 일제 침략의 실상을 상세하게 설명하고 그에 따른 한국·중국 민중의 고통과 저항의 역사를 복원했다는 점에서 가치가 있다. 구체적으로 여기에서 침략 전쟁의 국제법적 문제, 일제의 비인도적 학살, 강제동원 문제 등이 포함되었다. 나아가서 국가 중심의 역사 인식을 벗어나 동아시아 근현대사의 흐름을 비교사적으로 구성하여 동아시아 공동의 역사 인식과 기억을 공유했다는 점에서도 중요하다. 여전히 지배와 피지배, 가해와 피해, 침략과 저항의 동아시아 근현대사로 말

미암아 적대와 불신의 벽은 여전히 높다. 따라서 동아시아의 역사에 대한 인식은 반성과 성찰, 치유와 회복, 상호 존중과 이해의 관점에서 접근할 필요가 있다.

『미래를 여는 역사』에서도 볼 수 있듯이 동아시아 역사 연대를 위한 출발점은 한·중·일 삼국에서 자신들의 삶을 살아가는 이들이 직접 만들어 간다는 점은 분명하다. 동아시아 근현대에 점철된 전쟁과 침략이 결국 한·중·일 민중의 피해로 집약되었다는 점에서 동아시아 민중을 통한 역사 연대는 필수적이기도 하다. 동아시아에서 여전히 남아 있는 적대와 혐오를 극복하고 평화로운 연대를 실현하기 위해서는 서로에 대한 온전한 이해, 특히 동아시아의 공통 역사 인식이 필요한 것은 분명해 보인다. 8.15에 대한 보다 열린 인식, 다시 말해 동아시아적 맥락 속에서 8.15를 기억하고 실천해야 할 이유가 바로 여기에 있다. 『미래를 여는 역사』은 바로 그런 지향으로 끝을 맺는다.

우리는 침략과 전쟁의 역사를 반성하고 다시는 그러한 일이 되풀이되지 않도록 노력해야 합니다. 일본 정부는 먼저 과거의 잘못에 대해 명백히 사죄하고, 피해자들에게 배상해야 합니다. 그러면 한국과 중국 등 이웃 나라와 시민들도 이를 허심탄회하게 받아들일 것입니다. 평화와 인권, 민주주의는 동아시아와 세계의 바람직한 미래를 위해 필요한 중요한 보편적 가치입니다. 이를 실현하기 위해서는 일본만이 아니라 아시아의 각국 정부도 지나친 자국 중심의 정책에서 벗어나고, 시민들도 자기중심적인 생각을 넘어서 이웃 나라와 함께 살아갈 수 있는 지혜를 모아야 합니다. 시민운동의 국제적 연대와 협력은 이를 이룰 수 있는 하나의 길이 될 것입니다. 역사에서 배우고, 진정한 화해와 평화를 이루는 것이 오늘날 동아시아에서 살아가는 우리 한 사람 한 사람의 과제입니다.

- 한중일3국공동역사편찬위원회, 『미래를 여는 역사』, 2005, 245쪽.

8.15

2부

문학을 통해 본
8.15의 풍경과 기억들

4장

8.15 전후 새로운 빛과 남겨진 그림자
- 이태준의 단편소설

박재인

새로운 날빛 속 인간의 연약함

1945년 8월 15일 오전 9시에 일본 정부는 전쟁에 항복한 사실을 알렸고, 당시 사람들은 다음 날이 되어서야 해방을 인지하기 시작했다. 35년의 억압에서 벗어나 조국의 빛을 되찾았다고 우리의 역사는 기록한다. 그리고 세상은 혼란과 공포, 불안으로 휩싸이기도 했다. 곧 신탁통치가 들어섰고, 사람들은 좌와 우로 나뉘어 다투었으며, 그렇게 고대하던 주권국가는 둘로 갈렸기 때문이다. 게다가 둘로 갈린 국가는 앞다투어 먼저 새로운 국가 건설에 성공하고자 이러저러한 큰 변화를 도모했다. 혼란과 변화의 시기, 분단의 시작과 새로운 국가 건설을 위한 변화 속에서, 작고 힘이 없는 사람들은 어떻게 삶을 이어 가려고 했을까?

이 시기에 조선의 모파상이라고 불린 한 작가가 있다. 이태준은

1930년대부터 해방 시기까지 명작들을 발표하며 한국 현대소설의 기법적인 바탕을 이루었다. 해방 후 좌익 활동과 월북으로 남한에서는 그의 작품이 금기시되다가, 1988년에 해금된 후 다시 그의 필체를 만날 수 있었다. 그의 작품은 회의적이며 감상적인 성격이 짙지만 현실과 밀착된 시대정신을 추구하고 있다고 평가된다.

> 보통의 작가로서는 체험을 넘어서고 상상조차 하기 어려운 이런 삶의 이야기가 이토록 진실한 느낌으로 가슴에 와닿는 것은 실지 현장의 조사기록과 관찰을 성심껏 했을 것은 말할 것도 없고 능숙한 우리말 쓰기에다가 남다른 글 다듬기의 노력이 있었으리라 본다.
>
> — 이오덕, 『우리글 바로쓰기 2』, 1992, 450쪽.

작가의 페르소나에 해당하는 '현'이라는 인물은 소극적이고 내성적이며 내적 갈등에 흔들리는 캐릭터다. 이 캐릭터는 왜 그가 평범한 사람들의 삶에 집중하며 진실한 문학적 재현에 탁월했는지 짐작하게 한다. 예민한 감수성으로 이 시기의 변화를 온몸으로 느끼면서 그것이 일으킬 파도들이 사람들의 삶에 어디까지 스며들고 물들일지 깊이 고뇌했을 것이다.

이태준의 작품에는 해방 시기에 혼란과 변화를 맞이한 사람들이 세밀하게 묘사되고 있다. 해방으로 우리의 삶에도 빛이 들기 시작할 것이라는 희망도 있었겠으나, 그림자 속에 갇혀 갈피를 잡지 못하는 두려움과 머뭇거림도 많았다. 이 변화에 환호작약만 할 수 없는 인간의 연약함, 이태준은 그림자와 같은 인간의 연약함을 잘 이해하고 있었다. 이제 그의 시선을 따라 새로운 날빛이 세상을 뒤덮을 때 응달 속에 있던 사람들의 이야기를 살펴보려고 한다.

혼란 속 역할을 잃어버린 사람들_「해방 전후」(1946)

강풍이 몰아치는 일제 말기에 '어느 작가의 수기'가 시작된다. 주인공 현은 붓을 멈추고 피난처에 와서 순사의 눈치를 보는 문인이다.

'살고 싶다!'

- 『이태준 문학전집 ③ 해방전후·고향길』, 1995, 13~52쪽.
(이하 출처 표기 생략)

그는 비겁하다, 무능력하다는 소리를 들으며 목숨을 부지하고 있었다. 일본이 망할 것은 바른 이치라고 생각하지만 만일 이 끔찍한 일본 군국주의의 음모를 역사가 허락하면 어찌하나 막연하고 불안했다.

피난처에서 현의 유일한 낙은 김직원과의 소통이었다. 현은 김직원이 유일한 인격자이자 존경해 마땅한 지사라고 칭송했다. 불의를 따른 핏줄을 길바닥에서 매질할 정도로 강직한 유학자였다. 현은 항일정신이 뚜렷한 그와 함께 역사나 문학을 논하며 그렇게 자신을 위로했다.

그러던 중 해방을 맞이했다. 그러나 해방은 혼돈의 시작이었다.

현은 고개를 푹 수그렸다. 조선이 독립된다는 감격보다도 이 불행한 동포들의 얼빠진 꼴이 우선 울고 싶게 슬펐다.

(중략)

현은 서울 정황에 불쾌하였다. 총독부와 일본 군대가 여전히 조선민족을 명령하고 앉았는 것과 해외에서 임시정부가 오늘 아침에 들어왔다, 혹은 오늘 저녁에 들어온다 하는 이때 그새를 못 참아 건국建國에 독단적인 계획들을 발전시키며 있는 것과, 문화면에 있어서도, 현 자신은 그저 꿈인가 생시인가도 구별되지 않는 이 현혹한 찰나에, 또 문화인들의 대부분이 아직 지방으로부터 모이기도 전에, 무슨 이권이나처럼 재빨리 간판부터 내걸고 서두르는 것들이 도시 불순하고 경망해 보였던 것이다.

현은 이 혼돈의 세상에서 비극을 감지했다. 조선의 독립이 믿기지 않은 상태에서 그에게 서울의 풍경은 비참했다. 무엇이 생존의 길인지 서둘러 몸의 위치를 바꾸는 세태가 경망스럽게까지 보였다.

그리고 좌우의 극심한 갈등을 목도했다.

그 적색 데모가 있은 후로 민중은, 학생이거나 시민이거나 지식층이거나 확실히 좌우 양파로 갈리는 것 같았다.

(중략)

인공人共과 대립만이 예각화銳角化되고, 삼팔선三八線은 날로 조선의 허리를 졸라만 가고, 느는 것은 강도요, 올라가는 건 물가요, 민족의 장기간 흥분하였던 신경은 쇠약할 대로 쇠약해만 가는 차에 탁치託治문제가 터진 것이다.

현의 눈에 해방의 날은 비극적이었다. 살기가 더욱 어려워져만 가는 때에 좌우로 갈린 싸움은 더 거세졌고, 사람들은 더욱 정신적 쇠약에 헤어 나올 수 없었으며 그리고 신탁통치의 문제가 터진 것이다.

이때 현은 점차 선택의 갈피를 잡아 갔다.

탁치 문제란 그렇게 간단히 규정할 것이 아님을 차츰 깨닫게 되었는데, 이것을 제일 먼저 지적한 것이 조선공산당으로, 그들의 치밀한 관찰과 정확한 정세 판단에는 감사하나, 삼상회담 지지가 공산당에서 나왔기 때문에 일부의 오해를 더 사고 나아가선 정권 싸움의 재료로까지 악용당하는 것은 불행 중 거듭 불행이었다.

신탁통치 논쟁으로 조선이 둘로 갈리어 싸울 때, 현은 조선공산당의 행보를 지지하는 마음을 내비쳤다. 조선의 독립은 국제적 지배를 벗어날 수 없는 상태이므로, 우리는 조선의 독립과 중립성이 국제적으로 보장되는 길을 택할 수밖에 없다, 과학적이고 세계사적인 확실한 견해와 준비 없이 미국과 소련에 적정한 응수를 할 수밖에 없지 않느냐고 생각한다. 그렇게 아직은 두고 보아야 할 일이라는 유보적 입장이었으나, 훗날 많은 이들은 작가의 행보로 볼 때 점차 그의 의식이 어느 한 편으로 기울어졌다고 추측하기도 했다.

이념 갈등은 현의 일상생활에까지 침투했다. 김직원은 현의 행보가 마땅치 않았다.

"어째 당신넨 탁치를 받기를 즐기시오?"

하였다.

"즐기는 게 아닙니다."

"그러면 즐겁지 않은 것도 임정臨政에서 반탁을 허니 임정에서 허는 건 덮어놓고 반대하기 위해서 나중엔 탁치꺼지를 지지헌단 말이지요?"

"직원님께서도 상당히 과격허십니다그려."

"아니, 다 산 목숨이 그러면 삼국 외상한테 매수돼서 탁치 지지에 잠자코 끌려가야 옳소?"

"건 좀 과허신 말씀이구! 저는 그럼, 장래가 많어서 무엇에 팔려서 삼상회담을 지지허는 걸로 보십니까?"

(중략)

현 자신이 기인여옥이라 예찬한 김직원은, 지금에 와서는 돌과 같은 완강한 머리로 조금도 현의 말을 이해하려 하지 않고, 그것이 반드시 공산주의의 농간이라 자가류自家流의 해석을 고집할 뿐이었다.

김직원은 밖에서는 소련이, 안에서는 공산당이 조선 독립을 방해하는 것이라고 생각했고, 현의 행보가 찬탁을 지지하는 것이라고 간주했다. 이에 현은 김직원이 역사적 또는 국제적인 견해 없이 단순하게 이 해방을 해석하는 것이라 판단하고 더는 설득하기를 멈추었다. 그리고 존경해 마지않던 그 어르신이 "돌과 같은 완강한 머리"를 가진 노인네에 불과하다고 여겼다.

조선의 운명이 두 강대국 사이에서 흔들리고 분단이 확고해질 무렵, 김직원은 서울을 떠나기로 했다. 민족의 미래가 더는 보이지 않는 속세를 떠나기로 결심했다고 했다. 뒤돌아 떠나가는 모습에서 김직원의 조선 옷자락은 현에게 표표히 떠내려가는 낙엽처럼 여겨졌다.

> 미국군의 찝이 물매미떼처럼 서물거리는 사이에 김직원의 흰 두루마기와 검은 갓은 그 영자 너무나 표표함이 있었다.
> (중략)
> 일제 강점기에 그처럼 구박과 멸시를 받으면서도 끝내 부지해 온 상투 그대로, '대한'을 찾아 삼팔선을 모험해 한양성漢陽城에 올라왔다가 오늘, 이 세계사世界史의 대사조大思潮 속에 한 조각 티끌처럼 아득히 가라앉아 가는 김직원의 표표한 뒷모습을 바라볼 때, 현은 왕국유의 애틋한 최후를 연상하지 않을 수 없었다.

민족이 여러 갈래로 갈리어 갈피를 잡지 못하는 상황에서 조선옷을 입고 상투를 튼 김직원은 희망을 접어 버린다. 시대의 변화 속에서 자신의 옳음이 옛것이라고 치부되는 비극에 '존경받는 어르신의 자리'를 떠나고 마는 것이다. 이에 현은 그의 걸음을 "한 조각 티끌"이 "아득히 가라앉아 가는" 모양으로 서글프게 바라볼 뿐이었다.

이 소설 이후로 이태준은 월북을 선택한다. 그의 정치적 지향이 이 소설에서 드러났지만 그것만으로 확고한 정치적 이념으로 월북을 단행했다고 볼 수 없다는 것이 현재 문학계의 분석이다. 소련 방문 이후 한반도 정세 속에서 다시 남하할 수 없었던 정황 등으로 볼 때 '선택'

이 아니라 '유보'였을 가능성도 있다는 것이다.

그리고 1946년에 발표된 소설 「해방 전후」는 그의 월북 후 개작되어 1949년에 북한에서 다시 출간되었다. 소설의 서사 줄기는 변함이 없었으나 작품 곳곳에는 작고 큰 변화의 모습이 발견되어 정치 이념의 변화를 읽을 수 있다. 그럼에도 분명한 것은 애초 1946년의 초판에서 주인공 현은 "좌익이 제멋대로 발호하는 날은, 민족 상쟁 자멸의 파탄을 일으키지 않을까" 염려하고, 이후에 좌익 세력과 함께 일하면서도 그들에 대한 경계심을 완전히 늦추지 않았다. 그렇게 새로운 변화에 대한 두려움과 머뭇거림은 작가의 작품과 생애에서 공통적으로 발견된다.

이후 그의 작품에서는 그가 꿈꾸는 새 나라의 모양새가 점점 구체화된다. 비록 북 당국의 제안으로 창작한 작품이지만, 그가 무엇을 고민했는지 충분히 알 수 있다. 「해방 전후」의 주인공처럼 끝없이 갈등했던 바와 같이 새로운 이데올로기가 어떻게 사람들을 설득할 수 있는지에 대한 이태준의 고뇌가 느껴진다. 그리고 그것에는 힘없고 약한 사람들의 절실한 소망과 생생한 삶의 분투가 드러난다.

빈곤의 그림자_「농토」(1947)

때는 1938년 추운 겨울이다. 억쇠는 어머니의 죽음을 맞이하면서 그 슬픔도 숨겨야 했다.

울음소리를 내서는 안 된다는 노마님의 말씀이 천만지당한 줄 알면서도 억

쇠아비는 입이 걷잡을 수 없이 뒤틀렸다. 껙껙 두어 마디 치받히는 울각질 같은 것을 억지로 삼키면서,

"이 새끼 잠자쿠 있어 괘니 ……"

하고 자식부터 돌려보았다. 억쇠는 울기는 고사하고 죽은 어미와 이런 꼴의 아비를 발길을 질르기나 할 것처럼 새파랗게 노려보는 눈이였다.

- 『이태준 문학전집 ④ 소련기행 · 농토 · 먼지』, 2001, 185~336쪽.
(이하 출처 표기 생략)

윤판서댁 노예였던 억쇠아비는 죽은 아내가 불쌍하기도 했으나 주인댁에 귀한 손주가 태어나는 데 무슨 부정이나 끼칠까 봐 겁이 나서 입을 틀어막고 울음을 참아 냈다. 그런데 이 상황에서 억쇠는 죽은 어미와 울음을 참는 아비를 노려볼 뿐이었다.

개처럼 꼬리가 없어 흔들지 못하는 것만 한이 될 뿐, 이 주인댁을 위해서는 뼈라도 갈아바치고 싶어하는, 제 자신의 벌이라고는 한 토막 없이 자랐고 굳어버린 팔월이와 억쇠아비 천돌이었다. (중략)

상전 앞이라면 뼈대 없이 설설 기기만 하여 저까지 절로 그 본을 뜨게 하는 아비…

어머니가 죽었는데 마음껏 울지도 못하는 아버지의 무력함이 그대로 자신에게 대물림되는 상황에서 억쇠는 그렇게 못난 아비를 미워했다. 몸과 정신도 노예 신분에 갇혀 있는 아비가 자신 또한 노예의 틀

속에 갇히게 했다고, 그 분노는 아버지에게로 향해 있었다.

소설 「농토」는 해방 이전부터 이후까지 변화하는 세상 속에서 살아가는 농민의 이야기를 다룬다. 빈곤과 생존의 문제에서 불평등과 억압, 소외의 문제까지 아우르며 이 땅에 살아갔던 농민이 변화하는 시대 가치와 사회 제도 속에서 무엇을 느끼고 생각했는지 말해 준다. '억쇠'라는 청년을 필두로 소설은 봉건제에서 식민지의 자본주의제로, 또 해방 시기의 토지제도 개혁기로 이동하는 사회 변동 상황을 보여주고, 그 안에서 억쇠는 '노예'에서 '소작농' 그리고 토지개혁에 나서는 '농민'으로 변모해 간다.

억쇠는 어머니 장례를 치르고 주인집에 들어갈 수 없어 가재울 농촌으로 쫓겨 간다. 그리고 거기에서 자연 그대로인 '흙'에서 강한 생명력을 느끼고, 억쇠는 처음으로 자유로운 삶에 대해 꿈꿔 본다.

땅은 요술쟁이 같았다. 그런 바람에도 날려버리던 빈 쭉정이 같던 씨앗들을 벌레처럼 움직여놓은 것이였다. 묻은 지 열흘이 안 되어 덮인 흙은 금이 나고 무엇이 갸웃하고 내다보듯 군데군데 떠들렸다. 이 위에 하룻밤 가는비가 뿌리더니 어떤 것은 새 주둥이처럼 어떤 것은 콩짝처럼 흙을 떨고 올려솟았다. 꽃을 피울 것이나 열매를 맺을 것이나 싹이란 싹은 밭에서고 논에서고 울 밑에서고 이쁜 주둥이들이 솟아 일제히 소곤거리는 것 같았다. 농군들은 그 투박한 손으로 이 어린 싹들을 쓰다듬기나 하는 것처럼 애끼고 끔직이 여겼다.

(중략)

'나도 나대로 살아보았으면! 점둥이네나 장근이네처럼 남의 땅이라도 얻고, 오막살이라도 우리 집에서 내 농사를 짓고 살아보았으면!'

"요술쟁이 같은 땅", 햇빛과 바람만으로도 싹이란 싹은 불쑥 올라오는 이 땅에 억쇠는 금세 매료된다. 그리고 그 땅을 사랑하는 농민의 삶을 흠모한다. 이제는 노예의 아들이 아니라 "나대로" 사는 농민이 되고 싶었다. 그렇게 억쇠는 노비 신분을 벗어나 소작농이 된다.
그런데 그 희망도 얼마 가지 않았다.

억쇠는 땅이란 땅에다 땀을 흘리는 점둥이네나 장근이네나 노마네에게 좋은 것이 아니라 가만히 앉아서 남이 지어놓은 농사를 절반씩 들어가는, 그것도 한두 집에서가 아니라 수십 수백 집에서 걷어다가 저 혼자만 위장병이 생기도록 먹고 저 혼자만 계집도 몇씩 거느리고 그러고도 기생이니 유곽이니 병이 나도록 향락하고 집도 서울집이니 시골집이니 정자니 묘막이니, 여러 채씩 두고 혼자 호강하는 지금 이 주인댁 나릿님 같은 그런 몇만 명이나 몇십만 명 중 하나나 될지 말지한 지주를 위해서만 「좋은 땅」인 것을 깨달을 수 있었다.

억쇠는 얼마 못 가서 "요술쟁이 같은 땅"이 수많은 농군을 위한 것이 아니라 소수의 지주를 위해서만 "좋은 땅"이라는 것을 깨닫는다. 자신을 메마르게 하는 고통이 아버지가 아니라 소수의 지주로부터 시작된 약탈이라는 진실을 알게 된 것이다. 그리고 지주들 뒤에는 '나라'

가 있었다.

　세상은 더욱 각박해졌다. 지주와의 문제가 아니라 나라와의 문제로, 곡식이란 곡식은 면소에서 칼자루를 앞세우고 나와 다 거두어 갔다. 그뿐만 아니라 나무껍질, 놋그릇까지 빼앗아 갔고, 생활방식과 사상까지 일본의 것으로 통제하려고 들었다. 말을 안 들었다가는 징용에 끌려갈 위험도 컸다.

'도대체 땅이란 어째 임자가 따로 있는 거냐? 사람이 누가 바위병털을 절구질하듯 해 밭과 논을 만들었단 말이냐? 이놈들아 하늘은 왜 금을 긋구 세를 못받어처먹니?'
(중략)
'이를 갈자! 미워하자! 그때 그이는 나쁜 놈은 용서 없이 미워하라! 했다! 아- 그런 사람들이 세상을 맘대로 꾸미게 된다면? 그렇게 된다면 어떻게 될까? 우리 같은 사람두 잘살게 만들거다! 그인 그때 그랬다. 십년 근고를 해서 북정밭 한 돼기 못 장만하는 건 원형리정이 아니라구. 이런 지금 세상은 마련이 잘못된 거라구. 마련 잘못된 이놈의 세상은 어서 뒤집혀야 헌다!'

　노예에서 소작농으로 위치를 바꾸어 아무리 발버둥 쳐도 억쇠의 삶은 달라지지 않았다. 그리고 못난 아비에서 못된 지주로, 또 이 불평등한 세상으로, 억쇠의 분노 대상은 바뀌어 간다. 분노해야 할 대상을 바로 찾아가는 사회주의적 각성이 억쇠로부터 상세하게 그려지는 것이다.

그렇게 억쇠를 향한 세상의 억압과 약탈은 심해져만 갔고, 억쇠는 어떻게든 목숨을 부지하기 위해 갖은 애를 쓴다. 그리고 억쇠는 말로만 듣던 '우리 같은 사람도 잘살 수 있는 세상'을 꿈꾸기 시작한다. 억쇠의 바람대로 새 세상이 도래했을까?

「팔·일오」는 바로 이듬해 여름이였다. (중략)
이 가재울 구석에도 아침저녁으로 새 소문이 연달러 들어왔다. 임시정부가 어느 날 들어온다드라, 서울서 벌써 건국이 되었다드라, 나라이름이 「대한」이라드라, 「조선인민공화국」이라드라, 대통령에 누구, 육군대신에 누구…… 어른 아이 저마다 지껄이였다. 그러나 지껄일 때 뿐이였다.
(중략)
"그러나 여러분 기뻐들 하시랍니다. 자본주의국가의 식민지에서 해방이 된 여러분은 이 앞으로는 그런 억울한 착취를 당하지 않고 사실 게라 합니다. 노동자든 농민이든 자본가나 지주를 위해 살 것이 아니라 자기 자신들의 행복을 위해 살 수 있는 조선이 될 것이라고 합니다."

여기에서 억쇠도 새로운 세상의 변화를 맞이했다.

토지개혁을 실행하기 위해 면인민위원회로부터 실행위원들이 나와 가재울에도 농민대회를 여는 법령이 발표된 지 아흐렛 만인 3월 14일이였다. 이 아흐렛 동안 가재울도 벌촌이나 다른 농촌들과 똑같이 기쁨과 원망과 희망과 저주의 별별 억측이 한데 휩쓸려 떠돌았다.

(중략)

"글쎄 법대로 헌다면 안과부네 몇 알 안 되는 논두 몰수라니 과부가 기름장살 해 늘그막에 겨우 먹을 만치 장만헌 걸 어째 뺏는다는 거유. 그런 건 잘못이니까 토지개혁이란 데 뒤집힐 것만 같어!"

(중략)

'도루 그자들 세상이 되구 마는 건가? 그럴 수도 있는 건가?'

토지개혁이 시작된다는 소문이 돌자 지주들은 땅을 팔기 시작했고, 갈피를 잡지 못한 사람들은 서둘러 땅을 사거나 혹은 머뭇거리며 혼란 속에서 헤맸다. 38선 인근에 있던 가재울에는 토지개혁이 뒤집히네 마네 하는 식의 소문도 잦아들지 않았다.

소설은 중반 이후부터 북에서 대대적으로 실현되었던 토지개혁 상황을 자세히 다룬다. 북의 임시인민위원회는 1946년 3월 5일 토지개혁을 시점으로 인민민주주의적 국가 건설 토대를 구축해 나갔다. 1945년 통계에 따르면 북한 지역 총농가 가운데 4%만의 지주가 총경지면적의 58.2%를 차지하고 있었다고 한다. 북조선 임시인민위원회는 토지개혁을 통해 불평등한 토지소유 관계를 해체하고 지주제를 청산하고자 했다. 토지개혁 논의는 1946년 2월 말에 개최된 '북조선 농민대표대회'에서 최종적으로 확정되었다. 분단 상황이 유리하게 작용했고, 토지개혁에 대한 지주층의 저항이 미약했으며, 농민이 사회주의 세력과 결합하여 지주층을 압도할 수 있었다. 그렇게 토지개혁을 거치면서 농민, 특히 빈농들 중 상당수는 사회주의 세력의 지지기반이 되었다.

억쇠 역시 내 땅에서 농사를 지을 수 있다는 희망으로 사회주의 세력에 동참한다. 불안이 엄습해 올 때마다 낯선 사회주의자의 강한 외침이 억쇠의 귓가에 와 박혔다.

억쇠는 제 눈이 자꼬 밝어지는 것 같었다. 권생원네 삼포 뒷등에서 그 사회주의자의 이야기에 바로소 세상을 볼 줄 아는 눈이 트이는 듯한 감격이였듯이, 오늘 성필의 이야기에서 비로소 이 해방과 이 앞으로의 조선을 보아나갈 눈이 트이는 것 같은 감격이였다.

(중략)

억쇠는 새로 생긴 농민조합에도 누구보다도 열성을 내이려했다.

며칠 안 가지 않아 가재울에 '삼칠타작'이라는 말이 들려왔다.

「팔·일오」 그날보다 농사를 지어 생전 처음으로 소출의 칠 할을 차지해보는 이날 비로소 농군들은 해방의 기쁨을 할아버지 할머니 아버지 어머니 아들 딸, 온통이 한자리에서 맛보는 것이였다.

드디어 땅에 땀을 흘려 내 싹을 피웠던 농민들이 칠 할을 소유할 수 있다는 희망의 빛이 생겼다. "대다수인 우리가 조선의 주인들이구, 농사를 짓는 우리가 조선땅의 주인들"이라는 사회주의자의 확언에 억쇠와 농민들은 '내 것'과 '나'에 예민한 감각을 내세워 일어섰다.

소설은 토지개혁의 실현을 경험한 농민들의 환호와 그 사회주의화 과정을 상세하게 그려 낸다. 농민들이 어떤 삶을 살아왔고 무엇을 욕망했으며, 그것이 사회주의적 토지개혁에 무엇과 합일되었는지를 보여 준다. 늘 굶주리고 불안을 떨던 사람들이 칠 할의 소출을 양손에 쥐게 되면서, 이들은 '내 것'과 '나'를 찾아 준 그 원칙을 고수하기 위해 집단화된다.

억쇠는 해방 전 점점 강도 높은 억압을 경험하며 현실의 모순을 깨달아 가고, 해방 이후로는 잃어버린 것들을 되찾으며 사회주의화된다. 억쇠가 욕망하던 것을 회복해 가면서 소설은 '사회주의 이념'을 깨닫는 과정으로 엮어 풀이한다. 그렇게 소설은 성공적인 개혁으로 마무리된다.

이 소설은 이태준이 월북 이후 북한 당국으로부터 의뢰받아 창작한 작품이다. 북쪽 이데올로기에 맞춰 쓴 허구의 서사일지라도, 이 작품에서 분명히 전하는 것은 이 혼란의 시기에 힘이 없고 가난한 사람들의 소망이다. 무슨 무슨 이념이니 사상이니 해도, 농민들 손에 쥐어지는 쌀알만큼이나 분명한 것이길 바랐던 점은 사실일 것이다.

억쇠는 그토록 바라던 세상을 맞이했을까? 억쇠의 입을 빌려 자신이 꿈꾸던 세상을 노래했던 이태준의 명성이 북쪽 바람에 휩쓸려 사라진 것처럼, 억쇠의 땅과 꿈도 사라지지 않았을까? 아니면 또 다른 억쇠들이 그 꿈을 이어받아 내 땅의 주인으로 사는 세상을 노래하고 있을까?

사회적 고립, '문맹'의 문제_「호랑이 할머니」(1949)

해방 직후 분단된 남과 북은 각각 새로운 국가 건설을 위한 준비에 나섰다. 국민의 무지를 청산하고, 식민주의에 대한 노예근성을 버리며 주권국가의 국민으로 세우는 일에 한글을 깨우치는 일이 중요했다. 우리말과 우리글을 되찾고, 문자로 공유하는 정보로부터 소외되지 않으며, 스스로 생각하고 판단할 수 있도록 국민을 사회화하는 일이었다. 당시 남북의 정부는 경쟁적으로 성인 문맹퇴치운동을 시작했다.

「호랑이 할머니」는 북한의 문맹퇴치운동이 펼쳐졌던 당시를 그려내고 있다. 북한 당국은 북한 지역 문맹자 수가 약 230만 명이라고 추정하고(성인 문맹률 약 42%) 문맹퇴치운동을 펼쳐 나갔다. '동기농촌문맹퇴치운동에 관한 건(1946. 11. 25. 臨時人民委員會決定 제113호)'에서는 "일본 제국주의의 악독한 통치의 결과로 조선 농민의 대부분은 문맹이 되었으며, 이것이 민주조선 건설에 일대 지장이 되고 있고, 선전 문건들은 그들에게 영향을 주지 못하며, 사회적 손실이 또한 막대하다."라고 진단했다. "새 사회의 참다운 주인"으로 교육하여 문명하고 부강한 민주 조국을 건설한다는 것이 이 운동의 의의였다. "만 12세 이상 50세 미만의 남녀 문맹자들은 의무적으로 취학하여 기한 내에 매일 2시간 이상 교육을 받아야 한다."와 같이 문맹퇴치운동은 법적 기반 위에 조직적 체계를 갖추고 실시되었다. 이 소설은 북의 문맹퇴치운동이 진행되었던 한 작은 마을에서 벌어졌던 일을 이야기한다.

스무 남짓한 가구들이 옹기종기 모여 사는 작은 농촌 마을이다. 흔한 것보다 귀한 것이 더 많은 이 작은 마을에, 사람들은 문맹자들이 얼마나 많은지 비아냥거리며 한글 교육의 필요성을 납득하지 않았다. 젊은이들은 대체로 반겼고 평소 까막눈이 부끄러웠던 젊은 아낙네들은 기뻐하기까지 했다고 하지만 모두 바쁘고 집안일과 농사일에 얽매여 있어 마음을 내놓기가 쉽지 않았다. 아무리 좋은 일이라도 하루를 바삐 살아 내야 하는 평범한 사람들에게 이 교육은 부담스러웠다. 젖먹이 달린 애 엄마들이 물도 길러 와야 하고, 씨아질,[1] 물레질 등등 해야 할 일이 태산인 상황이었다. 이에 소년단원들과 민청원들은 집안일까지 대신해 주며 이들을 설득하여 한글학교에 나오게 이끌었다. 동네 어르신들도 하나둘 마음을 바꿔 하얀 수염을 쓸며 변화를 받아들였다.

그 가운데 유독 고집을 꺾지 못하는 어르신이 있었으니, 마을에서 무섭기로 소문 난 '호랑이 할머니'였다. 마을뿐 아니라 인근 각 동에서도 "호랑이 할머니 온다" 하면 우는 아이도 울음을 멈춘다는 예순다섯 살 할머니. 성미가 괄괄하고 억셌다. 과부로 살면서 지주나 관리들, 혹은 건달패까지 모든 침해와 시달림에도 억센 저항력으로 버텨 온 완강한 노인이었다.

호랑이 할머니는 다수의 설득에도 넘어가지 않았다. 오랜 세월 동안 버텨 온 정신적 무장으로 이 변화에 설득되지 않았고, 사나운 호통만 돌아올 뿐이었다.

---

[1] 씨아로 목화의 씨를 빼는 일을 말한다.

"어림두 없다. 난 남이 허래서 해본 일 하나두 없다! 남이 허란다구 했으면 청춘에 팔짤 고쳐 갔게? 날더러 글을 배라구? 그 익은 밥 먹고 선소리 작작 해라."

(중략)

"날 어쨌다구 끌어내지들 못해 야단이오? 할 일이 없어 손주새끼 같은 것들과 마주앉아 너나들이 해가며 이건 소요 저건 닭이요 하고 신두 안 나는 만수받이를 하란 말이요? 나 글 몰라 임자네 신세진 거 하나 없거던! 나이 예순다섯까지 살아야 누구 앞에 내 편지 한 장 축문 한 장 신세진 적 없어! 괘난 사람을 가지구 소경이니 청맹과니니 허구 심살 득득 긁지 않나!"

– 『이태준 문학전집 ③ 해방전후·고향길』, 1995, 105~120쪽.

(이하 출처 표기 생략)

호랑이 할머니는 무엇 때문에 남한테 굽신거리면서까지 한글을 배워야 하느냐며 자신의 문맹이 무슨 문제가 있었느냐고 따졌다. 시대의 풍속을 따르겠다는 다른 노인들과 달리, 호랑이 할머니는 "난 남이 허래서 해본 일 하나두 없다!"라고, 문맹에 대한 세상의 비판도 저항했다. 이제 이 마을에 마지막으로 남은 문맹자 할머니는 점점 좁혀 오는 세상의 가두리망을 목전에 두고서도 고집을 꺾지 않았다.

이 소설은 이렇게 고집 센 한 할머니를 내세워 '왜 한글을 배워야 하는가?'라는 질문을 계속한다. 우리 민족이 새 나라의 주인이 되는 시대가 열렸는데 당연히 우리글을 배워야 한다, 이 당위적인 설명만으로는 채워지지 않는 것이 있었다. 하루하루 삶을 살아 내야 하는 사람들에게는 쌓아 둔 일거리를 뒤로하고 삶의 시간을 투자하는 일, 자기보다 어린 사람에게 공손한 태도로 배움을 청해야 하는 일, 지금까지 해 보지 않았던 그런 도전을 감수해야 하는 필요성은 무엇인가. 어떤 필요성으로 60년이 넘은 세월에 강하게 굳어진 고집을 바꿀 수 있을까?

문맹퇴치운동을 앞장서는 민청원은 두 가지 전략을 실행했다. 첫째는 할머니에게 새로운 사회적 지위를 부여하는 것이고, 둘째는 할머니의 수치심을 자극하는 것이었다.

"우리가 오늘 저녁에 학교에 종을 달구 처음 쳐보는데요. 그걸 아무나 칠 수 있수? 동네서 어룬 될 만한 분이 치세야 헌다구 모두들 할머니더러 치시래자구 공론이 돼서 왔다우."

(중략)

"이 동네 예편네들이 할머니 말씀이 아니군 들어먹어야 말이죠? 일은 죄다 우리가 헐 테니 아모튼 우리 학교 돌봐주는 어룬으루 더녁마다 한 번씩 들리기만 허슈. 누가 잘 안 오나 누가 공부에 정침 안허나 그런 것만 살피시구 호령을 해주슈. 이게 다 동네 일 아니겠수?"

민청원은 집요하게 할머니를 설득하면서 '성인학교 후원회 회장' 자리를 제안한다. 아낙네들을 혼내고 가르치며 이끌어 왔던 '마을 어른' 할머니가 기왕에 지키고 있었던 사회적 지위에 새로운 지위를 덧붙여 결부하는 방식으로 한글 교육에서 그 역할과 기능을 부여했던 것이다. '마을 어른'이라는 지위에 자부심을 느껴 왔던 호랑이 할머니는 이 제안을 거부할 수 없었다.

'마을 어른'과 '성인학교 회장' 지위가 결합되면서 할머니의 공간도 융합되기 시작했다. 호랑이 할머니의 생애 공간과 한글 교육 공간이 단절된 상태였다가 할머니가 회장직을 받아들이면서 두 공간이 이어졌고, 이로써 할머니는 더 이상 문맹자로 남아 있기 어려웠다. '마을 어른'의 자격에는 문제가 없었으나, 이제 '학교 어른'의 자리에는 그 자격에 결함이 생겼기 때문이다.

> 아이 어른 늙은이 전체 학생들이 쑤군거리었다. 낫 놓고 기역자도 모르는 호랑이 할머니가 학교의 무슨 회장이 됐느니 무슨 위원장이 됐느니 어떤 아이는 호랑이 할머니가 교장이 되었다고 떠들었다. 호랑이 할머니는 면구스러워 집으로 달려오고 말았다.
>
> (중략)
>
> "아니, 무슨 회장인가를 나이루만 허나? 공부가 든 게 있어야 안해?"

호랑이 할머니는 한글을 모르는 채로 더는 '마을 어른'의 지위를 유지할 수 없다는 위기를 직접 경험한다. 그리고 자신을 제외한 모두가 한글을 깨우쳐 가는 그 변화를 확인하면서 굳건한 벽으로 둘러싸인 자신의 세상에서 나와 한 번도 해 보지 않았던 일에 덤벼들 수밖에 없었다. 문맹文盲과 문식文識의 경계가 점차 자신의 목전으로 다가오자 점점 좁혀 오는 세상의 가두리망에 '고립'될까, 하릴없이 마음을 바꿀 수밖에 없었던 것이다.

호랑이 할머니는 이 말에 어금니를 뿌드득 갈았다. 한 동네서 같이 늙어 가면서 이런 말을 할 줄은 몰랐다. 남의 집에 와 손자를 보기까지 늙으면서 그 집 조상들 기젯날 하나 똑똑히 못 외우는, 아둔하기로 유명한 위인이 국문 몇 자 앞섰다고 나 공부 없는 것을 탓한다. 호랑이 할머니는 글이 만일 돌멩이라면 이가 온통 부서지는 한이라도 당장에 으드득 으드득 깨물어 삼켰을 것이다. 침을 꿀꺽 삼키고 이렇게 응수하였다.
"작은년이네 동생이지? 어디 우리 한 달 뒤에 봅세. 내 어깨너멋글루라도 자네 총기쯤은 무섭지 않으이……."
과연 한 달 뒤에 작은년이 할머니와 호랑이 할머니의 국문 실력은 천양지판이 되었다.

자리에 어울리는 지식을 갖추지 못했다는 결점은 할머니를 수치스럽게 만든다. 그리고 할머니는 수치심을 열정으로 바꾸어, 이를 악물고 독하게 그리고 빠르게 한글을 습득하고야 만다.

"나 아니고는 회장 재목 없다 해서 마지못해 나왔지만 무식꾼들의 어른 노릇하기 힘들더라."

한글을 깨우친 할머니는 군대에 간 손자에게 편지를 쓰며 성인학교 회장이 되었다는 자랑을 한 글자 한 글자 바로 적는다. 그리고 "무식꾼"들이라고 칭하며, 이제 막 문식文識의 경계 안으로 들어온 할머니는 저 경계 밖에 아직 문맹의 자리에 남아 있는 사람들을 비난한다. 그렇게 한글을 깨우친 한글학교 어르신으로 그 자리를 지켜 낸다.

토속적인 미학과 해학으로 이 소설은 한 농촌 마을에서 벌어진 우스꽝스러운 에피소드를 가볍게 다루는 듯 이야기를 진행시킨다. 그러면서도 인류의 역사에서 반복되는 문제를 고민하게 만든다. 새로운 변화를 거부하는 사람들을 보여 주며, 정말 이 변화가 필요한 것인가를 생각하게 만든다. 호랑이 할머니에게 정말 한글 교육이 필요했을까?

북에서 발표된 이 작품은 애초에는 "해방 후 조선 문학에서의 최대 걸작"이라고 칭송되었다. "민주건설에로의 장애물로 되는 봉건적 유습의 완고성을 폭로하는 그러한 부패한 완고성을 가지고 있는 인물들에 대하여 유모아하게 풍자함으로써 그러한 유습과 인습들을 근절할 목적"의 작품이며, "당의 영도성과 사회단체들의 역할을 바로 보이고 있"다고 고평되었다. 그러다가 1952년부터 1956년에 걸쳐 "문화인들 내에 있는 종파분자들"이 거론되면서, 이태준은 "부르주아 반동 작가"로 전락한다. "몽매와 미신의 화신"인 '호랑이 할머니'의 형상이 '기형적인 성격 파산자'로 그려졌고, 특히 "북방부 인민들을 우매하고 비문화적인 사람들로 선전"했다는 비난과 함께 1948년 북한에서는 이미 문맹이 퇴치되었다는 근거를 들면서 이태준이 "민주 개혁의 제반 성과들을 말살하려고 시도"했다고 비난받는다. 그렇게 이태준의 명성과 함께 이 작품의 가치도 함께 추락하고 만다.

이태준이 이 작품을 창작했을 당시를 상상해 본다. 한글을 깨우쳐 새 나라의 떳떳한 일꾼이 되자는 이데올로기에, 그저 자기 삶을 살아 내는 사람들을 살피며 이태준은 이데올로기의 허망함을 느끼지 않았을까? 실제 당시 문맹퇴치의 대상은 만 12세 이상 50세 미만의 남녀로 한정되었는데, 이태준은 굳이 예순다섯 살 할머니를 내세워 우스꽝스러운 사연을 적어 내려가며 무엇을 위한, 누구를 위한 변화인지 되묻고 싶었을 것이라고 생각한다. 삶의 실재와 이상화된 정치 이념 사이의 간극은 날빛이 들지 않는 그들에게 휭휭 불어드는 찬바람같이 느껴진다. 작가는 우스꽝스러운 언어들로 예리한 풍자의 의도를 담아 그 찬바람을 느끼게 해 주고 싶었는지 모르겠다.

지금까지 한 문인의 시선으로 해방기 혼란의 시대를 살았던 사람들의 이야기를 살펴보았다. 소설 몇 편을 대독代讀한 수준에 불과하지만, 우리 같은 평범한 사람들에게 해방은 무엇이었는지를 짐작해 보기 위한 시도였다. 필자의 좁은 소견에 해방 시기를 명확하게 평가할 수는 없지만, 80년이 지난 현재의 '나'가 이 기록들을 읽어 내려갈 때는 분명 계속 이 질문을 되풀이할 수밖에 없었다. 호랑이 할머니에게 정말 한글 교육이 필요했을까? 농민들 손에 쥐어지는 쌀알만큼이나 분명한 것이었을까? 나 또한 현처럼 계속 선택을 유보할 수밖에 없지 않았을까? 광명한 날빛 속 그림자에 갇혀 갈피를 잡지 못하는 두려움과 머뭇거림에 깊이 공감하면서, 80년이 지난 지금에도 인간의 연약함만이 인류의 역사에 반복되고 있다는 진실만은 확신할 수 있었다.

5장

해방의 두 얼굴, 환희와 공포
- 동북 지역 조선인 문학

전은주

해방 그리고 제자리 찾기

어제 훈춘 대팔령에서 마우재아덜하고 일본아덜이 볼디(세차게) 싸웠다는데 일본아덜이 배겨내지 못하고 돌기웠다우. 낮에 우둔한 철차(땅크)들이 와르르 짓쳐나갔는데 지금쯤은 회막동(도문)근처에서 마우재덜이 따발총을 뚜루룩거리면서 지랄질할게우 (중략) 이거 무슨 조왜(조화)가 터질지 근심스럽습꾸마.

— 최국철, 『광복의 후예들』, 2010, 8쪽.

1945년 8월 9일, 100만 명이 넘는 소련군이 중국 동북 지역을 신속하게 점령했다. 이로 인해 동북 지역에 거주하던 조선인은 전황의 급격한 변화를 직접적으로 체감했다. 특히 악명 높던 일본 관동군은 단 일주일 만에 처참하게 무너졌으며, 일본의 전세는 결정적으로 불리해졌다. 그러나 당시 조선인은 이런 급변이 곧 해방으로 이어질 것이라고는 전혀 예상하지 못했다.

춘원 이광수나 미당 서정주 같은 이들이 "적어도 일제 치하에 몇백 년은 더 있을 줄 알았다. 해방이 그토록 빨리 올 줄은 몰랐다."라고 고백했던 것처럼, 해방은 전혀 준비되지 않은 우리 민족에게 갑작스레 찾아왔다. 그래서 해방을 함석헌은 "우리가 자고 있을 때 도적같이" 왔다고 했고, 박헌영은 "자다가 시루떡을 받는 것처럼 왔다."라고 했다. 이처럼 해방은 민족사적으로 크나큰 감격이자 환희의 순간이었지만, 동시에 너무도 갑작스러웠기에 현실감이 결여된 '비현실적 사건'처럼 인식되기도 했다. 특히 조선 땅이 아닌 해외에서 해방을 맞이한 이들에게 그 실감은 더욱 희박했을 수밖에 없었다.

느닷없이 찾아온 해방은 35년 동안 일본 제국의 '신민'으로 종속되어 살아야 했던 조선인에게, 이제 스스로를 주체로서 새롭게 정립해야 하는 역사적 전환점을 의미했다. 해방, 즉 '광복'은 단순히 식민지 체제의 붕괴를 넘어 심리적·현실적 차원에서 빼앗긴 주권과 정체성을 되찾는 '제자리 찾기'의 과정이라고 할 수 있다. 따라서 많은 것들이 제자리를 찾아가기 시작했다. 총독을 위시한 일본 군인들과 일본인들이 쫓겨났고, 대동아 공영권이라는 담론도 허황해졌으며, 오족협화로 포장되었던 만주국도 소멸되었다. 그리고 고향에서 굶어 죽기보다는 새로운 땅에 대한 희망을 품고 남부여대하고 국경을 넘었던 조선인 빈농들이, 일제의 강제이주 정책에 의해 만주에 자리 잡아야 했던 농민들이, 징용으로 탄광이나 군수 공장에 끌려갔던 조선인 노동자들이, 징병이나 위안부로 전쟁에 동원되어 처참한 지경에 처했던 조선인들이, 독립운동을 위해 세계 곳곳에 흩어졌던 지사들이 제자리를 찾아 조국으로 되돌아오기 시작했다. 이제 고향을 떠난 모든 이들에게 고향으로 귀환할 수 있는 가능성이 열린 것이다.

그러나 그 가능성은 자주 이상론과 빗나가 새로운 참담함과 만나게도 한다. 세계 곳곳에 흩어졌던 조선인에게 고향으로의 귀환은 또 다른 차원의 치열한 투쟁일 수밖에 없었다. 물론 해방과 동시에 고향으로 귀환하는 경우가 많았지만, 귀환하고 싶어도 귀환할 수 있는 여건이 마련되지 않아 '너무 가고파 밤마다 베갯잇을 적시던' 이들조차 귀환하지 못하는 경우도 많았다.

그중에는 사할린 조선인처럼 정치적인 여건 때문에 아예 귀국 길이 막히거나, 일본에 강제징용으로 끌려갔다가 우키시마호 함선을 타고 귀환하다가 의문의 폭파 사고를 당해 영영 돌아오지 못한 경우도 있었다. 물론 희망을 가지고 귀환하더라도 고국에 삶의 터전이 없는 경우에는 고국의 빈민이 되고 말았다. 그래서 가난에 몰려 봇짐을 지고 야반도주했던 그때와 같은 험악한 현실에 놓이기도 했다.

오늘날의 중국조선족은 해방 이후 중국에서 귀환하지 못하고 남았던 조선인 디아스포라의 후손이다. 물론 그들에게 귀환과 정착 사이의 선택은 결코 용이하지 않았다. 당시 그들이 처한 환경은 복잡 미묘했다. 해방에 곧이어 한반도에서는 새로운 국가 건설의 이념과 정치적 주도권을 둘러싼 민족 내부 분열이 극심했다. 지리적으로 보면 38

선 이북은 소련군이, 이남은 미군이 점령했다. 그 분쟁은 각각의 경계 안에서도 치열하게 전개되었다. 한편 중국 역시 극도로 불안정한 정치적 상황에 놓여 있었다. 해방 이전까지 국민당과 공산당이 함께 공동의 적인 일본에 맞서 협력했으나, 일제의 존재가 무력화되자 곧이어 국공 양당의 치열한 주도권 싸움이 전개되었다. 이런 정치적 혼란은 동북 지역 조선인 디아스포라에게도 심각한 불안 요인으로 작용했다. 게다가 일제 패망 직후 동북 지역을 점령하던 소련군 역시 국민당 정부와의 협약에도 불구하고 자국 이익의 실현을 최우선 과제로 삼고 협의 이행에 소극적인 태도를 보였다.

이런 상황에서 해방 직전 200여만 명에 달하던 조선인 디아스포라 중 해방과 더불어 절반쯤이 조국으로 귀환하고, 나머지 절반은 중국에 정착한다. 물론 이 선택은 정치적 이념보다는 절박한 생존의 문제에 따른 선택이었다. 남은 사람들은 그들이 피땀으로 가꾼 이주지를 선택했다고 볼 수 있다.

그렇다면 왜 100만 명이나 되는 조선인들은 한반도가 아니라 그들의 이주지에 머물렀을까? 광복을 '제자리 찾기'라고 본다면, 그들의 '제자리 찾기'는 실패인가? 아니면 그것은 '또 다른 제자리 찾기'였을까?

해방의 두 얼굴, 환희와 공포

> 진탕을 밟으며 중국사람들 틈에 끼어 / 조그마한 기를 흔들면서 달음박질하는 아이들 / 산떼미 같은 전차가 지나갈 때마다 / 귀여운 두 팔을 나풀거리며 만세 만세 한다 / 세상에 태어나서 처음 쥐어보는 태극기 / 세상에 태어나서 처음 불러보는 만세 / 끓어오르는 뜨거운 눈물 속에서 / 나는 그네들 넋의 깨끗함을 고마워한다.
>
> — 박귀송, 「천사」(1947.3), 전문. (『태풍』, 1947, 10쪽.)

흔히 우리가 상상하는 해방은 감격과 환희의 또 다른 이름이다. 왜 아니겠는가? 1945년 8월 15일은, 엄격히 따져 35년이라는 일제의 식민지배가 끝나고 우리 민족이 드디어 우리의 땅과 이름을 되찾는 감격적인 사건이었다.

시인들은 앞다투어 해방의 순간을 노래하며 역사 속 감격의 장면을 기록했다. 한반도에서는 1945년 12월, 중앙문화협회에서 『해방기념시집』을 발간하며 시단에서는 처음으로 해방의 기쁨을 기념했다. 이어서 1946년 4월에는 박세영을 중심으로 조선프롤레타리아문학동맹 시인들이 『횃불』을 발간했고, 같은 해 8월에는 조선청년문학가협회 경남지부에서 『날개』를 발간했다. 이런 해방기념 시집들은 좌우를 막론하고 해방의 의미를 문학적으로 형상화하고 기념하는 데 중요한 역할을 수행했다.

이듬해 3월, 중국 동북 지역에서도 중국 동포들의 해방기념 시집으로 평가받는 『태풍』을 발간했다. 이는 한반도의 해방기념 시집보다 조금 늦게 출간되었지만 당시 내전이 진행 중이던 중국의 정세를 고려할 때 오히려 신속하게 해방의 감동을 시화한 것으로, 해외 조선인의 해방 인식을 공식화했다는 점에서 중요하다. 시집에 참여한 시인들 대다수는 만주 문단에서 활약하던 문인이었다. 만주 문단의 대표 주자였던 염상섭, 박팔양, 안수길 등이 해방과 함께 조국으로 귀환하고, 귀환하지 않은 자들은 기존 거주지에 남아 창작활동을 이어 가며 해방의 감격을 고스란히 시로 노래했다.

박귀송의 시 「천사」는 해방의 기쁨을 태극기를 흔들며 뛰어다니는 아이들의 모습으로 생생히 노래한다. 이 아이들은 만주에서 태어난 조선인 이주민들의 자녀들로 "세상에 태어나서 처음 쥐어 보는 태극기"를 흔들며 "세상에 태어나서 처음 불러 보는 만세"를 외친다.

왜 그 만세가 진정으로 처음 불러 보는 것인가? 그들이 여태 불렀던 것은 '천황폐하 만세', '대일본제국 만세', '만주국 만세' 같은 것밖에 없었다. 따라서 만세를 부르는 그 모습은 단순히 어린아이의 행위로만 그치지 않고, 조선인 모두의 진심에서 우러나는 '우리만의 만세'였다.

물론 여전히 그들이 처한 현실은 '진탕' 속이자 '중국 사람들 틈'에 끼어 있는 불안한 상태였다. 그러나 감격 그 자체인 해방은, 불안한 상황 속에서도 돌아갈 고향이 있다는 사실만으로도 든든하게 했다. 그리하여 피를 끓게 하는 이 감격은 한반도의 조선인이 느끼는 것과 달리 타 민족 사이에서 우리 민족의 자존감과 정체성을 확인하는 순간이었다.

1930년에 심훈이 「그날이 오면」에서 "그날이 오면 그날이 오면은 / 삼각산이 일어나 더덩실 춤이라도 추고 / 한강물이 뒤집혀 용솟음칠 그날이 / 이 목숨이 끊기기 전에 와 주기만 할량이면 / 나는 밤하늘에 나는 까마귀와 같이 / 종로의 인경을 머리로 들이받아 울리오리다 / 두개골은 깨어져 산산조각이 나도 / 기뻐서 죽사오매 오히려 무슨 한이 남으오리까"라고 통곡처럼 노래했듯이, 동북 지역 조선인의 해방 순간을 노래하는 시편 곳곳에, 마을이나 거리 등지에 모인 사람들이 모두 한뜻이 되어 '만세'를 부르고 광복의 감격을 경축하는 장면이 등장한다.

얼마나 부르고 싶었더냐, 바랐던 것이냐 / 빼앗겼던 조국을 다시 찾은 이 만세소리가 / 항일투쟁 때 / 세 아들을 왜놈에게 빼앗겼던 할아버지 / 채수염을 부르르 떠시며 / 《일장기》 짓밟고 서서 부르는 만세소리 / (중략) 만세소리 울려 퍼져 산울림 되고 / 환호성은 메아리로 하늘땅을 뒤흔들 듯 / 실로 땅속에서 뜬눈으로 묻힌 순국의 렬사들도 / 이 시각 꿈틀 돌아누웠으리라! / 아프고 쓰리던 한 많던 매듭이 / 영영 풀리던 날 / 잊지 못할 너 8월 15일이여!

— 설인, 「환호성」(1945.8), 부분. (『설인시선집』, 1999, 88쪽.)

1921년에 연길에서 태어난 설인은 「환호성」에서 다양한 인물이 목 터지게 부르는 만세 소리를 들려준다. 전쟁터에 세 아들을 빼앗긴 할아버지는 채수염을 부르르 떨며 일장기를 짓밟고, 밭에 나갔던 아버지는 무릎을 치며 환희로운 통곡을 만세소리에 싣는다. 원치 않던 전쟁터에 끌려갔다가 돌아온 마을 청년들은 거리를 뛰쳐나와 목청이 터져라, 나라를 되찾은 감격을 만세에 담아 목놓아 외친다.

설인의 시에 상징적으로 등장하는 이들 각각의 외침은 단순한 기쁨의 표출에 그치지 않는다. 이주 1세대로부터 그들의 후손에 이르기까지 오랜 세월 억눌렸던 울분과 한이 터져 나오는 순간이자, 민족의 수난과 투쟁의 역사를 아우르는 '드디어 되찾았다'는 상징적 선언이다. 나아가서 시인은 만세 소리가 메아리가 되어 하늘땅을 뒤흔들고 오랜 세월 땅속에서 뜬눈으로 묻혀 있던 순국열사들마저 되살아나는 모습을 통해, 단순히 식민 지배로부터의 해방이 아니라 잃어버렸던 민족적 영광과 자존감을 회복하고 민족심을 회복하는 사건으로 노래한다.

이뿐만 아니라 '해방'은 우리 민족을 상징하는 다양한 시적 기호로도 표상된다. 식민지 시기에 금지의 상징이자 독립의 표상이었던 '태극기'나 나라의 꽃인 '무궁화'를 노래한 시들도 자주 등장했다. 무궁화를 통해 되찾은 조국을 찬미하거나 해방된 땅 위에 펄럭이는 태극기를 묘사하는 것은 잃어버린 조국을 되찾았다는 자부심 그 자체였다.

또 하나 흥미로운 점은 이 시기의 시편에는 소련군이 해방의 유력한 방조자이며 정의로운 존재로 그려졌다는 점이다.

흥겨운 트럭우에 / 얼핏 보기에 낯설어도 / 그 보얀 얼굴 푸른 눈동자를 속속들이 보면 / 언제나 극진히 친해 본듯한 붉은 군대 / 자유롭게 흩어 앉아 돌아서서 / 나를 보고 우리를 보고 / 반갑게도 손을 들어 높이 들어 / 우라 우라 좋와라 힘끗 부르메로 / 우리도 우렁차게 / 우라 우라 불렀거니

- 리욱, 「그날의 감격은 새로워」(1949), 부분.
(『20세기 중국조선족 문학사료전집』, 2002, 38쪽.)

1945년 8월부터 1946년 5월까지, 이른바 '얄타협정'에 근거하여 소련군이 만주를 점령했다. 소련군의 대일 참전은 자국의 이익을 위한 정치적인 이해타산에서 비롯되었으나, 중국과 조선에서는 만주와 조선에 출병하여 일제를 몰아낸 소련을 '해방자' 또는 해방의 '방조자'로 받아들였다. 따라서 이 시기에 북에서는 이찬이 "우라-스타-린! / 우라-스타-린! / 조선 독립 만세! / 푸로레타리아 해방 만세!"(1946)라고 노래하고, 동북 지역에서는 리욱이 붉은 군대를 환호하며 '우라 우라' 외쳤다. 소련군을 향한 이런 환호와 감격을 통해 해방 당시 이북과 중국 동북 지역 조선인이 소련의 존재와 역할을 긍정적으로 수용했음을 확인할 수 있다.

물론 이 시기 해방을 노래한 작품들은 전체적으로 "해방이라는 역사적 순간을 포괄하는 시적 처리 방법이 지극히 단선적"이라는 비판을 받기도 했다. 그러나 해방의 감격이 벅차게 밀려올 때, 깨어나 잠들어서도 그 감동의 전율이 몰아쳐 올 때, 어찌 단선적으로, 직선적으로 드러내지 않을 수 있었으랴! 그러므로 해방 전후를 '빼앗김-슬픔'/'되찾음-환희'로 보는 도식에서는 이는 지극히 당연한 현상이다.

그러나 이런 해방 찬가에 담긴 환희의 이면에는 분명히 해방의 또 다른 민낯이 존재했다. 만세의 짧은 영광이 지나고 일상이 재개되었을 때, 낯선 이주지에서 하층민의 삶을 영위해 가던 대다수 조선인은 곧이어 닥쳐올 불확실한 미래에 대한 불안감과 공포를 감지했을 것이다. 해방이라는 기쁨은 예상치 못한 공포와 뒤섞이며, 새로운 현실 속에서 불안의 요소로 작용하기 시작했다.

1945년 8월 16일, 중국 동북 지역의 관동군은 일제의 패망에 따라 '즉시 전투 행동 정지' 명령을 받고 무장을 해제했다. 이후 주요 도시들은 신속하게 소련군에 의해 점령되었다. 하얼빈은 8월 18일에, 당시 만주국의 수도였던 신경(현 장춘)을 비롯해 심양, 길림 등은 19일에, 여순과 대련은 22일에 소련군에 의해 점령되었다. 곧이어 미처 피난 가지 못한 일본인을 향한 소련군의 무자비한 약탈과 폭행이 시작되었다. 소련군은 집집마다 쳐들어가 음식을 빼앗고, 여성들을 능욕했으며, 저항하는 이들에게는 총칼을 들이댔다. 특히 일본 여성이라면 나이와 관계없이 성폭력의 주요 대상이 되었다. 이런 폭력은 조선인과 중국인 여성에게도 영향을 미쳤다.

당시 조선인 여성들은 불상사를 피하기 위해 머리를 자르고 얼굴에 검댕을 칠하며 자신이 여자라는 사실을 숨겼고, 일부는 왼쪽 가슴에 붉은 깃발을 상징하는 붉은 수를 놓고 다녔다. 그러나 이런 노력에도 소련군은 일본인과 조선인을 제대로 구분하지 못했다. 그래서 조선인들 역시 이 공포에서 자유로울 수 없었다. 그들은 해방군이 아니라 또 다른 승냥이이자 이리였다.

훗날 이주 3세대인 조선족 작가 최국철은 장편소설 『광복의 후예들』에서 이 시기의 상황을 다음과 같이 묘사한다.

> 큰일 났다이, 일본아덜이 똘기우면 사는 맛이 날것 같드니만 (중략) 승내가 뒤문으루 도망가니 호랭이가 앞문으루 쳐들어오는구먼 (중략) 저 마우재덜은 암내 맡구 양해(발정)나문 아무짓이라도 마구 한다이, 이거 큰일이여.
>
> — 최국철, 『광복의 후예들』, 2010, 10쪽.

해방 이전, 많은 조선인은 해방만 되면 모든 억압이 사라지고 새로운 세상이 열릴 것이라는 낙관적 환상을 품고 있었을지도 모른다. 그러나 오랫동안 열망했던 해방은 막강한 권력을 행사하던 포악한 '늑대'보다 더 두려운 '호랑이'와 함께 찾아왔다. 표면적으로 소련군에 의해 그들을 속박했던 '신민'이자 만주국의 '이등 국민'이라는 굴레는 벗겨졌지만, 현실적으로 이제 그들은 남의 땅에서 진짜 '타자'로 전락하고 말았다. 이런 상황은 해방 이후 조선인의 기대와 현실 사이의 괴리를 극단적으로 보여 주는 사례로, 민족적 해방의 기쁨이 단순히 긍정적 현실로만 귀결되지 않았음을 시사한다.

이와 같이 동북 지역의 조선인은 해방이라는 역사적 전환점을 환희와 공포라는 이중적 현실로 맞이했다. 이는 단순히 특정 계층에 국한된 감정적 반응이 아니었다. 시인들이 해방의 환희를 노래했다고 해서 그들이 환희에만 몰두했으며, 민중이 오로지 공포 속에 머물렀다고 단정할 수는 없다. 물론 해방의 그 순간, 동북 지역의 모든 조선인들이 고국을 떠올리며 함께 만세를 외치고 조국의 노래를 부르며 환호했던 것은 사실이다. 그러나 그 환희의 이면에는 언제 폭발할지 모르는 불안과 두려움이 내재해 있었다.

그렇다면 당시 시인들이 현실을 직시하지 못한 것인가? 그렇지 않다. 시인들은 해방의 열망과 감격을 '현재적 서정'으로 형상화했던 것이다. 이는 단순히 감각적 표현이 아니라 시적 시간의 본질적 특성을 반영한 것이다. 시적 시간은 과거와 미래가 현재 속에서 응축되어 지속되는 시간으로, 역사적 서술이나 소설적 시간의 선형적 진행과 구별된다. 소설이 해방의 열망과 감격의 상승, 변질, 훼손되는 과정을 직선적으로 전개한다면, 시적 시간은 그런 변화의 흐름을 초월하여 모든 시간적 경험을 하나의 순간으로 응축하고 서정적으로 형상화하는 것이다.

해방은 우리 민족에게 일제 35년이라는 질곡에서 벗어날 자유를 선사했고, 잃어버린 민족적 정체성을 되찾는 역사적 전환점이었다. 비록 곧이어 그 해방의 감격이 점차 변질되고 이질적인 요소들이 뒤섞여 복잡해져 갔지만, 시인들은 그중에서도 가장 본질적인 사건인, 우리 민족의 공동체적인 열망과 감격에 집중했던 것이다. 물론 그들의 시어 속에도 희미하게나마, 그리고 어쩌면 상징의 형상으로 그 환희 속에 깃든 공포와 혼란과 두려움의 조짐이 새겨져 있을지도 모른다.

선택의 기로, 조선인에서 조선족으로

광복이 난후 배음하에서는 토비들이 어찌나 살판치는지 맘 놓고 살 수가 없었다. 가을의 어느날 밤, 총소리가 몇 번 울리더니 토비 10여 명이 마을에 들어와 집집마다 샅샅이 훑으면서 물건과 양식을 빼앗았다. 그때 우리 집에도 두 놈이 뛰어들어 몇 푼 안되는 돈과 물건을 빼앗았다. (중략) 기를 쓰고 반항했다가 나는 놈들의 몽둥이에 골을 맞고 피투성이가 되어 까무러치고 말았다. 그곳이 살 곳이 못 된다고 생각한 우리 부부는 지게에 짐을 싣고 오상현 리원툰으로 갔다.

- 윤영순 가족, 『중국조선족이민실록』, 1989, 67쪽.

1946년 5월, 소련군이 중국 동북 지역에서 철수를 시작했다. 과거 일제가 '만주국'을 내세워 지배하던 이 지역은 중공업이 발달했고 전력이 풍부했으며 관동군이 남긴 대량의 무기가 잔존하고 있었다. 이런 전략적 가치를 지닌 동북 지역은 해방 직후 국공 양당의 사활을 건 쟁탈전의 중심지가 된다. 그 틈바구니에서 조선인은 토비와 중국인으로부터 노골적인 보복과 폭력을 당하기 시작했다.

만주국 시기에 동북 지역의 조선인에 대한 중국인의 시선은 그다지 우호적이지 않았다. 일제가 한족 지주와 농민의 토지를 헐값으로 빼앗아 조선인에게 임대해 수전을 경영하게 한 정책은 한족의 원한을 깊이 샀다. 여기에 더해 일제가 의도적으로 민족 차별 정책을 시행하며 조선인과 중국인 사이에 깊은 갈등을 조장했다. 조선인은 일본인보다는 아래이고 중국인보다는 위라는 애매한 '이등 신민'이라는 지위를 부여받았다. 그러나 이는 허울뿐이었다. 실제로 만주국의 조선인은 돈도 권력도 없었기 때문에 중간자의 위치를 점유할 능력조차 없었다.

그럼에도 일제의 교묘한 민족 이간 정책은 이들의 관계를 더욱 갈라놓았다. 이를테면 일본인은 흰색 통장으로 고급스러운 입쌀을, 조선인은 누런색 통장으로 보리쌀을, 중국인은 적갈색 통장으로 콩깨묵이나 수수 같은 하급 식량을 배급받았다. 이런 배급 제도는 일제가 썼던 간교한 이간책이었다. 조선인과 중국인을 갈라놓는 방식으로 일제의 적대세력을 분산하는 술책이었다. 물론 또 일부 조선인 친일 세력은 일본의 앞잡이로 활동하며 중국인을 멸시하고 우월감을 드러내면서 두 민족 간의 갈등을 더욱 악화하는 데 일조하기도 했다.

일제의 패망 이후, 간교한 보호 장치가 사라지자 그동안 조선인에 대해 불만이나 증오심을 지녔던 일부 중국인, 특히 토비들은 억눌렸던 분노와 증오를 터뜨리기 시작했다. 이들은 조선인 마을을 습격하고 폭행이나 약탈, 살해 등을 자행했다. 국민당의 도망병, 만주국 군대 해산병, 살인자, 강도 등으로 구성된 이 토비 무리는 그 수가 20여만 명에 달했다. 이들은 일제 패잔병들로부터 무기를 압수해 무장하고 조직적인 노략질을 일삼았다.

기록에 따르면, 산간 지역의 조선인 마을 전체가 토비들에게 전멸당하기도 했다. 이른바 조선인을 향한 마녀사냥이 공공연히 이루어진 것이다. 이로 인해 해방 직후 동북 지역은 난장판 그 자체였다. 조선인은 단 하루도 마음 편한 날이 없었다. 여기에 더해 국민당의 강제 귀환 정책이 실시되면서 그들의 상황은 더욱 악화되었다. 해방 직전에 소련과 국민당이 체결한 '우호동맹'에 따라, 소련군은 철수하면서 국민당에 심양, 장춘 등 동북 지역의 대도시와 철도를 이양했다. 따라서 해방 이후 옛 만주국의 대도시는 거의 모두 국민당의 영향권에 놓이게 되었다. 해방 전부터 조선인을 부정적으로 인식하고 있던 국민당은 만주 문제와 연관된 '동북복원계획강요초안' 제16조에서, "일본 점령 시 동북 지역에 이주한 한인은 귀국을 명하고 그 재산에 대해서는 조례에 따라 처분한다."라고 명했다. 동북 지역의 조선인을 모두 송환한다는 방침을 제정한 것이다. 조선인이 힘겹게 개척했던 땅과 주거지, 재산은 일제의 잔재로 간주되어 몰수와 차압의 대상이 되었다.

> 일본놈들이 망하고 (중략) 그해 한해 농사를 다 지어놓고 탈곡까지 말끔히 끝낼가 하는데 난데없이 국민당군대가 또 뛰여들었다. 집을 포위하고 총구멍을 들어대며 입쌀을 내놓으라는 것이였다. 그해 한해 농사를 거저 몽땅 털리우고 말았다.
>
> - 김리숙 가족, 『중국조선족이민실록』, 1989, 88쪽.

1946년 4월부터 9월 사이에 국민당이 점령한 동북 지역에서 조선인은 무려 7만 900헥타르(709제곱킬로미터)에 달하는 토지를 빼앗겼다. 삶의 기반을 잃어버린 수많은 조선인은 더는 버틸 수 없어서 귀향길에 올랐지만 그 선택조차 쉽지 않았다. 무일푼으로 떠나왔던 그들이 고국으로 돌아가는 여정 역시 무일푼이었다. 고향에는 반갑게 맞아 줄 가족이나 친척이 없는 이들도 많았고, 만주에서 오랜 세월 살아온 이들에게는 이미 그곳이 제2의 고향처럼 자리 잡은 경우도 적지 않았다. 이렇게 현실적이고 심리적인 이유로 인해 일부 조선인은 귀향 대신 공산당 점령 지역으로 피난을 갔다.

국민당과 달리 공산당은 동북 지역의 주도권을 확보하기 위해서 조선인의 지지를 얻어 내는 것이 절실히 필요했다. 이에 따라 공산당은 조선인을 존중하는 다양한 정책을 적극적으로 펼치기 시작했다. 1946년에 연변 지역을 장악한 공산당은 그해 7월부터 1948년 4월까지 조선인을 대상으로 대대적인 토지개혁을 시행했다. 또 "중국 국민으로 중국 국민이 가지는 권리를 가지고 중국 인민의 해방전쟁에 참가할 수 있고, 조선이 외적의 침략을 받을 때는 원한다면 언제라도 조선 국민의 신분으로 조선에 돌아가 전쟁에 참가할 수 있다."라며 이중국적을 승인하며 조선인에게 유리한 입지를 마련했다. 가난한 농민에게 구제 양곡을 내주고 종자와 가축을 나눠 주기도 했으며, 황무지를 개간하고 농사도 짓게 했다.

이와 같은 정책은 조선인의 사회적·정치적 지위에도 중대한 영향을 미쳤다. 90% 이상이 빈농이나 소작농이었던 동북 지역의 조선인들은 공산당의 토지개혁을 통해 꿈에서나 그리던 땅 주인이 된 것이다. 이런 상황에서 아직 귀환을 결정하지 못했던 조선인들은 해방의 기쁨을 노래하던 데서부터 공산당의 토지개혁과 정책적 혜택을 찬양하는 방향으로 나아갔다.

제 나라 제 땅도 없는 그 신세 / 산도 설고 물도 설은 이국땅이라 / 강너머 고국하늘 바라다보며 / 남몰래 흘린 눈물 얼마였드뇨? / 기박한 고농살이 딱한 신세라 / 천근같은 그 멍에에 눌려 살던 몸 / 지주놈 학대마저 기막혔는데 (중략) / 황소같은 고역살이 50평생에 / 올바르신 토지개혁 향도로 하여 / 옥답이 차례진 꿈만 같은 새 세월 / 빈고농도 의젓이 허리 펼 날 왔으니 / 얼씨구나 절씨구나 제 흥에 겨워 / 고농살이 리령감도 덩실덩실 / 50평생 처음으로 춤췄다오.

– 김례삼, 「고농살이 리령감 춤췄다오」(1947), 부분. (『인생의 고행길』, 1994, 45쪽.)

이 시는 산도 물도 낯선 이국땅에서 평생을 소작농으로 고단하게 살아오다가 공산당의 토지개혁 덕분에 처음으로 자신의 땅을 가지게 된 조선인의 감격을 형상화한다. 이영감은 밤마다 고국 하늘을 바라보며 그리움의 눈물을 삼켰으나, 이제는 토지개혁에 허리를 펴고 "얼씨구나 절씨구나 제 흥에 겨워" 50 평생 처음으로 환희의 춤을 추었다. 이영감의 '춤'에 나타난 '현재성'에는, 19세기 말부터 청조의 엄한 봉금령에도 '월강죄'를 무릅쓰고 간도로 넘어가 농사를 짓던 세대들로부터 일제에 의해 만주국으로 강제이주를 당했던 조선인의 한 맺힌 역사가 담겨 있다.

동북 지역의 조선인 모두에게는 굶주림에서 벗어나고 싶다는 뚜렷한 목적이 있었다. 또 이들은 강제징용 등으로 일본에 건너가 상대적으로 짧은 기간을 지낸 조선인과 달리 일찍이 중국의 동북 지역에 터를 잡고 대를 이어 가며 가족 단위로 마을을 이룬 경우가 많았다. 이런 정착 형태는 이들의 귀환이 단순히 개인적인 이동이 아니라 가족 단위로 이루어지는 또 다른 이주의 형태였음을 시사한다. 그리하여 해방과 동시에 많은 사람이 제자리를 찾아 나섰고, 중국에서도 상해나 항주 일대의 조선인이 바로 귀향을 선택했지만, 동북 지역의 조선인은 선뜻 봇짐을 꾸리지 못했다. 이들은 마음속으로 늘 고향을 그리워했으나 고향으로 돌아가는 것은 현실적으로 쉽지 않은 선택이었다. 그래도 동북 지역에는 소작을 맡은 땅과 비바람을 피할 주거지라도 있었지만 오랜 세월 떠나 있던 고향에는 더 이상 그들을 기다릴 가족이나 생활 기반이 남아 있지 않은 경우가 많았다. 따라서 그들의 귀환은 단순한 탈식민지적 흐름 속에서 이루어진 민족정체성 회복의 과정이라기보다는, 경제적 요인을 고려하여 귀환과 정착 여부를 신중하게 결정해야 하는 복합적인 문제였다.

이런 상황에서 공산당의 토지 정책은 조선인들에게 거부하기 어려운 유혹이었다. 공산당의 토지개혁은 조선인에게 땅을 소유할 수 있다는 희망을 제시했다. 이는 고향으로의 귀환보다 현재 거주지에 정착하는 것이 경제적으로나 실질적으로 더 유리하다고 판단하게 만드는 요인으로 작용했다. 비록 공산당의 토지 정책은 조선인들의 지지를 확보하려는 전략적 목적에서 비롯된 것이었으나, 조선인들에게는 평생 소유하지 못했던 자기 땅을 가지는 전례 없는 기회였다. 이런 조건 속에서 공산당 점령 지역의 조선인들은 공산당에 대한 지지를 적극적으로 표명하기 시작했다. 이는 해방기의 동북 지역의 복잡한 역사적·경제적 조건 속에서 형성된 실질적이고 현실적인 선택의 결과였다.

장백산 높은 봉을 둘러싸고서 / 널따란 서북천리 뻗은 산하를 / 혁명의 총칼들고 넘나들면서 / 국민당 매국노를 때려부시자 / 우리는 이 강산의 젊은 일군들 / 민족의 큰운명을 걸머지고서 / 송화강 깊은물을 뛰여넘으며

— 박근식, 「우리의 사명」(1947.3), 부분. (『태풍』, 1947, 37쪽.)

이 시의 서정은 해방의 감격을 춤추고 노래하던 것과는 달리 격렬하고 투쟁적이다. 조선인들은 국민당과 토비로부터 느낀 공포와 억압을 투쟁적 의지와 적개심으로 바꾸었다. 그들은 '국민당 매국노를 때려부시자', '모주석의 나가라는 곳으로', '앞으로만 달려가리라' 등의 구호를 통해 자신들의 결의를 다짐하며 공산당과 함께 무장투쟁에 나선다. 이들의 투쟁은, '민족의 큰 운명'이자 조선인에게 주어진 또 다른 해방의 사명감이었다. 특히 "저기 인민이 부르는 곳으로"라는 구절은 공산당의 이념과 결속을 강조하는 동시에, 조선인의 주체적 자아를 확립하려는 의지를 반영하고 있다.

수많은 조선인이 공산당과 함께 무장투쟁에 나섰다. 이는 단순히 정치적 이념의 차원을 넘어 조선인에게 주어진 또 다른 자기 해방의 사명감과 같은 것이었다. 1946년부터 1949년 중국 건국 이전까지 공산당을 찬양하는 시문학 작품이 다수 창작된 것도 이런 시대적 배경과 밀접하게 연관되어 있다. 실제로 당시 공산당 점령 지역에서는 전체 조선인의 5%가 공산당에 가입했다. 이 수치는 조선인이 생존을 위해 공산당의 정책을 수용한 것에서 한 걸음 더 나아가 공산당의 혁명적 목표에 적극적으로 동참했음을 시사한다. 이는 공산당에 의해 토지라

는 생존 기반을 보장받고 신분과 지위가 상승하면서 그들 스스로 주체의식을 갖게 된 것과 연관된다. 그들은 공산당과 더불어 본인들이 개척한 땅을 국민당으로부터 지켜 내야 한다는 사명감을 지니고 중국 내 해방전쟁에 뛰어들었다.

> 몇 해 농사를 지으면서 사는데 일본이 망했다. 그 후 막내동생은 해방군에 참가했고 나도 장춘 해방전투가 한창일 때 담가대로 나갔다. 부상병들을 메어 나르는데 하루는 눈에 익은 사람이 있어 살펴보니 동생이었다. 그는 벌써 숨이 없었다. 죽은 동생을 본 나는 옆에 있는 총을 집어 들고 앞으로 뛰어가면서 마구 쏘아댔다. 그 이튿날 장춘이 해방되었다.
>
> — 림맹석 가족, 『중국조선족이민실록』, 1989, 203쪽.

결과적으로 수많은 조선인 청년들이 토지개혁으로 분배받은 자신의 땅을 지키기 위해, 이 땅의 새로운 주인이 되게 해 준 공산당의 '신세'를 갚기 위해, 총대를 메고 중국 해방전쟁에 참여했다. 더러는 전쟁에서 목숨을 바쳤고 더러는 불구의 몸으로 돌아왔다. 투쟁의 결과, 이후 중화인민공화국 건국과 더불어 조선인들은 피 흘려 싸운 공로를 인정받아 당당하게 중국 땅에서 주인이 될 수 있는 권리를 획득했다.

1945년 8월 15일, 해방은 중국 동북 지역의 조선인에게 두 가지 의미에서 '해방'을 가져다주었다.

첫째는 일제로부터 주권을 회복한 민족적 해방이다. 중국 동북 지역의 조선인들 또한 35년이라는 일본의 식민지배에서 벗어나 민족적 주권과 정체성을 회복하는 기회를 맞이했다. 그러나 그 과정이 단순히 감격과 환희로 점철된 순간만은 아니었다. 해방은 환희와 감격, 공포와 불안이 공존하는 복합적 산물이었다. 민족적 정체성을 회복하는 과정에서 동북 지역의 조선인들은 일제의 억압을 극복해 나갔지만, 그와 동시에 새로운 권력 구조 속에서 생존을 모색해야 하는 도전에 직면했다. 그들은 토비들과 국민당의 위협, 불안정한 현실을 통해 해방이 단순한 축복만이 아니라 새로운 투쟁의 시작이었음을 자각했다.

둘째는 공산당의 토지개혁을 통해 소작농에서 자작농으로 전환되면서 생산과 분배의 주체로 자리 잡은 경제적 해방이다. 이는 조선인이 한반도에서부터 이어져 온 농노와 같은 위치에서 벗어나 주체적 생산자로서의 정체성을 새롭게 구축하는 계기가 되었다. 이런 변화는 그들에게 이전에는 결코 경험하지 못했던 전례 없는 감격과 환희를 제공했다. 특히 공산당의 토지개혁은 조선인에게 단순한 경제적 변화 이상의 의미를 지녔다. 이는 그들이 새로운 사회적 지위를 획득하는 과정으로, 이를 위해 수많은 조선인은 자발적으로 중국 내 해방전쟁에 참여하여 상당한 희생을 감수했다.

결과적으로 중국 동북 지역의 조선인은 지속적인 투쟁과 희생을 통해 새로운 역사적 주체로 자리매김했으며, '조선인 디아스포라'라는 이주민 정체성에서 벗어나, '중국조선족'이라는 새로운 정체성과 사회적 위상을 확립했다. 이는 해방 이후 그들이 찾은 '새로운 제자리'였다.

6장

적지에서 부르는 해방 찬가
- 재일조선인 문학

전영선

'고향'을 말할 수 없는 사람들의 해방

해방으로 재일조선인은 디아스포라가 되었다. 디아스포라diaspora. 사전적인 의미로 '디아스포라'는 특정 민족이 자의나 타의에 의해 살던 땅을 떠나 다른 지역으로 이동하여 집단을 형성하는 것 또는 그러한 집단을 의미한다.

디아스포라는 자신의 정체성을 나타내기 위해서 필연적으로 두 가지 이상의 국가를 말해야 한다. 현재 살고 있는 본국과 뿌리가 된 국가다. 영어로는 모두 '코리언Korean'으로 지칭되는 사람들이 한국어로는 누구를 가리키느냐에 따라 여러 호칭으로 불린다.

일본에 있으면 '재일'이고, 중국에 있으면 '재중'이고, 러시아에 있으면 '재러'다. 그리고 현지에서 불리는 호명 또는 본국(모국? 조국?)에서 부르는 명칭이 따라온다. 한반도에서 일본으로 건너갈 때의 국적은 '조선'이었다. 본디 조선은 일제 식민지 시기에 한반도인의 국적이었다. 하지만 나라를 잃은 이후 국적이 힘을 잃었고, 1945년 남북이 따로 정부를 수립한 이후 조선은 실체 없는 기호가 되었다. '재일조선인'은 일본에 있는 '조선인'이다. 이들을 부르는 명칭은 다양하다. 재일동포, 재일교포, 재일한인, 재일한국인, 재일조선인, 재일한국·조선인, 재일코리언, 재일(자이니치) 등이다. 이런 혼란은 국적, 이념, 정체성을 둘러싼 복잡한 이해관계와 일본에서의 역사적 경험 차이에서 비롯된 세대별 변별성이 주된 원인이었다.

해외 코리언에게 명칭이 중요한 이유는 삶의 뿌리와 관련되기 때문이다. '재일'이라는 명칭에서 확인되듯 이들이 살고 있는 일본은 재일조선인의 뿌리가 아니다. 일본은 그냥 현재 살고 있는 나라일 뿐이다. 언젠가 돌아갈 곳, 돌아가야 할 곳, 잊지 말아야 할 곳은 따로 있었다.

학술적으로 고상하게 표현된 '디아스포라'의 실존은 어떠했을까. 재일조선인의 실존적 내면은 언어로 표현할 수 없는 황량함으로 채워졌다. 재일조선인 문학에서 '해방'은 하이라이트가 아니다. 식민지 국민으로 적국에 살던 재일조선인에게 해방은 식민지 생활을 청산하고 새로운 세상으로 향한 역사적 순간이기보다는, 포위된 적국에서 살아가야 하는 다른 형태의 세상으로 향하는 문일 뿐이었다. 해방 80주년을 맞이한 현재에도 재일조선인은 여전히 현지민 속에 섞이지 않은 '내부화되어야 할 외부'로서 이방인으로 취급받고 있다. 하물며 적지에 살았던 80년 전 재일조선인의 생활을 어찌 말로 다 표현할 수 있을까.

자발적인 경우도 있지만 일제의 한반도 침략으로 국가의 존재도 없는 국권을 상실한 시기에 타국으로 떠난 이들이 겪었을 고초와 설움은 이루 말할 수 없었을 것이다. 거주국에서 소수자로 존재할 수밖에 없는 디아스포라는 기본적으로 '다수자 대 소수자'라는 벗어날 수 없는 권력 관계에 있었다. 재일조선인에게 "일본은 제도화된 차별과 '재일조선인 자연소멸론'과 같은 동화주의적 정책을 통해 재일 조선인을 철저하게 '내부화되어야 할 외부'로 이중 취급했다(김예림, 2009, 353~354쪽)."

재일조선인에게서 '재일'이란 기표는 무엇보다 돌이킬 수 없는 불우성을 의미했다. '재일'은 조선에서 일본으로 건너간 세대에 국한되지 않았다. 재일조선인 자식 세대들도 일본 사회에서 멸시를 받으면서 스스로 죄 많은 자, 수치스러운 자, 마이너스의 가치를 지닌 자로서 인지되는, 대를 이어지는 차별의 기호였다.

1914년 3월 3일생으로 식민지 조선에 태어나 평양고등보통학교 5학년 때 항일시위를 하다 퇴학당하고, 일본으로 밀항하여 도쿄제국대학에 입학했으며, 소설 『빛 속으로』를 일본어로 써서 아쿠타가와상 후보에 올랐던 김사량은 이 소설에서 감시당하는 재일조선인의 생활을 다음과 같이 드러낸다.

곰곰이 생각해 보니, 훨씬 오래전부터 그 애는 나를 의심의 눈초리로 감시하면서 맴돌고 있었던 것 같았다. 때때로 내가 말꼬리가 걸려 혀가 제대로 돌아가지 않거나 하면 곧장 흉내를 내며 필요 이상으로 웃어 대곤 했다. 그는 처음부터 내가 조선 출신이라는 것을 짐작하고 있었음이 틀림없다.

- 김사량, 『빛 속으로』, 2021, 23쪽.

그러던 어느 날, 나는 결국 참다못해 얼굴이 시뻘게질 만큼 화가 나고 말았다. 그때도 나는 교실에 내려가 아이들과 놀고 있었는데, 하루오가 일부로 두세 번 내 주의를 끌더니 갑자기 별 이유도 없이 화를 내며 옆에 있던 작은 여자아이의 가슴을 밀치고 그야말로 잔인하게 구타하는 것이었다. 여자아이는 울면서 도망쳤다. 그는 도망치는 아이를 쫓아가면서
"조센징 자바레, 조센징 자바레!"
하고 외쳤다.
'자바레'는 '잡아라'라는 의미의 조선어로, 조선에 이주한 일본인이 곧잘 사용하는 말이었다. 물론 여자아이는 조선인이 아니었다. 나를 향해 보란 듯이 한 말이었을 것이다.

- 김사량, 『빛 속으로』, 2021, 24쪽.

식민지 조선의 국민으로 '일본에 살게 되었다'는 것이 무엇 혹은 어떤 것을 의미하는 것일까? 한마디로 상실이다. 생존을 위해 정체성을 드러내기 어려웠고, 정체성을 감추는 것은 굴욕을 감내해야 하는 일이었다.

언어를 비롯한 생활 전반에서 일본으로 동차될 것을 강요당했다. 조선인이라는 민족 집단에 속해 있다는 것은 일본 사회로부터 끊임없는 배제나 차별을 받아야 한다는 것을 의미했다.

1945년 해방 후에도 일본에 머물게 된 약 60만 명의 재일조선인들은 일본으로부터 '동화 아니면 추방'이라는 압력을 받아 왔지만 '대한민국 국민화'로부터는 비교적 일정 정도 거리가 있었다. 1965년까지는 일본과 한국 사이에 국교가 없었으며 많은 재일조선인들은 사실상의 무국적인 '조선적' 상태에 놓여 있었기 때문에 한국에 자유롭게 오가는 것조차 쉽지 않았다. 한국 정부 입장에서도 보면 일본 영역 내에 아직 '국민화'되지 않은 수십만의 조선인이 존재하고 있었던 셈이다.

1965년에 일본과 국교를 맺는 과정에서 한국 정부는 이들 재일조선인의 '국민화'에 착수한다. 구체적으로는 '국민등록'이라는 절차를 통해 한국 국적을 명확하게 취득한 자에게만 여권을 발급해 주었다. 친척 방문, 성묘, 유학, 상용 등을 목적으로 한 한국 입국을 인정하는 절차였다. (중략) 바꿔 말하면 어떤 사정으로 '조선적'에 머무르게 되어 '한국적' 등록을 거부한 사람, 즉 한국으로의 '국민화'를 받아들이지 않은 사람에게는 고향을 왕래할 수 있는 권리도, 일본에 안정적으로 거주할 수 있는 권리도 주어지지 않았다.

    - 서경식 지음, 권혁태 옮김, 『언어의 감옥에서 : 어느 재일조선인의 초상』, 2011,
54~55쪽.

그럼에도 정체성을 강요받는 상황에서는 한국이라는 국가의 국민적 귀속을 의미하는 한국적이 아니면, '조선민주주의인민공화국'의 기표로 이해되었다. '총련'계 재일조선인은 80% 이상이 남한을 고향으로 둔 사람들이었지만 조국은 북한이어야 했다(하상일, 2011, 109쪽). 국가와 민족이 일치하지 않은 상황에서 조국과 고향의 불일치는 재일조선인을 '동포'로 바라보기보다는 오히려 '적'으로 규정했다. '적'이 아님을 적극적으로 증명하지 않으면 그대로 '적'으로 간주했다. 한반도의 분단은 곧 재일조선인 사회의 분단으로 이어졌다.

정체성을 확인하고자 한국과 일본 중 어디를 택할지 묻기도 한다. 독도가 어느 나라 영토인지를 묻기도 하고, 스포츠 경기에서는 한국과 일본 중 어디를 응원하느냐를 묻기도 한다. 재일조선인뿐만 아니었다. 동포를 만나면 이들에게 정체성을 확인하듯 던져진 질문이었다. 코리언 디아스포라를 바라보는 대다수 한국인의 심리적 기층에는 '동질화 욕구'가 강하게 자리 잡고 있었고, 때론 강박증에 가까운 형태로 표출되기도 했다.

> 일본에서 태어나고 자란 재일동포들에게 '한국'과 '일본' 중 하나를 선택하라는 것은 잔인한 질문이다. 재일동포들은 자신이 기원을 둔 한국에 소속감을 느끼는 동시에 자신이 태어나고 자란 일본에도 소속감 및 친근감을 느끼는 경우가 많기 때문이다. 재일동포들이 복합적이고 혼성적인 귀속의식을 가지고 있을 수 있다는 사실을 고려하지 않은 채 단 하나의 소속을 선택하라고 요구하는 것은 때때로 그들을 곤혹스러움과 마주하게 한다.
> — 윤다인, 「모국수학이 재일동포의 민족정체성에 미치는 영향에 관한 연구」, 2012, 123~124쪽.

이런 질문은 일제 식민지 기간 내내 재일조선인에게 강요된 질문이었을 것이다. '너는 누구냐?', '너는 일본인이냐? 조선인이냐?', '일본에 왜 왔느냐?', '너는 어느 편이냐?'라는 강요의 연속이었을 것이다.

해방으로 재일조선인은 일본에 있는 외국인이 되었다. 미국인처럼 전승국의 국민으로서 외국인이 아니라 패전으로 빼앗긴 국가의 국민이었다. 어제까지 식민지였는데, 이제는 잃어버린 나라의 백성이었다. 재일조선인이 마주해야 했던 현실은 일본인의 증오와 질투였을 것이다.

해방과 '기민棄民', 또 다른 해방 투쟁

광복은 재일조선인에게 어떤 의미였을까? 해방이 곧 식민지배 이전 조선으로의 복귀를 의미하는 것이었을까? 식민지배로 일본에 살게 되었다고 해서 광복이 곧 본국으로의 귀환을 보장하지 않았다. 국제정치는 여전히 냉엄했다. 승전국인 미국은 패전국 식민지 조선인의 안위를 신경 쓰지 않았다. 패전국인 일본의 상황도 다르지 않았다.

고향으로 돌아가기를 희망한다고 해도 한반도의 상황이 맞지 않았다. 한반도의 북쪽이나 남쪽 고향에서 태어나 자란 사람은 갈 곳이 분명했다. 하지만 김시종 시인처럼 원산에서 태어나 제주도에서 생활한 조선인이나 남에서 태어나 북에서 생활한 조선인도 있었다. 출생지로만 이들의 귀환지를 결정하기에는 상황이 복잡했다. 수형자도 있었다.

그런데 문제는 이런 어려움을 주체적으로 해소할 공식 창구가 없었다는 것이다. 해방의 기쁨이 잠시였던 것도 해방 이후의 모든 상황이 불확실했기 때문이었다. 해방 이전의 조선은 없어졌다. 정체성을 결정하는 국가와 민족에서 조선은 공백이었다. 재일조선인의 '귀국 문제'와 '국적 문제'는 간단하게 해결될 수 있는 것이 아니었다. 한반도는 두 체제로 갈라져 있었다. 정부가 수립되고 협상이 진행되기 전까지 재일조선인은 일본으로부터 버려지고 보호해 줄 국가가 부재하여 기댈 곳 없는 유랑민, 기민棄民이었다. 1945년 해방 후에도 일본에 머물게 된 약 60만 명의 재일조선인은 일본으로부터 동화 아니면 추방이라는 압력을 받았다. 1965년까지는 일본과 한국 사이에 국교가 없었다. 재일조선인은 사실상 무국적인 '조선적' 상태였다.

재일조선인에게 귀국 문제가 더 큰 이슈이었던 것은 오히려 1960년대였다. 해방과 정국 혼란, 6.25 전쟁으로 재일조선인 문제는 뒷전으로 밀려났다. 재일조선인에 대한 귀국사업이 먼저 시작된 것은 북한이었다. 1959년 12월에 북조선으로 떠난 제1차 귀국선이 니가타항을 출발해 청진으로 향했다. 한국은 아직 수교 회담 전이었다. 이 귀국사업이 1959년 이후 몇 해 동안은 재일조선인 사회에서 국교 정상화를 위한 한일 회담과 함께 가장 큰 이슈였기 때문에 김달수, 허남기, 김석범, 김시종, 이회성 등의 문학에서도 니가타 귀국사업은 단골 소재였다.

일본의 패전으로 일본에 있던 조선인들은 버려졌다. 일제 강점기 조선인의 신분은 일본이었다. 해방으로 재일조선인들의 국적은 다시 조선이 되었다. 하지만 조선의 실체가 없었다. '국권을 회복'했다고는 하지만 재일조선인이 의탁할 조선은 없었다. 본국의 상황은 어지러웠다. 패망한 일본이 자국민도 아닌 재일조선인을 보호할 리 만무했다.

재일조선인 작가로 외국인으로서는 처음으로 아쿠다가와 문학상을 받은 이회성의 삶 자체가 당대 현실이었다. 이회성은 1935년에 사할린에서 태어났다. 12세 되던 해인 1947년에 일본인들 틈에 끼어 일본으로 이송되어 오무라 수용소에 수감되었다가 삿포로시에 정착했다. 이회성은 해방이 되었음에도 모국으로 갈 수 없었다. 전쟁이 끝났어도 강제 모집이나 징용으로 고향을 떠나야 했던 그들에게 조국으로의 귀환이라는 요구가 받아들여지지 않았기 때문이었다.

이처럼 재일조선인에게 해방은 너무나 큰 결과를 가져올 수밖에 없지만 예측하기 어려운 선택지였다. 귀국할 것인가? 귀국한다면 어디로 갈 것인가? 북으로 갈 것인가? 남으로 갈 것인가? 고향으로 갈 것인가? 먹고살 곳을 찾아 도시로 갈 것인가? 이런 문제는 여전히 진행형으로 남아 있었다. 재일조선인 중에는 일본인과 결혼한 사람도 있었다. 어렵게 뿌리내린 일본을 떠나기는 쉽지 않았다.

일본에 남는다고 해서 문제가 해결되는 것도 아니었다. 일본에 남는다면 가족이 모두 일본에 남을 것인가? 어디에 남을 것인가? 아이들을 위해 어디에 소속되어야 할까? 일본 생활의 문제도 여전했다. 본국에서 진행된 분단을 보면서 재일조선인 공동체의 상황도 살펴야 했다. 어느 조직에 속하는 것이 좋을지도 알 수 없었다. 불확실함의 연속이었다. 재일조선인에게 일본이라는 국가와 화해하거나 일본 국민과 함께 살아갈 가능성은 높지 않았다.

해방 후 조선인은 귀국을 강력히 희망했다. 1945년 8월 15일에 일본의 패전 소식을 들은 재일조선인은 일본 동서남북 각지에서 한반도를 향하는 항구로 몰려들었다. 시모노세키, 센자키, 하카타, 사세보, 마이즈루, 하카타, 우라가, 미이케, 우스노우라, 모지, 유노쓰, 후시키, 나나오, 니가타 등으로 몰려가 귀국하는 배편을 찾았다.

재일조선인의 배편은 역설적으로 해외에 있다가 귀환하는 일본인 引揚者ひきあげしゃ(히키아게샤)을 위한 수송선이었다. 히키아게샤는 1868년 메이지 유신 이후 1945년 일본 제국의 패망까지 일본의 식민지였던 조선, 만주, 대만 등에서 거주했다가 귀국하는 일본인을 가리키는 명칭이다. 일본의 패전으로 한반도나 만주 등지에 있었던 일본인의 귀환 문제가 논의되었고, 1945년 10월 10일부터 본격적으로 송환이 시작되었다. 만주와 한반도 곳곳에 살던 일본인들이 부산항으로 밀려왔고 배를 타고 일본으로 들어왔다. 일본인을 송환하기 위해 다시 나가는 배편에는 일본에서 조선으로 향하는 조선인을 태웠다.

1946년 2월, 연합군의 지령에 따라 조사한 귀국 희망자는 전체 64만 7,006명 중 51만 4,060명이었다. 그러나 일본 후생성의 조사에 따르면 1946년의 귀국자는 8만 2,900명으로 16%에 그쳤다(박광현, 2023, 18~19쪽). 일본에서 한국으로 향하는 공식적인 귀국의 길이 어려워지자 밀항이 대안으로 고려되기도 했다.

일본에 남아 재일조선인으로 산다는 것은 어떤 의미인가. 패전한 뒤 나락으로 떨어진 일본에서 재일조선인으로서 먹고산다는 것은 곧 멸시와 차별을 인내하는 치열한 생존 투쟁이나 다름없었다.

아버지는 일본인이 한국인을 차별한다고 화를 내고, 멸시당하는 일에 대해 왈가왈부했다. 남수는 그런 아버지의 울분을 전혀 이해하지 못하는 것은 아니다. 한국인이 일본에서 어떤 대접을 받고 있었는지, 그는 어차피 일상생활이 가르쳐 주고 있었다. 아들인 남수도 어느 정도는 그러한 아버지의 울분을 이해할 수 있었다.

-이회성 지음, 김숙자 옮김, 『죽은 자가 남긴 것』, 1996, 109쪽.

해방의 기쁨도 잠시, 재일조선인에게 남겨졌던 선택은 세대를 이어 간 고민이었다. 재일조선인의 자기 서사를 연구한 신승모는 재일조선인의 자기 서사를 세대별로 다음과 같이 설명한다.

재일 1, 2세대의 의한 자기서사는 남성 지식인의 회고 및 증언의 형태를 띠는 경우가 많고, 그 내용은 주로 식민지와 전쟁, 그리고 전후의 일본 사회를 살아오면서 겪은 고난과 조국(한반도)에 대한 향수와 정을 담은 내용이 개인사와 어우러지면서 기술되는 사례가 많음을 알 수 있었다.
이어서 1980년대 후반부터는 여성과 젊은 재일세대의 발화가 증가하면서 좌담회와 같은 자리를 통해 10대, 20대의 젊은 세대들이 생각하는 국적문제, 아이덴티티, 문화, 그리고 여성의 시각에서 바라보는 재일사회의 결혼, 가족, 직업, 일상 등에 대한 내용을 자주 접할 수 있었다. 요컨대 재일 1, 2세대의 자기서사에는 과거 식민 경험과 기억의 전승을 통해 개인적이면서도 조선민족의 집합적 정체성을 구축하는 측면이 두드러지고, 1980년대 후반부터는 재일 3, 4세대와 여성들의 발언을 담은 기사가 많아지면서 재일문화와 담론 형성에서도 다원화된 양상을 보여 준다.

- 신승모, 「재일에스닉 잡지에 나타난 재일조선인의 자기서사」,
박광현·허병식 편, 『재일조선인의 자기서사의 문화지리 I』, 2023, 135~136쪽.

재일조선인의 문학이 갖는 특징의 하나는 자전自傳적인 소설, 사소설이 많다는 것이다. 자전적인 소설이나 사소설은 개인의 경험을 기반으로 한다. 사소설은 일본에서 특히 발전한 소설이다. 사소설이란 무엇인가. 『일본국어대사전日本國語大辭典』에 따르면 "작자 자신을 주인공으로 하여 작자의 신변에 일어난 경험과 심경 등을 쓴 소설"이다. 일본에서는 1907년 메이지 말기 다야마 가타이田山花袋의 『이불蒲團』로 시작해, 다요시부터 쇼와 전기에 걸쳐 전성기를 맞았고, 현대에는 니시무라 겐타西村賢太까지 이어져 온 소설 형식 또는 기법이다. 이처럼 사소설은 일본 근대문학의 이른 시기에 존재했고, 지금까지 이어 내려온 소설 형식이다. 하지만 그 평가는 좋지 않았다(우메지와 아유미, 2023, 174쪽).

재일조선인 문학가들은 많은 작품을 '자전', '사소설' 형식으로 발표했다. 하지만 이들 작품에 묘사한 삶은 온전히 개인의 삶이 아니었다. 개인적인 삶일 수 없었다. 자전적인 소설이라고 하지만 나라 잃고 버려지고 보호받지 못하고 살아온 가족의 역사가 있었으니, 이들의 문학은 문학을 넘어 기록이고 어쩔 수 없는 재일조선인 작가의 외면할 수 없는 자기 서사의 특징이 되었다. 자전이라는 형식을 빌린 재일조선인의 기록이었다. 재일조선인 문학가에게 문학은 자기 서사의 기록이자 역사 기록이며, 재일조선인들의 목소리를 대변하는 발화, 그 자체였다.

진짜를 찾는 자기 서사의 기록, 재일조선인 문학

재일조선인의 문학에서 해방은 일제 강점기에서 해방으로 이어지는 역사적 순간, 해방 이후 재일조선인들이 경험한 새로운 갈등과 정체성의 재구성을 의미했다. 재일조선인에게 해방은 기쁨과 희망인 동시에 분단된 조국으로 인한 새로운 혼란과 갈등, 정체성의 문제, 한반도 문제와 연결된 예기치 않았던 새로운 비극으로 연결된다.

식민지 조선인의 삶을 살필 수 있는 작품으로는 아쿠타가와상 후보에 올랐던 재일한국인 문학가 김사량(1914~1950)의 『빛 속으로』와 김석범의 한글소설 「화산도」를 비롯하여, 이회성(1935~2025), 이양지(1955~1992), 유미리(1968~) 등의 작품이 있다. 이들은 재일조선인 문학자로서 '재일'이라는 문제의식을 문학으로 수렴했다. 하지만 이들의 상황은 각각 달랐다.

김사량은 앞서 언급한 것처럼, 1914년에 식민지 조선에 태어나 이후 일본으로 밀항하여 도쿄제국대학을 수료하고 일본어로 문학 활동을 했다. 『빛 속으로』를 일본어로 써서 아쿠타가와상 후보에 올랐고, 일본의 정책을 정면으로 비판하는 작품 『천마』, 『풀이 깊다』를 일본어로 발표했다.

김석범은 1925년에 오사카에서 태어났다. 일제 강점기에 한반도에서 일본으로 건너간 1세대는 아니었다. 김사량이 일본인에게 조선인에 대한 차별을 고발하기 위해 일본어로 창작했다면, 김석범은 한글 작품으로 재일조선인의 정체성을 탐색했다. 그의 생애는 해방을 전후한 재일조선인의 복잡했던 상황 자체였다. 일본에서 태어났지만 제주도를 근원적 고향으로 삼았던 작가였다. 김석범의 청소년기는 '식민지 시대 일본에서 보낸, 한의 세대'라고 불린다. 김석범은 항상 일본에서 벗어나려고 발버둥 쳤지만 복잡한 한반도의 상황이 이를 허락하지 않았다. 김석범은 제주도를 떠나 또다시 일본으로 되돌아가 1945년 8월 15일을 도쿄에서 맞이할 수밖에 없었다(다케다 세이지, 2016, 111쪽).

반면 유미리는 일본에서 태어나 일본어를 모어로 문학 활동을 했다. 1968년에 가나가와현 요코하마시에서 태어났고 1988년에 첫 작품인 희곡 『물속의 친구에게』를 발표했다. 1992년, 희곡 『물고기의 축제』로 일본 최고 권위의 희곡상인 기시다 희곡상의 최연소 수상자가 되었다. 그리고 1997년에 『가족 시네마』로 제116회 아쿠타가와상을 수상했다(유미리, 2005, 67쪽). 그리고 시인 김시종은 해방 이후에 일본으로 건너갔다. 일제 강점기에 일본으로 건너간 것은 아니지만 식민 이후의 연장선상에서 일본으로 건너갔기에 오히려 일제 강점기에 한반도에서 일본으로 건너간 1세대의 문제의식을 공유한다.

이들 작품을 통해 식민지 국민으로서 일본 땅에서 겪었던 재일조선인의 복잡한 해방 풍경을 소추할 수 있다. 재일조선인은 해방과 함께 재일을 던져 버리고 '조선인'이고 싶다는 이상이 있었다. 하지만 현실은 여전히 '재일'이라고밖에 할 수 없었다. 이회성과 이양지를 비롯한 재일조선인 문학가들의 문학세계는 모두 '재일'이라는 현실을 받아들이고 자신이 어떻게 살아가는가라는 자각에 도달했다. 두 '재일' 작가가 이 같은 지점에 도달하는 데는 사소설이라는 형식(방법)을 통한 '다층적 자아'와의 대화, 그리고 그를 통한 '자기상'의 변화가 커다란 도움이 되었다(우메지와 아유미, 2023, 186쪽).

재일조선인 문학은 언어와 공간의 문제를 제기한다. 문학에서 언어는 유일한 표현 수단이다. 하지만 '재일'이라는 상황으로 모어를 온전히 모국어로 받아들일 수 없었다. 하지만 재일조선인 문학이 온전하게 시대를 대변하기에는 한계가 있었다. 재일조선인 문학자들은 모어와 모국어, 한국조선어와 일본어의 분열을 경험했다.

서경식은 식민주의의 결과로 탄생한 재일조선인은 모어인 일본어와 조선어의 분열 속에 살아가고 있는 존재일 수밖에 없으며, 이런 상황은 삶의 현장인 일본과 정치적 귀속처인 '조선'에서 모두 이해받지 못하고 있음을 지적한다(허병식, 2023, 73쪽).

이전에 나는 『소년의 눈물』이라는 작품으로 일본 에세이스트 클럽상을 받은 적이 있다. 수상 이유는 "뛰어난 일본어 표현"이란다. 수상 연락을 받았을 때 내 마음은 복잡했다. "일본어 표현이 뛰어나다."는 것은 그만큼 내 골수까지 일본어가, 그리고 일본어에 바탕을 둔 일본적 정서가 침투해 있다는 것을 뜻하기 때문이다. 수상 인사말을 통해 나는 다음과 같이 말했다.
"구식민지 종주국인 일본에서 태어난 나는 원래는 모어여야 할 언어(조선어)를 이미 박탈당하거나 과거 종주국의 언어를 모어로 해서 자라났습니다. 나는 모든 것을 일본어로 생각하며 모든 것을 일본어로 표현합니다. 그렇다면 나는 일본어라는 '언어의 벽'에 갇힌 수인이 아니고 무엇이겠습니까? 감옥에 갇혀 있는 나는 어떻게 해서라도 좀 더 넓은 곳으로 나가고 싶었고 이전에 갈기갈기 찢어진 동포들에게 내 마음을 전하고 싶어 번민의 나날을 보내왔습니다."

- 서경식 지음, 권혁태 옮김, 『언어의 감옥에서: 어느 재일조선인의 초상』, 2011, 60쪽.

재일조선인의 문학 활동이 일본으로의 동화 또는 북한, 한국으로의 귀속을 요구받는 상황에서 '재일'이라는 정체성을 확인하는 작업으로 이어지는 이유는 무엇인가? 토도로프는 『상징의 이론』에서 언어는 "민족의 정신을 표명하기 위한 특권적인 방법"이기도 하면서, "민족이 그 언어에 의해서 형성된다."라고 했다.

민족정체성의 표상으로서 모국어와 태생적으로 뗄 수 없는 모어의 불일치 상황을 서경식은 '언어의 감옥'이라고 했다. 재일조선인에게 언어가 감옥이자 굴레가 된 것은, 언어의 순수를 명분으로 재일조선인의 삶을 간편하게 재단하고 일본의 차별 못지않게 작동하는 강력하고도 억압적인 동화의 요구 때문일 것이다.

모어와 모국어의 분열은 재일조선인 문학가들에게는 천형天刑처럼 드리워진 감옥이듯이, 재일조선인들에게 재일의 공간이나 한반도의 공간은 번민의 뿌리였다. 재일조선인 시인 김시종은 시인 자신의 정착지 '이카이노猪飼野'를 다음과 같이 묘사했다.

없어도 있는 동네 / 그대로 고스란히 / 사라져 버린 동네 / 전차는 애써 먼 발치서 달리고 / 화장터만 잽싸게 / 눌러 앉은 동네 / 누구나 다 알지만 / 지도에 없으니까 / 일본이 아니고 / 일본이 아니니까 / 사라져도 상관없고 / 아무래도 좋으니 / 마음 편다네

- 김시종, 「보이지 않는 동네」,(『長篇詩 猪飼野詩集』,『季刊 三千里』, 창간호, 1975. 2.

이카이노는 오사카시 이쿠노구에 있던 일본 최대 조선인 집단 거주지다. 1920년대 초반에 히라노강 치수사업을 위해 식민지 조선인이 강제 동원되면서 형성된 부락이다. 이카이노는 1973년 2월 1일에 행정구역상에서 이름이 말소되어 지도에서는 사라졌지만 여전히 재일코리언 부락의 상징으로 각인된 지역이다. 김시종은 1952년 2월『계간 삼천리』창간호부터 1977년 5월까지 10회에 걸쳐『장편시 이카이노 시집』을 연재해, 재일의 삶의 기저에 뿌리내린 이카이노의 의미를 노래했다. 한반도에서 태어나서 일본으로 건너가 머물던 이카이노는 지도에 없는 그래서 '일본이 아닌', 사라져도 상관없는, 있어도 없는 곳이었다(김계자, 2023, 101~102쪽).

광복이 되었다고 해서 돌아가기도 막막했다. 태어난 곳인 한반도 북쪽과 자란 곳인 한반도 남쪽은 넘을 수 없는 장벽으로 갈려 있었다. 한반도를 둘로 가른 38선을 넘을 수 있는 곳은 오히려 자신이 있는 일본이었다. 장편시집『니이가타』가 한국에서 번역 간행되었을 때 김시종은 '시인의 말'에서 다음과 같이 적었다.

남북조선을 찢어 놓는 분단선인 38도선을 동쪽으로 연장하면 일본 니이가타시新潟市의 북측을 통과한다. 본국에서 넘을 수 없었던 38도선을 일본에서 넘는다고 하는 발상이 무엇보다 우선 있었다.

- 김계자, 「김시종 시의 공간성 표현과 '재일'의 근거」,
박광현·오태영 편, 『재일 조선인의 자기서사의 문화지리Ⅱ』, 2023, 98쪽.

한반도를 가로지르는 분단의 장벽은 '38선'에서 '휴전선'으로 이름만 바뀌었을 뿐 광복 80년이 지난 현 시점에도 여전하다. 한반도를 가로지르고 횡단하는 상상력은 여전히 금기다. 이런 상황이 재일조선인 사회의 분단으로 이어지고 있음을 재일조선인 문학은 처절하게 말하고 있다.

인간의 손길이 전혀 닿지 않는 토대 위에서도 무엇인가를 만들어 낸다. 단지 자연에 순응하며 사는 것이 아니라 인간적인 몸짓으로 그 나름의 물질적·정신적 산물들을 창조해 낸다. 이를 문화라고 한다. 국가로부터 보호받지 못하고, 삶의 터전을 잃고 일본에 정착한 재일조선인은 척박하고 황량한 터전에서 삶의 뿌리를 내렸다. 문학은 정체성을 확인하는 방식이자 기록이었고, 역사 그 자체다. 재일조선인에게 '광복'은 어느 편으로의 줄 세우기가 아니라 경청하는 태도와 시선으로 분단 트라우마를 포용하는 것이라고 말하고 있다. 에르네스트 르낭은 사람들이 언어에 부여하는 정치적 중요성은 언어를 종족의 표식으로 간주하기 때문이라고 했다. 또 "언어에 대한 편협한 생각에 사로잡히면, 언어와 같이 민족적인 것으로 간주하는 한정된 문화 안에 갇히게 된다".라고 경고했다. 광복 80주년이 되는 2025년, 우리 스스로 민족을 강요하고 민족적이라고 생각하는 한정된 문화 안에 갇히려고 하는 것은 아닌지 성찰의 시선이 필요하다.

8.15

3부

해방과 함께 온 냉전, 살풍경의 현장들

7장

새로운 세상을 설계하다, 보성 회천면의 8.15

김종군

1945년 8월 15일 해방의 날에 대한 기억은 사람마다 차이가 있다. 그도 그럴 것이 꿈에서나 그릴 수 있었던 엄청난 사건이 눈앞의 현실로 다가왔기 때문일 것이다. 그래서 대체로 일왕의 항복 소식을 듣고 목놓아 "조선 독립 만세"를 부른 날을 8월 15일로 기억하는 경우가 일반적이다. 그러나 서울을 비롯한 큰 도시의 일부 주민이나 관공서 근무자를 제외한 일반 주민들이 해방 소식을 접한 것은 16일이나 17일, 벽촌의 경우는 그보다도 며칠 뒤의 일이다. 그럼에도 해방의 기억을 물으면 누구나 8월 15일 오후에 목이 터져라 만세를 불렀다고 회상한다. 아마도 피 끓는 환희의 순간을 시간이 지나서 재구하는 과정에서 15일 해방 당일로 앞당겨서 기억하려는 무의식적 작용이 아니겠는가?

몽양 여운형과 같이 서울에서 활동한 언론인이나 아시아·태평양 전쟁의 전세를 읽을 수 있었던 일부 지식인들은 조만간 일본이 항복하고 해방이 도래할 것이라고 점쳤던 것으로 보인다. 그러니 몽양은 1944년부터 비밀리에 건국동맹과 그 산하에 농민동맹을 결성하여 해방 후의 건국운동을 준비한 것이 아니겠는가? 이렇게 국제 정세를 읽어서 사전에 해방을 준비한 몽양도 8월 15일 오전 8시에 조선총독부 정무총감 엔도 류사쿠遠藤柳作와의 면담에서 겨우 해방의 소식을 접했다고 하니, 일반 주민들은 라디오로 들리는 일왕의 항복 선언에도 해방을 실감하지 못했을 수 있다. 몽양이 엔도 정무총감으로부터 해방 이후 국내 치안권을 맡아 달라는 제안이 있었음에도 서울에서 해방의 희열을 토해 내는 군중대회는 8월 16일 휘문중학교 운동장에서 건국준비위원회를 결성하는 자리에서 본격화된 것으로 보인다.

서울도 이러할진대 조선 팔도 지방에서 맞이하는 해방 풍경은 어떠했겠는가? 해방 이후 며칠이 지연된 상황에서 만세운동 같은 군중대회가 열렸을 것으로 보인다. 그런데 여기 서울의 군중대회를 능가하는 신속하고도 체계적인 해방 풍경을 목격한다. 전라남도 보성군 회천면 일대에서 벌어진 해방 풍경은 몽양이 주도한 서울의 건국준비위원회에 비견할 만하여 주목하게 된다. 전국의 지방 면 단위에서 이처럼 일사불란하게 해방 후의 행정과 치안 체계가 갖추어진 경우는 찾기 어려울 것이다.

선각자 두 형제, 봉강 정해룡과 정해진

보성군 회천면은 율포해수욕장으로 유명한 바닷가의 작은 면이다. 면 소재지가 율포리이므로 회천보다는 율포로 더 알려진 곳이다. 면 소재지 율포에서 서쪽으로 시오리(6킬로미터) 떨어진 곳에 봉강리가 있는데, 영광 정씨 팔계공경영파靈光丁氏八溪公景英派의 세거지 집성촌으로 이곳에 진기한 해방 풍경을 이끈 인물이 있었다. 바로 봉강 정해룡과 아우 정해진 형제다.

정해룡은 집안 종손으로서 아버지 정종익이 스물일곱 젊은 나이에 요절하자 할아버지 정각수가 내세운 '선비가 지켜야 할 세 가지 마땅한 덕목', 즉 도회종적韜晦蹤跡, 전소선영展掃先塋, 교회자질敎誨子姪이라는 삼의三宜의 뜻을 받들어 대처로 나가 신학문을 수학하지 않고 집안을 잘 유지해 온 인물이다. 그러나 유교주의적인 전통을 굳게 지켜 온 할아버지의 뜻을 받들어 종손의 역할을 성실히 수행하면서도, 일제 강점이라는 억압된 세상에 대한 저항 의지와 급변하는 시류에 도태된 상태로 안주할 수 없다는 시대 정신을 갖춰 와세다대학에서 강의록을 통한 통신 수학 과정을 수료하여 신학문을 적극적으로 수용한 지식인이었다. 흉년이 들면 할아버지께 권하여 소작농과 인근 주민에게 구휼미를 두 차례는 풀었고, 조국의 독립을 위해서는 교육이 우선되어야 한다는 신

정해룡(좌)과 정해진(우) 형제
출처: 정해룡 선생 막내아들 정길상 제공.

념으로 인촌 김성수의 보성전문학교 설립에도 거금을 희사했다. 일제에 의해 우리글과 우리 역사가 말살되는 것을 눈앞에서 보아 넘길 수 없어서 사립 교육기관인 양정원養正院을 설립하여 집안과 마을의 어린이와 부녀자들을 가르쳤다. 1940년대에 들어서는 두 형제 몫의 토지를 처분하여 독립자금을 조달한 것으로 보인다. 해방 이전까지 그의 행적은 비록 호남 벽촌의 집안 종손으로서 직접적인 독립운동을 수행하지는 않았지만, 만주나 서울에서 조국 해방을 위해 투신한 그 어떤 지식인에 뒤지지 않는 독립자금 지원과 조국 해방에 대한 열의를 가진 선각자였다.

봉강 정해룡은 신학문을 한다고 대처로 나가면 시류에 영합할 수밖에 없다는 할아버지의 훈도를 받아들이면서도 일제 강점에 항거하는 뚜렷한 시대 정신을 갖추고 있어서, 어머니와 상의하여 아우인 정해진이 신학문 교육을 받도록 적극적으로 지원한다. 봉강보다 두 살 아래인 정해진은 형의 이런 희생과 지원에 힘입어 일찍이 신학문을 접한다. 이에 당대 최고 엘리트 코스의 교육 과정을 밟는데, 광주고등보통학교를 거쳐 경성제국대학 철학부를 졸업하고 도쿄제국대학 대학원 석사과정에 진학한다. 도쿄에서 유학 생활 중 일본인의 혹독한 민족 차별을 경험했고, 유학생들 대부분이 일제에 순응하여 입신출세를 위해 공부하는 모습을 보고 회의를 느껴 대학원을 중퇴한다. 유학 시기에 그나마 식민지 조국 현실을 직시하고 있던 몇몇 동지들과 뜻을 모아 사회주의 이론을 강화하면서 조국 광복에 투신하겠다는 일념으로 고향으로 돌아왔다. 귀국 후 유럽과 태평양 권역의 제2차 세계 대전에서 제국의 패망을 예측하고 호남과 남해안 지역에 항일무장투쟁의 기지를 구축하는 데 전념한다.

　봉강이 종손으로서 인자한 덕성을 바탕으로 조국 독립을 갈망하는 시대 정신을 갖춘 인물이라면, 정해진은 냉철하면서도 강인한 의협심을 갖고 일제에 항거하는 노동운동과 무장투쟁을 준비하는 행동하는 지식인이었다.

해방의 환희로 열광하다

　　　　　　　　　　　　봉강마을에서 해방 소식을 처음 접한 시점에 대한 기억은 사람에 따라 다르다. 정해룡의 장녀인 영숙은 8월 15일 정오에 봉강이 사랑에서 라디오로 직접 일왕의 항복 방송을 듣고 안채의 어머니께 달려와 상기된 표정으로 해방 소식을 전했다고 기억한다. 그리고 사당에서 조상 신주에 통곡하면서 고한 다음 마당에서 덩실덩실 춤을 추었다고 해방의 감격을 회고하고 있다. 1929년생인 정영숙은 광주고등여학교를 다니다가 방학에 집에 와 있었고, 자신이 직접 눈으로 확인한 상황으로 진술하고 있으므로 믿을 만한 기억으로 볼 수 있다. 같은 마을에 살던 오승환은 1937년생으로 비록 나이는 어렸지만 정영숙과 같이 8월 15일 봉강의 집에서 라디오를 통해 해방 소식을 들었다고 기억한다. 또 어떤 이는 봉강이 보성읍에서 운영하던 보성인쇄소 직원이 자전거를 타고 와서 해방 소식을 알렸고, 마을 사람들이 봉강 집에 모여서 커다란 라디오로 방송을 들었다고 기록하고 있다. 그러나 여러 정황으로 보았을 때 라디오를 듣는 과정은 명확하지만, 이는 8월 16일에 인편으로 해방 소식을 듣고 라디오를 통해 재확인한 것으로 유추할 수 있겠다. 봉강 집안에서 해방 소식을 접한 믿을 만한 기억은 정해진의 회고록을 통해 구체적으로 확인할 수 있다.

> 나는 8.15 해방의 소식을 8.16 정오경에야 들었다. 징병 관계로 군 소재지까지 끌려갔던 마을 청년들이 일제의 패망으로 마을에 되돌아와서 알려 주었던 것이다.
> 병석에서 일어난 나는 형과 함께 "조선 독립 만세!"를 소리 높여 외치며 동구에로 달려 나갔다. 온 마을이 순식간에 흥분과 감격에 휩쌓였고 만세 소리는 린근 마을에 멀리 메아리쳐 나갔다. 마을 농민들은 징을 치며 농악을 울리기 시작하였다.
> 린근 마을에서 모여온 청년들과 농민들은 수백 명에 달하였다. 우리들이 면 소재지 율포를 향하여 시위에 나선 것은 오후 3시경이였다. 선두대는 머리에 수건을 매고 죽창을 든 청년들이 40~50명 서고 그 뒤에는 문민들이 농악을 치며 따랐다. 할아버지, 할머니들도 대열에 끼여들었다. 대열 제일 앞에는 '조선 독립 만세', '조선 민족 해방 만세'라는 큰 붉은 기발들이 휘날리고 있었다. 15리 길을 기세 높이 "만세!"를 웨치면서 행진하는 동안에 대열은 천 수백 명으로 늘어났다.
> 할머니들은 "징병 나간 내 아들 살아올까요?"라고 물었으며, 아낙네들은 "징용 나간 우리 남편도 살아올까요?" 하고 물었다.
>
> — 정해진, 「정해진 회고록」, 2018.

한국전쟁 시기에 북으로 간 정해진이 자신의 생애를 출생에서부터 해방 시기까지 자세하게 회고한 기록 중 해방에 관련된 기억이다. 정해룡과 정해진 형제는 당시 은밀하게 조국 독립을 대비한 자금 조달과 조직을 정비한 혐의로 일경에 체포되어 1945년 4월까지 옥고를 치른 후여서 모두 고향 봉강리에서 침울하게 요양하던 때였다. 그러므로 그의 기억이 매우 구체적이고 정확해 보인다. 앞서 언급한 8월 15일에 해방 소식을 처음 알았다는 다른 사람들의 기억에서 해방 풍경에서 주도적인 역할을 한 정해진에 대한 언급이 없는 것으로 보아 이 기록이 더욱 신빙성을 갖게 한다.

이 기억은 해방의 기쁨을 생생하게 그리고 있어서 한편의 영상을 보는 듯하다. 해방의 소식을 인편으로 듣고 목이 터지도록 만세를 부른 상황, 이 소리에 모여든 마을 사람들이 징이며 꽹과리, 장고를 가지고 와서 풍장을 울리는 장면, 이후 행진을 준비하기 위해 깃발과 태극기를 준비하는 과정이 생동감 있게 그려진다. 일제의 공출로 집 안에 옷감 천이 거의 없는 상황에서 광목에다가 태극기를 그리고, 깃발로 만들 붉은 천은 정해진의 아내가 감추어 둔 예단을 내줘서 '조선 독립 만세', '민족 해방 만세'를 적었다고 환희의 장면을 묘사하고 있다. 그리고 무력 충돌에 대비해서 청년들은 대나무를 베어 죽창을 만들어 들었다.

봉강마을의 해방 열광은 주재소가 있는 율포까지의 행진으로 이어진다. 오후 두세 시경 머리띠에 죽창을 든 마을 청년 사오십 명이 선두대를 형성하고 그 뒤에 풍장을 울리면서 대열이 율포로 행진하니,

도중에 있는 이웃 마을 사람들까지 만세를 부르며 합세하여 군중은 1,000명을 넘어선 것으로 기억하고 있다. 대열에 합류한 할머니들과 아낙네들이 지도자인 정해진에게 징병으로 끌려간 아들이나 징용 나간 남편이 곧 돌아올 수 있겠냐고 묻는 장면 역시 해방의 희열과 더불어 가족 상봉의 소망을 절절하게 드러내는 장면이다. 이와 비슷한 기억이 또 한 편 있어 소개한다.

> 1945년 8월 16일. 해방 바로 다음 날 목격했던 일들은 더욱 나를 들뜨게 했다. 남녀노소를 가릴 것 없이 수백 명의 면민들이 '일본이 망했다'는 소식을 듣고 기쁨이 넘쳐 면소재지로 모여 들었던 것이다. 지금 생각해 보면 해방을 축하하는 무슨 군중대회가 아니었나 싶다. 열세 살이 되도록 보지 못했던 태극기를 내가 처음 본 것은 그때였다. 농악을 울리며 대창을 들고 태극기를 흔드는 사람들의 함성이 면 일대를 진동시켰다. 정확히 따져 보진 않았지만 아마 면 단위로서는 전국 최초의 해방 기념대회가 아니었는지 모르겠다.
> – 정종희, 「통일에 거는 광명천지」, 1990.

서른한 살의 만세 행렬의 지도자로서 정해진의 기억에는 행렬 내부의 생생한 증언이 포함되어 있다. 앞의 기억은 정해진보다 열여덟 살 아래이면서 숙부인 정종희의 기록이다. 정종희는 당시 13세의 나이였지만 해방을 축하하는 군중대회의 광경을 자세히 기억하고 있다. 정해진의 할아버지인 정각수의 서출로 출생하여 종가 대문 밖 '밖에 댁'에 살던 정종희는 비록 나이는 어리지만 집안과 행렬의 관찰자로서의 시각을 잘 드러낸다. 그 역시 해방 군중대회를 8월 16일로 기억하고 있으며, 이 군중대회를 면 단위로서는 전국에서 최초일 것이라고 추정한다. 과연 그럴 것이 몽양이 이끈 서울의 해방 군중대회도 8월 16일에 개최된 것을 보면 호남 해안가 마을의 이날 해방 기념 군중대회는 길이 기억할 만한 획기적인 사건으로 평가할 수 있다.

신속한 일제 청산, 주재소 점거와 신사 소각

해방에 대한 군중의 감정은 일제 식민의 강제에서 벗어났다는 자유에 대한 환희가 최우선이었을 것이다. 그러므로 누구나 할 것 없이 '만세'가 자동으로 튀어나오는 것이 아니겠는가? 그러나 수많은 군중이 모인 상황에서 그다음 수순으로 원망과 복수의 감정이 폭발할 것은 자명한 일로 보인다. 일제가 아시아·태평양전쟁을 감행하는 과정에서 폭력적인 물자 수탈과 징용, 징병, 처녀공출이라는 인적 차출에 대한 원망이 극도에 달한 상황에서, 이를 앞장서서 주도한 주재소 직원이나 일경에 대한 보복심리가 즉각적으로 분출되었다.

> 농민들의 지배적인 요구는 면사무소를 치고 징용계와 공출계 면서기를 잡아 죽이자는 것이였다. 나는 그들의 투쟁대상을 일제에게 돌리기 위하여 시위대렬을 두 번이나 정지시키지 않으면 안 되였다.
> 나는 두 차례에 걸쳐 대열을 멈춰 세우고 우리들의 첫째가는 원수는 일제이며 그 잔당들이 우리에게 대항할 수 있으니 대열을 잘 짜고 기세를 높여야

한다고 강조하면서 먼저 일제의 주재소를 습격, 점거해야 한다고 투쟁대상을 명시하였다.

면소재지 근처에 다다르니 일본 주재소 부장 놈이 권총을 뽑아들고 나왔으며, 조선 놈 순사가 장총을 메고 나왔다. 선두에 섰던 청년들이 가슴에 바싹 총부리가 들이닥치니 전진하지 못하였으며, 얼굴이 새파래졌다.

대열 선두로부터 약 20m 거리에 서 있던 나는 앞으로 나가면서 주재소 부장 놈에게 "총을 내리고 앞을 비끼라! 만약에 네놈들이 총질을 하면 이곳에 있는 일본 놈 가족 다섯 집을 전멸시키겠다! 네놈이 총을 내리면 일제의 졸개들인 너희들을 죽이지는 않겠다. 물러서라!"고 들이대자 그렇게 하겠노라고 하면서 순순히 물러섰다.

시위대열은 일제 주재소를 향하여 기세 높이 전진했고 율포의 인민들도 만세를 부르면서 시위대열에 합세해 나섰다. 일제에게 빌붙어서 양곡 취급을 해먹던 놈은 자취를 감추었다.

일제 주재소 부장 놈을 제집으로 몰아넣은 다음 주재소를 점령하고 이어 그 뒷산 기슭에 있는 일본놈 신사를 불사르고 면사무소를 지나 500m 지점에 있는 초등학교까지 진출하여 일제의 '봉안고'를 꺼내와 불살라 버렸던 것이다. 그때에 초등학교 교장인 일본놈이 자전거를 타고 영길을 따라 군 소재지 쪽으로 내뺏는데 그놈을 쫓았으나 놓치고 말았다.

— 정해진, 「정해진 회고록」, 2018.

봉강리에서 출발하여 시오리를 행진하는 사이 1,000명이 넘는 군중이 모였고, 그들은 만세 함성과 더불어 일제 수탈의 앞잡이였던 주재소 징용계와 공출계 면서기를 처단하자는 의기가 모이기 시작한다. 이는 결국 피를 부르는 살상으로 이어질 것이 분명하다. 이에 대해 정해룡과 정해진 형제는 극도로 흥분된 군중의 복수심을 누그러뜨리려고 노력한다. 면서기들이 표면적인 가해자로 보이지만 해방된 상황에서 투쟁의 대상은 '일제'라고 강조하면서 가열된 행진 대열을 진정시킨다. 이런 인도주의에 입각한 복수 감정의 조율은 이후의 이 지역 좌우 갈등이 피를 부르는 극단적인 상황으로 나가지 않은 모범적인 사례가 되었다. 해방 이후 벌어진 각 지역의 군중대회에서 살인과 방화 등의 폭력이 곳곳에서 벌어졌고, 피는 또 다른 피를 부르는 보복의 비극이 연출된 사례가 많았다. 그에 비하면 봉강 형제가 주도한 군중대회는 매우 비폭력적이고 체계적으로 진행되었다.

우선 폭발하는 군중의 복수심을 진정시키고, 그 과정에서 보복과 투쟁의 대상은 일제라는 거대한 권력과 그 잔당이라고 명확하게 주지시킨다. 그러면서 사람을 해치기보다는 관공서인 주재소를 습격하여 점령하는 것이 우선이라고 강조한다. 그런데 주재소를 점령하는 과정에서 죽창으로만 무장한 청년들의 가슴에 일경들의 총구가 다가오자 공포감에 더는 전진하지 못한다. 여기서 정해진은 일경들에게 논리적인 위협과 설득의 포문을 연다. 그의 용감성과 의협심은 일찍이 광주학생운동이나 경성제국대학과 도쿄제국대학 유학 시절부터 알려져 있었지만, 막상 가슴에 총구가 겨눠진 상황에서 일경을 진압한 일갈은 군중의 사기충천에 크게 기여했다.

여기서 정해진은 살상이나 방화 등의 물질적인 폭력을 통한 보복

율포 신사를 소각한 빈터

보다는 민족정신을 좀먹고 있는 일제의 신사와 봉안고를 먼저 척결해야 한다는 정신적인 해방을 천명한다. 그래서 주재소 점령 후 바로 그 뒷산에 위치한 신사를 불사르고 봉안고를 꺼내서 소각하도록 한다. 해방 후 군중대회에서 주재소나 신사를 불사르는 일이 전국에서 몇 군데 보이는데, 8월 16일 오후에 바로 이루어진 율포 신사의 소각이 전국에서 최초가 아닐까 추측해 본다.

이처럼 해방 후 군중대회라는 열광과 대혼란의 상황이 일절 살상과 폭력 없이 일사천리로 마무리된 것은, 봉강 정해룡의 인도주의적 관용 정신과 정해진의 냉철한 현실 판단과 의협심에서 비롯된 것으로 볼 수 있다.

평화로운 행정 치안 유지와 일제와의 퇴각 협상

해방 다음 날 군중대회가 있었고 그 자리에서 일제 신사를 소각했지만, 해방 이후 한

동안은 무법천지가 될 가능성이 컸다. 당장 신사 소각에 대한 일제의 응징이 가장 염려스러운 상황이었다. 정해룡과 정해진 형제를 중심으로 봉강마을 사람들은 이에 대해 철저하게 대비하여 주민에게 전혀 피해가 없도록 한 점도 매우 모범적인 사례다. 해방 군중대회 이후의 상황이 정해진의 회고록에 자세히 정리되어 있다.

나는 곧 회천면 세 개 지역대표 세 명을 선정하여 식량 배급 등 긴급한 행정적 조치를 지장 없이 취해 나가게 하는 동시에 자위대장을 선정하여 그 밑에 자위대를 조직케 하고 각 기관의 보위와 특히 군 소재지에 주둔해 있는 40명 정도의 일본인 군대의 동향에 대한 감시를 잘하도록 하였다. 이를 위하여 면 소재지로부터 우리 마을까지는 요소요소에 청년들을 복병시켜 놓았으며 신호체계와 련락망을 짜두었다.

산기슭에 있는 마을의 외딴집에 형 및 6촌들과 모여서 금후 대책을 강구하고 있는데 밤중 1시경에 징이 울렸고 3시경에 학교 선생이 급히 와서 련락을 취해주었다. 그의 말에 의하면 트럭 2대에 일본 군대 약 40명이 타고 율포까지 왔다는 것이다.

그러나 우리 마을에서 약 3km까지는 자동차 길이 없으므로 트럭이 마을까지 올 수는 없으리라고 안심하고 있었다. 그런데 4시 반 경 동틀 무렵에 트럭 두 대가 밭을 무찌르면서 우리 마을을 향하여 올라오는 것이였다. 급하게 된 우리들은 곧 마을의 아낙네와 로약자를 전부 뒷골짜기에 피난시키고 청년들은 모두 낫, 괭이, 쇠스랑, 죽창 등을 들고 뒷산에 있는 성터로 올랐다. 석전石戰이라도 하자는 것이였다.

이런 전투 태세를 취하고 있는데 트럭은 약 2km 떨어져 있는 마을 어구에서 멎었다. 그 후 얼마 안 되어서 내려오라는 련락이 왔다. 알아본즉 보성 경찰서 고등계 주임놈이 나와 화해하려 우리 마을 어구에까지 왔다는 것이었다. 나는 놈의 무장을 해제시킨 다음 2~3명의 청년들과 함께 만났다. 주제넘게도 그놈은 나에게 "일본이 패전하였으나 앞으로도 반도의 남쪽 절반은 일본이 지배하게 된다. 그런데 폭동을 일으킨 것은 남쪽 땅에서는 당신이 맨 처음이다. 이렇게 하고도 당신이 무사할 줄 아는가?"라고 하면서 위협하려 들었다. 놈이 회담의 결정을 알고 있었던 것 같았다. 내가 크게 웃으면서 "개수작 마라. 그럴 리가 전무하다. 독립을 쟁취한 조선 민족이 가만히 있을 줄 아는가? 일본놈의 귀신딱지 같은 것 불사르는 것은 너무도 당연한 일이다."라고 반박하자 놈은 태도를 바꾸어 "일본 사람의 목숨만 보장해주오." 하고 애원하는 것이었다. 이에 대하여 내가 "일제는 36년간이나 조선을 지배하고 갖은 악독한 짓을 다한 조선민족의 불구대천의 원수이다. 그러나 우리 면내에 와 있는 일제의 쪼무래기 졸개 같은 것을 죽여서 무엇하겠는가. 목숨은 담보하겠으니 그리 알고 트럭에 태우고 온 놈들은 모조리 데리고 돌아가라."고 말하자 그놈은 몇 번이고 머리를 숙이면서 잘 부탁한다고 하고 물러갔다.

그럼에도 불구하고 일제놈들은 인군隣郡에 주둔하고 있던 일본군까지 우리 면에 동원하여 약 150명이 주둔시키면서 언제든지 출동할 태세를 갖추고 있었던 것이다.

— 정해진, 「정해진 회고록」, 2018.

정해룡과 정해진 형제는 해방 이후 회천면의 행정과 치안에 대해 발 빠르게 대처한다. 자신들이 군중대회를 주도했지만 모든 권한을 집중하지 않고 회천면의 큰 마을 세 곳의 대표자를 선정하여 식량 보급 등의 행정을 담당하게 한다. 또 자체 치안을 담당할 자위대를 조직하는데, 진보적인 청년들을 선발하여 일제의 준동을 감시하도록 한다. 이런 조치는 매우 민주적이고 조직적으로 진행되어 주목할 만하다.

그런데 신사를 불태운 것에 대한 보복으로 보성군 주둔 일본군이 봉강마을로 들이닥쳤다. 모든 주민이 산속으로 숨고, 힘을 모아서 소박하지만 각자 마련할 수 있는 무기로 전투태세를 갖춘다. 일본군 대표는 포츠담 회담의 결과를 과도하게 포장하여 일제가 남쪽에서 지배권을 다시 갖게 될 것이라는 위협으로 협상에서 우위를 차지하려고 한다. 이에 국제 정세에 대한 정보를 풍부하게 갖춘 정해진이 논리적으로 대응하자 결국은 자세를 낮추고 자신들의 안전한 퇴각을 약속해 달라는 것이었다. 이에 정해진을 비롯한 협상단은 보성군 주둔 일제 가족의 안정적인 퇴각을 약속해 주면서 마을 주민의 평화적인 생활을 유지하게 한다. 여기서 정해진의 전략가다운 면모를 다시 한번 발견한다.

일제 퇴각의 안전성 보장 협의는 해방 당일 오전에 조선총독부 정무총감이 몽양 여운형에게 제안한 사안과 거의 비슷하다. 총독부 차원에서 이루어진 협의가 지방 면 단위에서도 평화적으로 이루어진 선례는 봉강과 정해진이 사전에 조국 해방을 대비하여 갖추어 둔 전략과 전술에서 비롯된 것으로 볼 수 있다. 서울에서 국제적인 인사로 활동한 몽양이 해방을 대비하여 건국동맹을 비밀리에 결성한 것에 비교해도 뒤지지 않는 선각자 두 형제의 건국운동으로 평가할 수 있겠다.

평등한 사회 구성원과 토지 분배

정해룡과 정해진 형제는 회천이라는 면 단위의 해방 후 안정과 평화를 주도한 인물이었다. 이들은 해방 후 며칠 동안의 혼란을 안정으로 이끌고 난 후 평소 꿈꾸었던 새로운 세상에서 추진되어야 할 사회 개혁을 집안 내부에서 직접 시행하여 획기적이라고 할 수 있다. 바로 자신의 집안에서 일하던 하인들의 신분을 해방하고, 토지를 분배한 사건이었다. 집에서 일하던 사람들에게 각자 살길을 찾아 떠나도록 자유를 준다고 해도 실제 경제적인 밑천이 없는 상황에서는 그 자유가 무의미할 수 있다고 판단하여 봉강리 일대 토지를 많지는 않지만 개별적으로 분배해 주었다. 이는 소작농에게도 적용되었다.

봉강 집안의 종가 재산은 400석 규모였다고 정해진은 회고록에서 밝힌다. 그러나 할아버지 사후 1940년대에 두 형제의 몫으로 물려받은 대부분의 전답을 매각하여 독립자금으로 지원한 것으로 보인다. 그 결과 해방 상황에서 봉강 종가의 재산은 마을 인근의 쉰 마지기 정도였다고 한다. 이 전답은 집안 가솔들의 1년 양식과 종가 운영 경비를 조달할 용도였다. 그런데 봉강 형제는 서로 협의하여 과감하게 토지 분배를 진행한다. 이후 자녀들의 학비는 물론이고 끼니를 걱정할 정도로 경제적인 위기가 예견되었지만 무상 토지 분배가 이루어진 것

지역민이 세운 정해룡의 추모비를 설명하는 정길상

이다. 이는 해방 이후 토지개혁의 요구가 일어나기 전에 단행된 조치로 가히 선구적이라고 볼 수 있다.

봉강 형제의 신분 해방과 토지 무상 분배의 결정은 두 사람의 신념에서 비롯된 것으로 보인다. 봉강의 인도주의적인 면모와 정해진의 사회주의 사상이 결합되어 내린 결과라고 볼 수 있다. 이 결정은 수혜를 입은 농민들에게 감화를 주었는데, 신분 해방 이후 마을과 집안을 벗어나 멀리 나가서 살도록 권했음에도 대부분의 농민들이 봉강마을을 떠나지 않고 봉강 집안의 일을 자신의 일처럼 여기고 더불어 살았다고 한다.

봉강 정해룡은 해방 직후에 회천면 건국준비위원장이 되어 미군정으로부터 혹독한 탄압을 받았다. 그리고 한국전쟁 당시에는 회천면 인민위원장을 맡고, 집안 구성원들이 군 농민동맹위원장, 청년동맹위원장, 여성동맹위원장 등을 맡아서 지역의 사회주의 집안으로 낙인이 찍혔다. 정해진은 한국전쟁 시기에 가족을 이끌고 북으로 가게 된다. 이런 사회주의 활동 이력을 가진 집안으로서 전쟁과 그 이후에 지속적인 국가 감시를 받았지만, 지역 주민들은 항상 우호적으로 종가를 대하고 몰락하지 않도록 도와주었다. 봉강 형제가 꿈꾸었던 해방 후 모든 사람이 평등한 세상에 대한 설계는 좌우 갈등도 뛰어넘는 이상이었음을 확인할 수 있다.

일제에 말살된 민족교육과 민족문화의 부활

봉강 정해룡과 정해진 형제는 조국 해방 후의 새로운 세상을 서로 협의하여 설계한 것으로 보인다. 해방 이후 나흘간 회천면의 안정과 평화를 주도적으로 이끈 정해진은 자신의 소신을 더욱 넓게 펼치기 위해 8월 19일에 서울로 올라간다. 이제 모든 결정은 봉강 정해룡의 몫이 되었다. 정해진이 떠난 이후 회천면의 해방 풍경은 정종희의 기억에서 확인할 수 있다.

일본인들이 빠져나갈 준비를 하는 동안 면에서는 치안대와 건국준비위원회가 속속 결성됐다. 그리고 그해 8월 말부터는 이들 조직이 면의 행정권과 치안권을 완전히 접수했다. 당시 면 건준위원장은 큰댁 큰조카가, 청년치안대장은 내 친형님이 맡았다. 물론 이와 같은 자치기구들은 보성군 단위기구들과 긴밀한 연관을 맺고 움직였다. 그리고 이들 기구가 면내에서 최우선 순위로 벌인 사업은 안정된 질서의 유지와 함께 면민들을 명실공히 독립국가의 국민들로 바로 서게끔 계몽, 선전활동을 강화하는 것이었다. 그 일환으로 건준 문화부는 9월 초순부터 해방과 함께 닫혔던 소학교의 문을 열고 빈부격차와 관계없이 모든 면내 아동들을 불러 모아 교육을 시작했다. 나도 이때 일제하에서는 전혀 배우지 못했던 우리말과 우리글을 익혔다.

또한 치안대와 건준은 일제의 경직된 전시 총수탈 체제 아래 말살된 민족문화의 복원에도 힘을 쏟았다. 그리하여 우리 면에서는 예로부터 내려오던 전통 민속인 씨름판 '난장'을 트기에 이르렀다. 당시 이런 모습은 면민이 자치적으로 모든 일을 잘 진행해갈 수 있음을 입증해주는 것이기도 했다.

- 정종희, 「통일에 거는 광명천지」, 1990.

정종희의 기억에 따르면 해방 이후 8월 말에 회천면 건국준비위원장을 정해룡이 맡고, 치안을 담당할 청년치안대장을 정종팔이 맡았다. 정종팔은 정종희의 친형으로, 봉강 정해룡에게는 숙부이지만 나이는 열다섯 정도 아래였다. 정해진이 상경했지만 해방 이후 회천면의 행정과 치안은 봉강 집안에서 담당하고 있었다.

당시 건국준비위원회의 최우선 사업은 안정적인 질서 유지와 독립국가 국민으로서의 계몽이었다고 제시한다. 그 가운데 문화부에서는 미군정이 들어오기 전인 9월 초부터 소학교에서 우리말과 우리글을 가르치는 교육 사업을 벌였다. 봉강은 사재를 출연하여 1937년에 이미 4년제 사립 교육기관인 양정원을 해방 때까지 운영한 이력을 가지고 있었다. 조국 독립과 해방 후 독립국가 국민의 자질을 갖추기 위해 우리글과 역사를 깨우쳐야 한다는 양정원 설립의 신념을 해방 후 건준 활동의 최우선 과제로 삼았던 것이다. 봉강이 꿈꾸는 새로운 세상에서는 남녀나 빈부의 격차 없이 모든 사람이 우리글과 역사를 잘 알아야 한다고 믿었다. 그러므로 해방 이후 건준의 최우선 사업도 민족교육이었다.

그리고 일제에 의해 말살된 민족문화 복원도 새로운 세상에서는 우선적으로 이루어져야 한다고 믿었다. 그래서 전통 놀이인 씨름판을 열고 난장을 벌려 온 주민들이 더불어 즐길 수 있는 민족문화의 부활을 꿈꾼 것이다. 우리 것에 대한 자긍심이 곧 독립된 나라의 주민이 갖출 정신적 자산임을 깨닫고 이를 적극적으로 권장하고 나섰다.

봉강은 체계적인 신학문을 수학한 경험은 없지만 해방 후 새로운 세상에서 주민들이 갖추어야 할 자질에 대해서 깊이 고민했고, 이를 자신이 직접 나서서 주도한 행동하는 선각자임을 다시 한번 확인할 수 있다.

봉강 정해룡과 정해진 형제는 일제 강점기에 태어나 조국의 독립을 위해 부단히 고뇌하고 행동한 인물임이 틀림없다. 해방 이후 봉강은 회천면 지역사회의 안정을 되찾게 한 후 중앙 정계로 진출하여 새로운 독립국가의 이상을 실현하고자 했다. 몽양 여운형이 이끄는 근로인민당의 재정부장을 맡았는데, 몽양의 서거 후 좌절을 맛보았다. 그리고 1950년 5월에는 무소속으로 국회의원에 출마했지만 낙선하고 만다. 정해진은 자신이 그린 새로운 세상을 실현하기 위해 한국전쟁

봉강 정해룡의 생가 사랑채에 걸린 가훈

중에 북으로 떠난다.

　일제 강점의 혹독한 현실에서 조국 독립을 주어진 과업으로 여겼고, 해방 이후 독립국가로서 이상적인 세상을 설계한 두 선각자는 '역사의 죄인이 되지 말라'는 집안의 가훈을 몸과 마음을 다해 실천한 진정한 지식인이었다. 해방 후 한 달 남짓한 시간에 이들은 자신들이 그리던 새로운 세상을 고향 회천면에서 체계적으로 실현했으니, 해방 80주년을 맞아 그들의 행적과 이상을 되짚어 볼 일이다.

8장

해방 후 북한 사회의 불안과 공포, 그리고 희망

김종곤

감격과 증오의 시간

1945년 8월 15일에 항복을 선언하는 히로히토 일왕의 목소리가 라디오를 통해 전파되었다. 사람들은 일제에서 벗어나 망국의 국가를 찾았다는 것에 기쁨의 눈물을 흘렸다. 그런데 조선이 일제로부터 해방되었다는 사실을 대다수의 사람들이 알게 된 날은 15일이 아니었다. 산속 깊은 곳에 살거나 라디오가 없어 방송을 듣지 못한 사람들은 뒤늦게 조선이 해방되었다는 것을 알았다. 또 일왕의 항복 선언을 들었다고 하더라도 그 의미를 제대로 이해하지 못한 사람도 많았다. 일제로부터 조선이 갑자기 해방될 것이라고 상상조차 하지 못했기에 일본의 항복을 조선의 해방과 연결하지 못한 것이다.

8월 17일이 되어서야 흰옷을 입은 사람들이 태극기를 손에 들고 거리로 쏟아져 나왔다. '조선 독립 만세!'라고 쓴 플래카드를 들고 거리를 행진하며 연이어 '만세!'를 외쳤다. 평양 시내에서는 200~300미터마다 해방을 자축하는 집회가 열렸다. 사람들은 강요된 침묵을 깨고 앞다투어 연단에 올라 일제 치하에서 쌓여 왔던 한탄과 해방의 기쁨을 표현했다. 만나는 사람마다 서로 부둥켜안고 눈물을 흘렸고, 거리 한가운데서 춤을 추고 노래를 부르기도 했다. 지금과는 다른 멜로디이지만 몇몇이 〈애국가〉를 부르자 가사를 잘 모르는 사람들도 "동해물과 백두산이…"라며 노래를 따라 불렀다. 그날의 풍경을 시인들은 다음과 같이 표현했다.

모두 꽹과리 울리며 / 징 치며 / 만세만세 불며 / 순시에 내 고장 사람들이 / 거센 행렬 이루던 / 해방의 그날을 나는 보았네.

— 민병균, 「해방도」 (안문석, 『북한 현대사 산책 1』, 2016, 16~17쪽.)

압제에서 벗어난 해방된 인민들 / 거리 집집마다 펄럭이는 / 무수한 국기와 붉은 기 / 오오 자유! / 자유에 빛나는 / 우리 동포들의 얼굴 / 나의 눈에서는 기쁨의 뜨거운 눈물이 흐른다.

— 박팔양, 「평양을 노래함」 (안문석, 『북한 현대사 산책 1』, 2016, 16~17쪽.)

하지만 모든 사람이 자신의 고향에서 해방의 기쁨을 만끽한 것은 아니었다. 어떤 사람은 죽음의 사선을 넘어 고향으로 돌아오는 과정에서 해방의 소식을 듣기도 했다. 1945년 8월 9일 0시(모스크바 시간으로 8월 8일 18시)에 소련이 일본에 선전포고를 하고 그다음 날 소·일

전쟁이 시작되었다. 일본군에 징집되었던 조선인 중에는 소련군에 대한 공포심과 억울하게 죽을 이유가 없다는 생각에 군대를 이탈하여 남쪽으로 도망친 이들이 있었다. 그들은 굶주림을 참아 가며 수일 동안 죽을 고비를 넘기며 고향으로 발걸음을 옮겼고, 압록강과 두만강을 넘어 조선 땅에 발을 들여놓았을 때 비로소 해방 소식을 전해 들을 수 있었다. 또 소련군과의 전투 중에 포로가 된 조선인 중에는 수용소에 억류되었다가 고향에 돌아와서야 조선이 해방되었다는 사실을 안 사람도 있다. 그뿐만 아니라 만주나 함경북도에 거주하던 조선인은 전쟁이 시작되자 남쪽으로 피란을 떠나기도 했는데, 소련군의 폭격에 죽을 수도 있고 마적들과 마주칠 수 있다는 두려움에 하루하루를 떨며 남쪽으로 향하다 해방을 맞이했다. 8월 15일로부터 한참이 지났지만 그들 역시 해방 소식에 눈물을 흘렸다. 그러나 그들이 흘렸던 눈물은 단지 나라를 되찾았다는 기쁨 때문만은 아니었다. 그 눈물에는 살아남았다는 생존의 안도감이 뒤섞여 있었다.

이제 일상에도 차츰 변화가 생겼다. 당시 이북 지역 사람들이 해방 직후 달라진 일상을 증언하면서 가장 많이 언급한 것은 '조선말', '한글'이다. 어떤 사람은 난생처음으로 조선말로 된 애국가를 들었다고 한다. 소·일 전쟁으로 문을 닫았던 학교에서 다시 등교하라는 통지서를 보냈는데 한글로 쓰여 있는 것을 보고 세상이 변했다는 것을 실감했다고 한다. 그렇게 등교한 학교에서도 큰 변화가 있었다. 일본인 교사가 아니라 조선인 교사가 연단에 올라 조선말로 훈시를 하면서 '조선 독립 만세!'를 외쳤다. 또 친구들과 조선말로 대화를 하면서 자유로움을 느꼈다고 한다. 평안남도 중화군에 위치한 양정인민학교의 한 교사는 1934년 황민화 정책의 일환으로 학교에서 조선말 사용이 금지된 이래 11년 만에 처음으로 애국가와 한글을 가르쳤던 그날을 감격의 시간으로 기억했다.

그러나 한편으로 8월은 증오의 시간이기도 했다. 사람들의 분노가 폭발적으로 분출된 것이다. 사람들은 거지꼴로 후퇴하는 일본군을 보며 희열을 느끼면서도 분노에 휩싸여 전범기를 소각하고 태극기를 게양했다. 일본인에 대한 보복도 서슴지 않고 일어났다. 일본인에 대한 보복이 가장 성행한 공간은 학교였다. 일제 치하에서 학교는 일상적인 고통과 모욕을 느끼며 영혼이 파괴되어 온 공간이었기 때문이다. 증언에 따르면 조선어 사용을 금지하고 일본어 사용을 강요한 것도 모자라 동기생끼리 감시하게 한 것은 큰 고통이었다고 한다. 또 교사가 학생에게 김치 냄새가 난다며 조선인을 싸잡아 비난한 일이나 강제적인 창씨개명 등은 참을 수 없는 모욕이었다. 신체 단련을 빌미로 도로공사, 개간공사, 매립공사 등에 학생들을 투입하여 단순 육체노동을 시켰던 근로 동원의 경험은 악몽과도 같았다고 한다. 그동안 쌓여 왔던 울분과 회한이 해방과 동시에 폭발한 것이다. 성난 군중은 학교로 몰려가 일본인 교사와 학생들을 구타했다. 학부모들은 학교를 접수하고 일본인 교장에게 일제의 만행을 밝히고 사죄하도록 했다.

보복성 폭력이 학교에서만 이루어진 것이 아니다. 군중들의 분노는 식민지배 기간에 조선인을 감시·통제하고 온갖 폭행과 가혹행위를 일삼았던 헌병경찰통치의 핵심인 사법기관으로 향했다. 사람들은 경찰서를 접수하고 경찰서장과 판사 등을 붙잡고 그들의 집과 재산을 몰수했다. 일제의 행정기구를 파괴하고 신사를 소각하는 일도 비일비재했다. 특히 기독교인이 많았던 평안북도와 황해도에서는 신사를 소각하는 일이 다른 지역보다 많았다고 한다. 심지어 해방 이후 결성된 자치기구인 인민위원회는 일본인이 조선옷을 입는 것을 금지하고 가슴에 마크를 붙이라는 조치를 결정했다가 소련 당국의 항의로 취소했다. 나치가 유태인에게 했던 강압적 구별과 유사하다는 이유에서였다.

이처럼 1945년 8월에 이북 지역 사람들의 마음은 기쁨과 환희만이 아니라 증오와 분노 등 여러 상반된 감정이 뒤섞여 있었다. 하지만 조선인의 마음을 지배하고 있던 감정은 그뿐만이 아니었다. 일제가 이미 오랫동안 공산주의와 소련을 비방해 온 탓에 소련군에 대한 두려움이 조선인의 의식 깊이 자리 잡고 있었다. 만주 등지에서 거주하던 사람들이 전쟁이 나자 소련군을 피해 피란을 떠난 이유도 바로 그것이다. 오랫동안 두려움의 대상으로 여겼던 서구인이 군대를 이끌고 한반도에 발을 들인 것이다.

'마오제'에 대한 공포와 적개심

일본과 전쟁을 시작한 소련은 만주를 탈환하는 동시에 한반도에도 병력을 투입했다. 1945년 8월 9일에 함경북도 경흥을 시작으로 12일에는 웅기와 나진, 16일에는 청진을 거쳐 마침내 24일에 소련군 선발대가 평양에 도착했다. 평양에 도착한 소련군은, 처음에는 관공서의 업무는 일본이 맡고 치안유지는 소련과 일본이 공동으로 행하며 일본인을 박해하는 행위는 엄벌에 처한다는 성명을 발표한다. 이에 조선인이 반발하자 소련은 그다음 날 바로 성명을 취소하고 행정권을 조선인(인민위원회)에게 이양했다.

우려했던 바와 달리 소련군은 조선을 매우 우호적으로 대했다. 소련 극동군 25군 사령관 치스차코프가 8월 15일에 발표한 포고문을 보면 소련군의 우호적인 자세가 잘 드러난다. 포고문은 조선이 이제 자유국이 되었으며, 조선인이 스스로 국가를 재건하는 데 적극적으로 돕겠다는 내용을 담고 있다. 소련보다 늦게 한반도에 들어온 미군과는 사뭇 대조적이다. 맥아더 장군이 1945년 9월 7일에 발표한 포고문은 북위 38도 이남을 미국이 '점령'했음을 명확히 하고 경거망동하지 말고 미군의 지시에 잘 따르라는 명령조의 내용을 담고 있다. 그래서 이북 지역 사람들은 소련군을 두려워하면서도 그들이 조선의 독립과 자립을 도우려는 고마운 '해방군'이라고 믿었다.

그러나 그 이후 소련군이 보여 준 행동은 그들이 해방군이라는 믿음을 흔들어 놓았다. 이북에 들어온 소련군은 곳곳에서 주민을 약탈하기 시작했다. 약탈 과정에서 저항하는 조선인을 살해하기까지 했다. 술 취한 소련군 병사가 주민의 집에 총을 난사해서 사망자와 부상자가 발생하는 일도 있었다. 그뿐만 아니라 소련군이 부녀자를 강간하는 일도 수시로 일어났다. 소련군과 마주칠까 봐 거리를 다니는 것조차 두려워했을 정도다. 그 사태가 얼마나 심각했는지 평양에 사는 송익산이라는 노인은 "우리의 재산 전부를 받으시고 제발 우리 여성들을 건드리지 마십시오. 우리는 붉은 군대를 가장 신성한 것처럼 기다렸는데 당신들 중에 우리의 존엄을 모독하고 우리 풍습을 모욕하는 사람들이 있습니다."라고 말하기도 했다. 조선인의 눈에 소련군은 무도하고 폭력적인 족속이었다. 그래서 사람들은 소련군을 '마오제'라고 불렀다. 마오제는 서양인을 낮추어 부르는 중국어 모자毛子, máozi에서 유래된 말로 함경도 사투리로 '막 굴러먹은 놈'이라는 뜻이다.

당시 소련군의 패악에 대해 어떤 사람은 군기의 문제를 원인으로 꼽는다. 1945년 8월에 갑작스럽게 소련군이 일본과의 전쟁을 선포하면서 모스크바와 하바롭스크, 민스크 등지의 형무소에서 죄인들을 석방해서 극동 전선 병력에 다수 포함하다 보니 군기가 엉망이었고 통제가 안 되었다는 것이다. 하지만 그런 설명만으로는 소련군의 패악을 전적으로 해명할 수 없어 보인다. 소련 종군기자인 나탈랴 게세는 동부 전선에서 싸웠던 붉은 군대(소련군)가 8세에서 50세에 이르는 모든 독일 여성을 강간하고 있다고 기사를 쓴 바 있다. 그러면서 붉은 군대를 '강간범들의 군대'라고 평가했다. 그렇기에 한반도 이북에서 자행된 소련군의 각종 범죄가 느슨한 군기 때문이라고만 할 수 없다. 오히려 소련군이 독일과 마찬가지로 한반도를 '점령지'로 여기고 각종 물품과 심지어 여성을 '전리품'이라고 생각했기 때문이라고 보는 것이 더 합당할 것이다.

더욱 문제였던 것은 소련군의 약탈과 폭력이 병사들 개개인의 일탈 행위에 한정되지 않았다는 것이다. 특히 약탈은 조직적 차원에서 이루어졌다. 소련군은 한반도 진주와 거의 동시에 공업시설과 주요 물자를 비롯해 금과 은 같은 고가의 광물, 심지어 쌀과 목재, 가축 등을 항구를 통해 대량 반출했다. 한 증언에 따르면 황해도 해주 용당포에서 소를 잡아 머리와 내장을 제거한 소고기를 쌓아 두고 배가 오기를 기다리는 동안 총을 든 병사가 경비를 서고 있었다고 한다. 소련은 미국과 달리 경제 원동력을 충분히 갖추지 못한 탓에 자기 나라의 부족한 물자 상황을 점령지로부터 보충하려고 했던 것으로 보인다.

이는 조선이 일제로부터 해방되었지만 약탈 상황은 별반 달라지지 않았다는 것을 의미한다. 소련군에 대한 반감은 커질 수밖에 없었다. 더욱이 해방 이후 식량난이 심각해지고 생산과 경제가 마비된 상황에서 소련군의 약탈은 반소감정의 골을 더 깊게 만들었다. 원래 황해도와 평안남도 일부 지역을 제외하고 대부분의 북쪽 지역은 논보다 밭이 많고, 고지대라 화전 생활이 흔해 남쪽에 비해 양곡 생산량이 적었다. 또 전쟁으로 인해 공업시설이 파괴되거나 가동이 중지되고, 실업이 증가하고 생필품이 부족한 지경이었다. 곡식 반출도 모자라 비료공장 설비까지 뜯어 가면서 농업에 지장을 주었고, 각종 물자반출로 일제시대보다 더 힘든 나날을 보내야 했다. 거기에다가 콜레라까지 유행했다. 분명 일제가 패망하고 세상이 달라졌는데 살림살이는 그 전보다 더 열악해졌고, 기근으로 굶어 죽을까 봐 걱정하기에 이른 것이다. 사람들은 소련군의 만행에 분노하면서 소련을 악마화한 일제의 선전이 진실이라고 생각했다. 함경남도와 평안남도에서는 분노한 주민들이 물자 반출에 항의하는 무력시위까지 벌였다. 흥남부두에서는 쌀 반출에 항의하는 2만여 명의 학생과 시민이 시위를 하다가 체포, 투옥

되는 사건이 발생했다. 신의주 비행장에서는 소련군 비행기를 폭파하려는 시도도 있었다.

소련군은 자신들에 대한 부정적인 여론을 의식했는지 1945년 9월에 주민에게 피해를 줘서는 안 되고 예의 바르게 행동하라면서 폭력과 약탈을 금지했다. 그리고 이를 위반한 장병을 사형에 처하는 등 강경하게 대응했다. 같은 해 11월에 민정 부대가 이북 지역에 들어오고 헌병대가 군 기강을 잡으면서 조선인에 대한 패악질은 그나마 줄어들었다. 하지만 그것은 어디까지나 상대적으로 줄어들었다는 뜻으로, 해방이 되고 1년이 지난 1946년 말까지도 여전히 소련군의 패악적 행동은 이북 지역 곳곳에서 일어났다. 또 조직적인 자원 반출 역시 한동안 지속되었다. 사람들이 보기에 소련군은 조선의 독립을 도운 해방군이라기보다는 일제를 대신한 또 다른 '약탈자'였다.

새로운 국가 건설을 향한 성찰과 실천

해방 공간의 시간은 혼란의 도가니이면서 무법천지라고 해야 할 것이다. 따라서 혼란을 잠재우기 위해 치안을 확립하고 하루라도 빨리 새로운 질서를 확립할 필요가 있었다. 가장 적극적으로 나선 사람들은 청년층이었다. 청년들은 스스로 치안대를 조직하고 혼란스러운 정국에 지역사회의 질서를 유지하는 역할을 담당했다. 흥미로운 것은 질서 유지에 국한하지 않고 일제 패잔병이나 친일파를 공격하는 행위를 방지하는 일도 했다는 점이다.

치안 유지와 더불어 분주히 미래를 준비하는 모습도 곳곳에서 보이기 시작했다. 청년들은 일종의 계몽 사업도 진행했다. 사람들에게 글을 가르치는가 하면 공산청년동맹과 같은 조직의 청년들은 사회과학 도서를 읽고 토론하면서 마르크스주의를 보급하는 데 적극적으로 나섰다. 그 외에도 다양한 사회단체가 결성되고 각자의 영역에서 조선의 것을 세우고 보급하는 활동들을 전개했다. 예를 들어 사회운동가들은 신문화건설동맹과 같은 문화단체를 조직하여 선진적인 정치·경제 이론을 소개하고 대중 계몽운동을 이어 갔다. 체육동맹이나 북조선건축동맹은 각각 조선의 체육문화와 건축문화 향상을 활동 목표로 내걸고 국가건설운동에 동참했다. 또 노동자 농민은 노동조합평의회, 농민청년회와 같은 조합을 결성하고 일제 잔재를 청산했으며, 농업 운영과 공장 관리를 스스로 맡아 진행했다.

그렇지만 해방 이후 이북 지역에서 질서 확립과 국가 건설에 가장 큰 영향력을 발휘한 것은 정치조직이었다. 정치조직 대부분이 해방 직후 여러 지역에서 자생적으로 결성되었다. 일본이 항복한 다음 날인 8월 16일 함흥형무소에서는 사회주의 정치범들이 석방되면서 곧바로 함남건국준비위원회가 구성되었다. 같은 날 황해도에서는 건국준비위원회 황해도지부가, 8월 17일에는 조만식을 중심으로 구성된 평남건국준비위원회 등이 결성되었다. 그러다 소련군이 진주하면서 지역별 자치 조직들은 '인민위원회'라는 이름 아래 체계화가 이루어지기 시작했다.

사실 인민위원회는 북쪽에만 있었던 것은 아니다. 1945년 말경 한반도 전역에 걸쳐 도, 시, 군, 면, 리 단위에 풀뿌리 자치기구인 인민위원회가 구성되었다. 그렇지만 남쪽에서는 인민위원회가 미군정을 위협하는 좌익 세력으로 인식되어 탄압받으면서 완전히 해체되었다. 반면에 북쪽의 소련은 처음에는 일본 행정체제를 유지하려고 했지만, 9월이 되자 인민위원회의 자치를 인정하고 지원했다. 그에 따라 이북 지역에서 인민위원회는 사회 변화를 주도하는 조직으로 부상했고 일제가 운영해 온 공공기관을 접수하고 관리하기 시작했다. 민족 반역자를 처단하기 위한 인민재판소를 설치하고 치안과 식량부터 재정에 이르기까지 민생 전반을 관리했으며, 지역에 따라 복지, 노동관계, 소작료 등의 행정일을 맡기도 했다. 이북 지역에서는 남쪽의 미군처럼 소련군이 대민 통치를 직접 하지 않았던 것이다. 물론 소련군이 경제, 사회, 문화 등 전 영역에 직접 관여하기는 했다. 하지만 소련의 한반도 진주 1차 목표가 점령이 아니라 1905년 러일전쟁 이후 일본에 빼앗긴 사할린 지역을 되찾고 일본을 견제할 수 있는 완충지로 한반도를 삼으려는 데 있었던 만큼 소련군은 군정이 아니라 민정을 시행하면서 공공 행정을 인민위원회에 맡겼던 것이다.

인민위원회 대표는 소련군이 지명하는 것이 아니라 선거를 통해 선출되었다. 평등선거와 비밀선거를 원칙으로 하되 정당(북조선로동당, 조선민주당, 천도교청우당, 무소속)과 지역 단체, 마을 사람들에 의해 추천된 사람이 입후보를 하고 찬반 투표를 통해 선출하는 방식이었다. 자신들이 추천한 후보를 찬반 투표에 붙인다는 것이 어불성설이고 투표가 형식적이라는 비판이 제기될 수 있다. 하지만 정당과 지역 단체 등은 자신들이 추천한 사람이 선출되지 않았을 경우 신뢰를 잃을 수 있기에 후보자에 대한 지역 여론을 꼼꼼하게 따졌다. 그런 점에서 인민위원회의 선거는 지역 주민의 의사를 최종적으로 묻는 과정이었다고 봐야 할 것이다.

1946년 11월부터는 주민 3,000명에 인민위원회 대표 1명을 선출했으며, 주민들은 선출된 대표에 대해 소환권을 가졌다. 이때부터 인민위원회는 중앙정부를 구성하는 정치 단위로 자리매김하기 시작했다. 도 대표로 선출된 사람들 가운데 최고 입법기관인 북조선인민회의 대의원이 선발되고, 이 회의를 통해 최고 집행기관인 북조선인민위원회가 창설되었다. 즉 인민위원회 선거를 통해 중앙집권적인 정치구조가 구축되었던 것이다.

이와 같은 대표자 선출 과정은 두 가지의 의미를 지닌다. 첫째, 주민의 투표로 지역 대표가 선출되었기에 일제 강점기에서처럼 지주가 더는 권력을 차지할 수 없게 되었다는 점이다. 인민위원회 선거는 종국적으로 사회 계층 질서를 재구조화하는 과정이었다. 둘째, 인민위원회 선거는 그 나름대로 민주적인 방식으로 이루어졌고, 자신이 뽑은 사람이 정치 기구의 대표가 되었기에 신뢰도가 높은 중앙정부를 구성한다는 의미를 지닌다. 그렇기에 인민위원회 선거는 사람들이 보기에 기존의 억압적 구조를 벗어나 자신들을 자유롭게 하는, 믿을 수 있는 국가 건설 과정으로 받아들여졌다.

이를 증명이라도 하듯 당시 인민위원회 선거에서는 누가 강제하지 않더라도 90%가 넘는 주민이 자발적으로 투표에 참여했다. 또 자유롭고 활기가 넘치는 축제 분위기 속에서 치러졌다. 당시 평양에 있던 미군정 24군단 소속 월터 토인스키에 따르면 여성, 청년, 농민 단체들이 마을을 돌아다니며 투표를 독려했으며, 트럭과 비행기를 이용해 투표를 알리는 전단지를 살포했다. 투표소의 질서 유지는 조선인 경찰대가 맡았으며, 거기에서 소련군은 거의 보이지 않았다. 투표 장소는 각종 깃발로 장식되었으며, 투표소 주변에서는 사람들이 꽹과리를 치고 노래를 부르고 춤을 추었다. 누군가에 의해 일방적으로 통치받는 것이 아니라 자기 스스로 국가를 이끌어 갈 대표를 뽑고, 해방된 나라의 주인으로서 새로운 국가를 스스로 건설한다는 생각에 사람들은 흥분을 감출 수 없었던 것이다.

사회주의적 근대성의 도입과 혁명

해방이 가져다준 기쁨과 환희가 무한정 지속될 수는 없었다. 시간이 갈수록 사람들은 반복되는 기쁨과 환희의 표현이 맹목적이고 무의미하다는 회의를 느끼기도 했다. 오영진이라는 사람은 해방 당시 자신의 심정을 다음과 같이 털어놓는다.

> 나는 완전한 정신분리증에 걸린 것 같다. (중략) 사랑에서 안방으로 안방에서 사랑으로 의미 없이 들락날락하며 혼자 속으로 중얼거리는 것이다. 기쁜 날이 왔다 기쁜 날이. 너도 나도 다 같이 기뻐하야 한다. 만나는 사람마다 붙잡고 악수하자. 나는 히죽히죽 웃었고 만나는 사람마다 끌어안다시피 악수했다. 그러나 어쩐히 허전하고 큰 구멍이 뚫린 듯 한 구석이 터엉 비었다.

일본은 인제 완전히 파산이다. 그러면 파산한 것은 일본뿐이냐?

- 김수지 지음, 윤철기·안중철 옮김, 『혁명과 일상: 해방 후 북조선, 1945~50년』, 2023, 86쪽.

여기에서 주목할 점은 "파산한 것은 일본뿐이냐?"라는 마지막 물음이다. 그것은 한반도 역시 파산했다는 의미일 것이다. 일제의 지배를 받는 동안 조선에서 박탈(혹은 상실이나 파괴)된 것은 한두 가지가 아니겠지만 물질적인 것을 제외하면 그 기간에 가장 심각하게 박탈된 것은 주체성일 것이다. 일제는 조선을 문명화하겠다면서 식민지 조선에서 근대화 프로젝트를 실시했다. 하지만 식민지 조선은 자율성이 억압되고 형식적인 임금-노동 관계에서 사실상 강제징용에 시달려야 했다.

여느 피식민지 사회와 마찬가지로 한반도에서 일본인과 조선인은 동등한 관계가 아니었다. 피식민지 사회에서는 지배민족이 일등 국민이 되며 피지배민족은 이등 신민으로 둘 간에 수직적 위계관계가 강제되고 그것을 바탕으로 조직화되고 지탱되는 사회가 형성된다. 다시 말해 피식민지 사회에 가장 중심이 되고 주된 사회관계는 '주인과 노예의 관계'나 다름없다는 것이다. 그나마 인정되는 것이라고는 일본군으로 참전해서 목숨을 바치고 죽을 수 있는 '죽음의 평등'일 것이다. 근대적 주체가 자율적인 권리를 지닌 동등한 개인을 의미하는 것이라고 한다면 일제가 조선에 도입한 식민지 근대성에는 그런 주체가 없었다.

하지만 식민지 근대성은 피식민지인의 자율성과 평등권을 박탈하는 데만 머무르지 않는다. 파농이 『검은 얼굴, 하얀 가면』(1967)에서 밝히듯이 피식민지인은 자신들을 향한 식민지인의 냉소와 무관심, 욕설과 구타, 폭행과 모욕, 혐오 등을 경험하면서 식민지인과 자신들을 비교하고 자기 부정과 자기 비난, 자기 민족에 대한 열등감, 그러면서도 근대적 폭력성에 대한 경외심을 가진다. 그래서 파농은 단적으로 "니그로는 비교다The negro is comparison."라고 말한 바 있다. 식민지배라는 폭력 상황에서 비교하는 시선으로 인해 내면이 파괴되고 식민지의 지배질서를 체화하고 그것에 종속되고 예속되는 상태가 피식민지인을 지배한다는 것이다. 그렇기에 파농은 탈식민화를 단순히 주인과 노예의 관계에서 해방되는 것에 국한하지 않는다. 그가 보기에 탈식민화는 식민지 시기에 동물화되고 사물화된 자신의 비인간성을 반성적으로 대상화하고 주체적 인간성을 회복하는 것이다. 따라서 앞서 보았다시피 해방이 되자 각종 사회단체를 결성하여 '조선'의 사상과 문화를 형성하고, 인민위원회와 같은 정치조직을 결성하여 '스스로' 자신들의 질서와 국가를 만들려는 노력은 주체성을 회복하는 탈식민화의 출발이었다고 평가할 수 있을 것이다.

중요한 점은 이북 지역의 탈식민화 과정이 '사회주의적 근대성'을 도입하는 가운데 이루어졌다는 것이다. 물론 누군가는 이북 지역이 소련의 위성국가로 식민지 시기와 동일하게 예속된 상태라고 비판할지 모르겠다. 그처럼 소련의 영향을 아예 무시할 수는 없을 것이다. 또 북쪽의 국가 건설이 소련을 모델로 삼았다는 점도 부정할 수는 없다. 하지만 분명 이북 지역의 탈식민화 과정은 일제식민지 과정에서 조선인이 특수하게 경험한 식민지 근대성을 청산하고 동시에 자본주의 근대성을 비판하면서 이루어졌다는 점에서 소련에 전적으로 예속되었다고 말하기는 무리가 있을 것이다.

해방 이후 이북 지역에서 진행된 사회적 개혁을 봐도 그렇다. 이 시기에 대표적인 개혁 정책으로는 무상몰수 무상분배에 기초한 토지개혁, 8시간 노동·표준화된 임금 책정·2주간의 유급휴가·단체 교섭권 인정·위험산업에서 아동 노동 금지 등의 내용을 담은 노동법과 남녀평등에 관한 법령 제정, 또 주요 산업·은행·운송 시설 등의 국유화가 있다. 이들 정책 대부분이 이북 지역 주민의 요구사항을 반영한 것이면서 식민지배 때부터 이어져 오던 기존 사회적 위계관계를 해체하고, 자본주의 근대성에 대한 비판하에 새로운 정치·문화·사회적 시스템을 구축하는 것이었다.

사회적 개혁은 사회 전반에 걸쳐 이루어졌을 뿐만 아니라 전 주민들이 인민위원회를 중심으로 참여하는 방식으로 이루어졌다. 또 그것은 결과적으로 삶의 방식 그 자체를 모조리 바꾸어 놓기도 했다. 모리스 블랑쇼가 말한 것처럼 혁명이란 일상을 역사에 개방하는 것이고 개개의 존재가 속속들이 공적인 것이 되는 것이라고 한다면 그것은 혁명적이라고 평가할 수 있을 것이다. 그중 가장 혁명적이라고 할 수 있는 것은 단연 토지개혁일 것이다. 해방 당시 인구의 80%가 농민이었기에 토지개혁은 농민의 요구가 반영된 정책사업이었다. 1946년 초 북조선농민동맹 대회가 평양에서 개최되었는데, 여기에서 농민들은 일본인과 친일부역자, 민족반역자의 토지를 노동자와 농민에게 무상으로 분배할 것을 요구한다. 아울러 소작인 채무를 모두 면제하고 소작제를 영구 폐지할 것을 요구한다. 앞서 1920년대 지주제 중심의 식민지 농업 정책이 강화되면서 일제 강점기 농촌 주민 가운데 77.2%가 경작지의 일부 혹은 전부를 소작하고 수확물의 약 50~70%를 임대료로 지불했다. 반면에 전체 농가 호수의 4%에 해당하는 지주가 50%의 농지를 소유하는 기형적인 구조였다는 점을 고려한다면 농민이 요구하는 토지개혁은 일제 식민지 청산이라는 의미를 동시에 갖는 것이었다.

1946년 3월에 「토지개혁법」이 공표되고 일제부역자와 지주, 종교단체 소유의 토지를 무상으로 몰수하고 "토지는 밭갈이하는 농민에게"라는 원칙에 따라 무상으로 분배되었다. 그렇다고 지주와 부농이 무상분배 대상에서 배제된 것은 아니다. 분배 원칙에 따라 지주든 부농이든 본인이 직접 토지를 일구겠다고 할 경우에는 토지를 할당했다. 그 대신 사람들과의 전통적 관계 단절을 위해 타 지역 토지를 할당했을 뿐이다. 토지개혁으로 수많은 빈농이 중농의 지위로 올라갔다. 또 전통적인 지주-소작인 관계가 전복되면서 종속적인 사회관계의 토대가 평등한 관계로 바뀌었다. 토지개혁 법안 또한 소련의 영향을 받은 것은 맞지만, 식민지 시기 사회주의자들이 제안한 개혁안이 반영되었다는 점에서 조선인의 사회주의 근대성을 조선인 스스로 도입하는 일련의 과정이었다고 평가해야 할 것이다.

물론 그 이후 사회주의 이데올로기를 내세운 정치 권력의 헤게모니 독점과 남북 간의 체제 경쟁으로 인해 그 미래가 왜곡되고 굴절되었다고 비판할 수 있다. 그럼에도 해방 직후 조선인들 스스로 식민지배로 인한 기형적 사회적 구조를 그들의 힘으로 바꾸고자 했으며, 새로운 시대에 사회주의 근대성을 도입하여 주체성을 회복하는 새로운 미래를 기획하고 실천했다는 점은 기억되어야 할 것이다.

9장

누가 반역자인가?
8.15 이후 재일조선인의 좌우 대립

도지인

미국의 일본 점령과 재일조선인 정책

1945년 8.15 해방 이후 재일조선인 사회에서 발생한 좌우 대립은 제2차 세계 대전 종전 후 미소 관계의 악화와 미국의 단독 일본 점령을 배경으로 한다. 1941년 12월에 아시아·태평양전쟁이 발발한 이래 일본을 상대로 한 전쟁에서 미국은 영국과 소련의 군사적 도움을 거의 받지 않았다. 나치 독일의 항복에 소련이 압도적인 희생을 치렀다면, 일본의 항복은 미국의 원폭 투하가 결정적이었다. 따라서 독일은 소련, 미국, 영국, 프랑스가 분할 점령을 했지만, 일본은 미국이 1943년경부터 구상했던 대로 단독 점령으로 귀결되었다. 프랭클린 루스벨트Franklin Delano Roosevelt 행정부는 전쟁이 끝나기 전부터 일본에 대한 단독 점령을 실시하고자 했다. 1944년에 국무성 내 전후계획위원회Postwar Programs Committee를 신설하고, 같은 해 3월에 전후계획위원회는 거의 전적인 미국의 일본 단독 점령을 계획했다.

1945년 6월 초까지 미국은 일본 점령에 대한 기본 방침으로 ① 일본 천황의 무조건 항복 선언과 일본 군대의 군사적 행위 중단 명령, ② 연합국 총사령관의 일본 전 지역에 대한 모든 입법, 사법, 행정상의 권한과 권위 행사, ③ 일본의 모든 관리(민간인과 군인)에게 현 위치를 지키면서 법과 질서를 유지하기 위한 정상적인 임무를 수행할 것을 명령하도록 확정했다. 이에 따라 미국은 연합군최고사령부GHQ를 통해 간접 통치와 천황제 유지를 핵심으로 하는 온건한 점령정책을 채택했다. 미소의 대립은 스탈린Joseph Stalin의 재무장 선언(1946년 2월)과 미국 냉전 봉쇄정책의 설계자 케넌George Kennan의 '장문의 전문Long Telegram'(1946년 2월)이 발표된 시점을 계기로 악화일로에 들어섰다. 마침내 1946년 3월, 영국의 처칠Winston Churchill 수상이 동서를 갈라놓는 "철의 장막iron curtain"이 드리워졌다고 한 연설을 배경으로, 미소 냉전이 격화되는 가운데 1947년 이후 GHQ의 대일 점령정책은 '민주화'보다 '공산주의화의 방지'를 중시하는 방향으로 전환되었다.

미국은 원폭으로 일본 군국주의를 굴복시키고 일본 패전 후 단독 점령을 행사했다. 따라서 8.15 해방을 일본에서 맞이한 조선인의 삶에 대해서도 가장 큰 규정력을 가졌다. 이는 무엇을 의미하는가? 전후 처리에서 미국이 설정한 소련과의 관계, 일본의 사회경제적 현황에 대한 평가가 재일조선인이 맞이한 해방의 형식과 내용을 결정했다는 뜻이다. 일본의 항복으로 인해 재일조선인의 본국 식민지 조선은 8월

15일 일제로부터 해방되었다. 그러나 한반도가 미소 분할 점령의 조건에 놓여 해방 이후 자주독립을 성취하는 데 제약을 겪었던 것처럼, 물리적으로 계속 일본에 거주하고 있던 소수민족인 조선인은 해방을 실천하는 데 더욱 큰 좌절에 직면했다. GHQ는 해방 전 재일조선인에 대한 차별과 억압을 서슴지 않았던 일본 정부를 전후에도 간접 통치의 도구로 유지했기 때문이다. 이와 더불어 제2차 세계 대전 이후 연합국의 소수민족 정책이 '자치'보다는 동화를 강조하고, 미소가 제2차 세계 대전 시기에 형성했던 협력 기조를 포기하고 상호 대립으로 나아가면서 한반도에서 남북 단독정부 수립에 이르렀다. 따라서 재일조선인이 식민통치로부터 해방된 이후에도 제국주의적 억압과 소수민족에 대한 차별을 겪고 반공주의적 통제의 대상이 되었다.

제2차 세계 대전 이후 연합국의 강제이주 정책과 재일조선인

미국은 전후 일본 사회의 사회경제적 안정을 추구하면서 소수민족에 대한 강제이주와 귀환하지 않은 소수민족의 동화를 기본 방침으로 삼았다. 이는 제2차 세계 대전 시기부터 연합국 정책결정자들 사이에는 국제연맹시대의 소수민족 국제보호제도에 대한 부정적 인식이 생겼기 때문이다. 제1차 세계 대전 이후 '민족자결' 원칙에 따라 중동부 유럽에는 새로운 민족국가들이 수립되었다. 당시 국제연맹의 소수민족 국제보호제도는 소수민족에게 평등의 권리와 '모국어'의 사용, 교육·종교에서의 자치를 의무화하는 것 등을 포함했다. 그러나 주로 이

제도가 시행된 중동부 유럽 국가들이 소수민족 국제보호에 불만을 갖게 되고 나치 독일이 소수민족에 대한 적극적 보호를 악용하는 사례 때문에 제2차 세계 대전 이후 이 제도에 대한 수정의 필요성이 제기되었다. 따라서 적극적 보호 정책 대신에 동화와 물리적 배제(자발적·강제적 이동)를 통해 민족 분쟁의 불씨를 제거하고자 했다.

전후 GHQ의 재일조선인 정책은 이와 궤를 같이한다. 소수민족을 가급적 본국으로 송환하는 한편, 남은 자들에게는 동화를 강제하는 것이 국내의 민족 문제를 해결하는 유효한 수단이라고 인식한 것이다. GHQ는 기본적으로 재일조선인을 무질서하고, 경제적으로 불안정하며, 점령정책을 방해하는 존재로 인식했다. 따라서 재일조선인을 '일본 국적'을 유지한 소수민족으로 규정하여 본국 귀환을 장려하고, 일본에 잔류하는 경우 일본 사회에 동화를 요구했다. 패전 직전 미국 국무성은 종전 후 일본에 거주할 것으로 예상되는 150만 명 중 120만 명은 일본에 생활 기반도 없고 일용직의 단순 노동자로 구성되어 있기 때문에, 이들이 일본에 도움이 되지 않을 뿐만 아니라 심각한 일본의 실업을 가중하고, 일본인의 반감과 적의에 대응하기 위해서 독자적인 소수민족 집단을 구성할 것이라고 내다보았다. 이들은 "토목현장, 공장, 탄광 등지에서 노동하고, 환경이 나쁜 빈민촌에서 지극히 낮은 생활 수준을 유지하고 있으며, 일본인에 동화하지 않고 일본인과 대립 관계에 있으며 관동대지진 때의 학살 사건 이후 일본인과의 관계가 험악해지고, 1936년 내무성이 조선인 융화정책을 시도했으나 조선인과 일본인의 반목은 여전히 뿌리 깊게 남아 있다."라고 진단했다.

GHQ는 재일조선인의 신속한 본국 귀환을 기본 방침으로 삼고 '동화 조선인'에게만 잔류를 인정했다. 잔류 조선인은 일본 정부의 관리 감독하에 생활하도록 했다. GHQ는 1945년 12월부터 재일조선인에 대한 일본 정부의 규제권을 인정하고, 귀환사무소가 있는 지방당국자에게 귀환자 단속에 대한 모든 법적 수단을 쓸 수 있도록 권한을 위임했다. 그뿐만 아니라 1946년 2월 19일에는 치안 유지를 명목으로 당시 일본에 거주하는 비일본인에 대해 일본 정부의 수사권과 형사재판권을 용인하고, 같은 해 5월에 GHQ는, 귀환하지 않은 재일조선인은 한국에 정부가 수립될 때까지 일본 국민으로 취급한다는 공식 입장을 내놓았다. 1946년 2월에 GHQ는 재일조선인의 귀환희망자 등록을 지시하면서, GHQ의 다른 지시가 없는 한 38선 이남으로의 재일조선인 귀환은 1946년 12월 28일까지 완수하고, 38선 이북으로의 귀환은 1947년 6월 26일까지 완수할 것이라는 계획을 세웠다.

신탁통치 문제로 인한 좌우 대립

한편 일본에서 GHQ가 조선인 귀환과 동화 정책을 수립하고 있는 시기, 한반도는 신탁통치를 둘러싼 좌우의 대립과 미소 공동 위원회(이하 미소공위)의 난항이 전개되고 있었다. 신탁통치는 1945월 12월 16~28일에 모스크바 삼상 회의를 거쳐 결정되었다. 12월 17일 모스크바 협정에서 "한국에 미소 공동 위원회를 설치하고 일정 기간의 신탁통치 문제를 협의한다."라고 결정했다. 한반도에 민주주의 임시정부를 수립하고 이에 대한 방안을 강구하고자 미소공위를 설치하기로 했다. 미소공위는 임시정부와 협의하여 신탁통치를 실시한다는 구상이었다. 이는 미국과 소련의 통치권 균형을 유지하고, 전략적으로 큰 가치가 없는 한반도 지역에서 직접 충돌을 억지하려는 방법이었다. 이는 '협력을 통한 억지deterrence through cooperation'로 이해할 수 있다. 물론 미국 관리들은 신탁통치제도를 시행하는 것이 비현실적인 조치이며, 한국 문제에 대해서 소련과의 타협이 불가능하다는 것을 알면서도 공식적으로는 입장을 바꿀 수 없었다. 이렇게 공식 입장과 현실 여건 사이의 딜레마를 해결하지 못한 채 중국의 내전과 연계해 한반도의 상황을 관망하고 있었다.

그런데 신탁통치가 결정되자 한반도 남북의 정치 세력은 찬반을 두고 급속히 좌우 대립에 빠져들었다. 처음에는 좌우 양 진영이 모두 강력한 반대를 표했으나, 며칠 뒤 좌익 진영에서 이를 지지하고 나서면서 국내 정국은 찬탁과 반탁으로 갈라졌다. 서울에서는 미국이 즉시 독립을 주장했고 소련은 신탁통치 실시를 주장했다는 오보가 돌면서 강한 반탁과 반소 감정이 높아졌다. 모스크바 협정은 식민지적 신탁통치를 주장하는 소련의 주장이며 이를 찬성하는 것은 반민족적인 행위라는 인식이 퍼졌다. 반탁운동이 반소운동과 애국운동으로 변형되는 과정에서 친일파, 반소 반공 세력이 합류했다. 38선 이남 지역에서는 김구 등 임정 세력이 즉시 '신탁통치반대국민총동원위원'를 결성하여 '제2의 독립운동'을 주창하며 모스크바 삼상 회의의 결정을 지지하는 자들을 민족반역자로 규정하는 등 강력한 반대운동을 전개했다. 김구가 반탁운동의 선두에서 미군정 산하 한국인들의 총파업을 지시하자, 미군정은 김구의 행위를 쿠데타로 규정하고 파업을 취소할 것을 요구했다.

한편 조선공산당은 반탁운동을 좌우합작의 기회로 삼고 좌우의 협력이 민족 통일을 위한 최선의 방법이라고 판단하고 분열되던 당의 통합을 요청했다. 그러나 김구 등은 이를 접수조차 하지 않았다. 이에 조선공산당은 이승만과 김구를 파시스트로 규정하여 비난하면서 여운형, 김규식 등의 중도파와 함께 좌우합작운동을 준비했다. 그러나 평양을 방문한 박헌영이 신탁통치 지지를 선언하자 이승만 세력과 김구 세력이 통합되어 대한독립촉성국민회로 개편했다. 신탁통치 정국이 38선 이남 지역을 분열시킨 데 반해, 이북에서는 김일성의 유일 지도자로서의 부상을 촉진했다. 김일성 중심의 북한 공산주의자들은 '조선에 민주주의적 임시정부를 수립한다'는 목표에 초점을 맞추어 모스크바 삼상 회의의 결정에 지지를 표명했다. 반면 조만식은 신탁통치 거부를 명분으로 모스크바 삼상 회의 결정에 반대하면서 1946년 1월 가택연금을 끝으로 북한에서는 민족주의 우익세력이 소멸되고, 소련의 정책에 가장 부합했던 김일성이 정국의 주도권을 확보할 수 있었다.

따라서 1946년 3월 20일에 1차 미소공위가 개최되었을 때, 이미 남북은 좌우로 분열되어 있을 뿐만 아니라 38선 이남에서도 좌우 대립이 치열하게 전개되고 있었다. 이승만은 신탁통치에 대해 일관되게 반대 입장을 고수하고, 반탁운동을 통해 한독당의 세력이 급속도로 신장했다. 1차 미소공위 기간에 반탁 진영은 전반적으로 미국의 미소공위 대응책에 따라 38선의 철폐와 이에 따른 남북의 교류를 일차적으로 원했으며, 삼상 회의 결정을 반대하는 것이 아니라 신탁통치를 반대한다는 것을 강조했다. 4월 18일에 반탁 세력도 협의 대상이 될 수 있다는 소련 측의 일부 양보가 있었지만 결국 5월 9일에 무기휴회가 선언되었다. 1차 미소공위가 개최된 시기를 전후로 북에서는 3월 23일에 김일성이 이끄는 북조선임시인민위원회가 토지개혁을 포함한 20개 강령을 발표했다. 남에서는 6월 3일에 이승만이 '정읍 발언'을 통해 단독 정부의 필요성을 공언하면서 반소·반공적 입장을 천명했다.

신탁통치 문제와 재일조선인의 유혈 충돌

일본 패전 직후 혼란 속에서 재일조선인은 본국 귀환, 생명과 재산 보호 등 여러 현안을 해결하기 위해 일본 정부와 GHQ를 상대로 협상해야 했다. 이를 위해서 재일조선인 조직의 수립과 통합의 필요성이 제기되었다. 해방 직후 일본 내 조선인이 만든 단체는 한때 300개에 이르렀다가 군소단체를 규합해 전국적인 단체 결성을 준비하기 위해 1945년 9월 10일에 '재일본조선인연맹 중앙준비위원회'가 설립되었다. 마침내 1945년 10월 15일에 재일본조선인연맹(이하 조련)이 정식으로 창립되었다. 결성 준비 과정과 창립 초기에는 좌우 대립이 크게 부각되지 않았다. 재일본조선인연맹 중앙준비위원회가 조직되었을 당시 선출한 임원은 위원장에 민족주의자 재미동포 조득성, 부위원장에 친일파 권일, 공산주의자 김정홍 등으로 임원의 경력이 다양했다. 민족주의자와 공산주의자가 모두 포함되어 있었음을 볼 수 있다. 아울러 초기 조련의 활동은 귀환을 포함한 당면한 민생 문제에 집중되었다. 조련은 강령에서도 '귀국 동포의 편의와 질서 도모'를 적극 천명했다. 해방된 일본 사회에서 의지하는 곳이 필요했던 재일조선인은 가장 먼저 등장한 조련을 지지했다.

도쿄의 히비야日比谷 공회당에서 10월 15일에 열린 제1차 조련 전국대회는 지역 대표들을 포함해 전체 4,000명이 참석한 가운데 진행되었다. 이날 조련은 '해방된 독립 국민으로서의 긍지를 가지도록 재일한인을 계몽, 통제하는' 것을 단체 창립 목적이라고 밝혔다. 이때 천명한 강령은 모두 6개 항으로 다음과 같다. ① 신조선 건설에 헌신적 노력을 기한다. ② 세계평화의 항상적 유지를 기한다. ③ 재일동포의 생활안정을 기한다. ④ 귀국동포의 편의와 질서를 기한다. ⑤ 일본 국민과 호양우환을 기한다. ⑥ 목적 달성을 위해 대동단결을 기한다. 초기 조련의 사업은 조선 귀환자 명부 작성, 귀환 증명서 발행, 잔치 재산 관리, 생활 상담, 국어 학습, 당면한 민생 문제 해결 등이었다. 이렇듯 초기에는 이념과 정치와 무관한 재일조선인의 권익 보호와 본국 귀환 지원 등과 관련된 현안을 중심으로 사업이 운영되었다. 조련은 막대한 자금으로 아이들에게 민족의 말과 역사를 가르치는 민족학교를 적극 건설했으며, 1946년 10월 무렵에는 전국에 이미 539개 학교가 운영되고 있었다.

그러나 조련은 사회복지단체로 출발했으나 조련 내부의 주도권 다툼을 거쳐 공산화되었고 이후 북한 정권을 지지했다. 재일조선인에 관한 경찰 측의 치안 자료에 따르면 "1946년 2월 19일~1949년 9월 8일

시기는 조련의 전성시대라고도 할 수 있는 기간"으로, 조련이 "점차 그 세력을 확장하고 재일조선인의 대부분을 그 조직 안으로 끌어들여 일본공산당의 전위로서의 태세를 갖추어 나갔다."라고 정리하고 있다. 초대 위원장은 윤혁, 부위원장은 김정홍, 김민화가 맡았다. 한덕수는 가나가와현 본부장이었고 제2차 조련 전국대회에서 총무부장에 선임되었다. 갓 석방된 김천해金天海(1898년 5월 10일~?)는 일본공산당에서 활동했던 공산주의자이자 조선민주주의인민공화국의 정치인으로 조련의 고문으로 추대되었다.

이들 중 특히 사회주의 노동운동의 지도자 김천해의 역할이 주목된다. 해방 전 김천해는 일본공산당의 대보스 격인 도쿠다 규이치德田球一와 시가 요시오志賀義雄 등이 포함된 16명의 공산주의자들과 도쿄의 후추 형무소에 수용되어 있었다. 김천해는 함께 출소한 비전향자 6인과 함께 일본공산당 확대강화위원회를 조직해 패전 직후 일본 사회주의운동을 이끌었다. 일본공산당 중앙위원과 조선인부장으로 선출되었고, 민주주의 민족전선에서 중앙위원으로 뽑혔다. 1947년 2월에 일본공산당 중앙위원 겸 정치국원으로 선출되었다. 1948년 10월에 열린 재일본조선인연맹 제5차 전국대회에서 조선민주주의인민공화국 건국 축하를 위한 조국경축사절단장으로 선출되었던 인물이다. 1950년에 북한으로 간 이후 조선노동당 중앙위원회교육부장, 조국통일민주주의전선 중앙위원, 최고인민회의 대의원 중앙선거위원, 최고인민회의 상임위원장, 노동당 중앙위원회 대외연락부장, 조국통일민주주의전선 중앙위원회 의장을 역임했다.

당시 김천해와 같이 수감된 조선인은 이강훈(1949년 북한 입북 후 노동당 중앙위원, 최고인민위원회 대의원)을 포함해 3명이었다. 김천해가 조련을 통해 조직적으로 '인민공화국' 지지를 결정할 수 있었던 것은 조련 내 일본공산당원의 영향력 때문이었다. 김천해는 조련 결성을 앞두고 후추 형무소로 찾아온 공산주의자 김정홍과 김두용의 보고를 듣고, 이 자리에서 일본공산당의 재건과 적색 혁명을 위해 조련을 최대한으로 이용해야 한다는 원칙을 설명했다. 이는 수감생활을 함께 한 일본공산당의 도쿠다 규이치, 시가 요시오와 의논한 내용이었다.

재일조선인은 1945년 10월 1일부터 정치범 석방이 시작된 후 김천해가 포함되는지 주목해 왔다. 조련이 10월 15일 전국대회 개최를 예고하고 있던 시점에 김천해 석방 소식이 들려왔다. 김천해가 1945년 10월 10일에 후추 형무소에서 출소했을 때 수백 명의 조선인이 달려와 환영했다. 조련 준비위는 트럭을 앞세우고 '해방전사 출옥 환영'이라고 적은 대형 깃발을 흔들면서 김천해를 기다렸다. 김천해는 '일본제국주의와 군벌의 박멸', '노동자 농민의 정부 수립', '조선의 완전독립과 민주정부의 수립'을 언급하며 환영에 답하는 연설을 했다. 대회를 취재한 신문 기사에서는 참석 인원이 2,000~3,000명에 이르렀고 그중 조선인이 다수였다고 보도했다. 그만큼 재일조선인의 지도자로서 김천해를 향한 지지와 존경이 뜨거웠다. 대회를 마친 참석자들은 거리 행진을 이어가 지요다구千代田区에 있는 GHQ 앞에서 만세삼창을 하고 해산했다. 행진은 일제 패망 후 도쿄에서 벌어진 최초의 대중 시위로 기록되었다.

조련 결성대회_1945년 10월 히비야 공회당 창당대회에서의 좌우 대립

조련 결성대회는 표면적으로 좌우연합을 표방했으나 김천해와 같은 반일 경력이 있는 인사들이 친일파들과 조직적 통합을 이루기에는 상당한 무리가 따랐다. 친일파와 민족반역자 척결 문제로 인해 조련은 결성대회부터 좌우익 간 폭력 사태로 얼룩졌다. 대회 둘째 날인 10월 16일 개회 직전에 공산주의자 김두용 등 좌파 청년이 대회장에 난입하여 "친일파, 민족반역자를 조직에서 쫓겨내라."라는 규탄 기사가 게재된『민중신문』창간호(10월 15일 간행)를 뿌렸다. 대회장에서는 "민족반역자를 처단하라", "협화회, 일심회를 용서하지 말라", "친일파와 민족반역자를 철저적으로 조련에서 일소하라."라는 구호가 터져 나왔다. 당시 조련중앙위원장이던 윤근 이하 12명이 서울에 가서 박헌영을 만나고 온 일이 있었는데 이날 대회장의 친일파 적대와 인민공화국 지지와 함께 거침없이 "이승만과 김구 모두 죽일 놈"이라는 말이 나왔다. 그러고는 "남한에 가 보니까 인민공화국이 섰는데 남한 사람들이 모두 인공을 지지하고 있더라."라고 주장했다.

좌익 청년들은 대회에서 사회를 맡고 있던 권일을 "친일반동분자"라고 하며 폭행했다. 권일權逸(1911년 8월 22일~2001년 4월 3일)은 일제강점기에 만주국 법조인을 지내고 1950년에 재일거류민단장을 역임한 후 유신 시기에 국회의원을 지낸 정치인이다. 당시 우익인사 습격에 참가한 관계자는 "얼마 전까지 일본의 조선 식민지 지배를 지지하고 천황 만세를 외치던 놈들이 '새로운 조선건국을 위해 헌신하자' 등

손바닥을 뒤집어 태도를 바꾸는 것은 용서할 수 없다고 생각했다. 그래서 천벌을 가한 것이다."라고 회고했다. 그러나 당시 폭행을 당한 권일은 조련 결성대회를 앞두고 벌써 좌우가 대립의 싹을 보이기 시작했고, 결성대회장에서는 좌경의 빛이 역력했다고 술회하며 조직 분열과 좌우 대립의 원인을 좌익에 돌렸다.

권일에 따르면 결성대회 이전부터 일본공산당의 중진급 인사들이 조련준비위원회에 들락거리며 김정홍, 김두용 등 공산주의자들과 어울려 '설치기' 시작했다. 김천해와 일본공산당의 거물 도쿠다 규이치와 시가 요시오 등이 포함된 출옥환영 군중대회가 열렸을 때 김정홍 등 좌익 측은 조련이 그 주최자가 되어야 한다고 주장했다. 그런데 권일은 그와 같은 대회를 조련의 이름으로 개최할 수 없다고 맞섰다. "우리 조선인은 해방을 맞아 이미 일본 국민이 아니다. 일본공산당원들이 나오는데 우리가 환영회를 베풀어 줄 하등의 이유가 없다."라는 입장이었다. 또 공산당원 출옥환영 군중대회에서 일본 천황제 타도를 주창한다는 데 대해, "우리 조선인은 일본 천황제를 그대로 채택하든지 말든지 전혀 무관하므로 그 같은 군중대회 주최자가 될 수는 없다."라고 주장했다. 그러나 김두용은 "결론적으로 일본의 진보적 민주주의 혁명을 완성하는 방향으로 조선인을 지도해야 된다."라고 주장하면서 "조련을 정치적인 단체로 육성하여 일본공산 혁명세력의 하나로 끌고 가야 한다."라고 역설했다.

반역 vs. 반역_1946년 2월 제2차 조련 전국대회의 유혈 충돌 (나가타 사건)

1946년 들어서 재일조선인 사회에서는 인민공화국에 대한 지지가 신탁통치 찬성과 동일시되어 좌우 대립을 심화하는 결정적 소재가 되었다. 1월 중순 남한에서는 반탁운동이 결렬해지는 가운데 인민공화국이 지하단체화되어 가고 북한에서는 김일성 중심의 공산주의 세력이 결집하며 민족주의 세력 배제가 일어나고 있었다. 이런 상황에서 일본공산당과 밀접하게 관련된 조련 지도부의 인사들 주도로 인민공화국을 지지하고 신탁통치를 찬성했다. 신탁통치와 관련하여 "신탁통치안 내용을 규명하고 그것이 조선독립을 원조하고 촉진한다는 것을 인식하게 되었기 때문"에 지지한다고 선언했다. 찬탁 입장에 근거하면 삼상 회의 결정사항은 조선의 독립을 부정하는 것이 아니라 오히려 카이로 포츠담선언에서 막연하게 추상적으로 약속한 조선 독립을 재인식한 것이며 독립 국가 건설의 방법까지 구체적으로 명시한 것이다.

1946년 2월 27~28일에 제2차 조련 전국대회가 열렸다. 이때 벌어진 조련의 친일파 축출사태를 계기로 조련에 대항하는 우파적 성향의 청년단체 조직의 움직임이 가시화되었다. 조련이 공식적으로 삼상 회의의 결정사항을 찬성했다는 소식이 알려지면서 많은 조선인이 조련 조직을 탈퇴하여 우파 단체로 옮겨 갔다. 조련이 일본공산당과 결탁하자 민족주의 계열 인사들은 반공을 슬로건으로 내걸고 1945년 11월 16일에 조선건국촉진청년동맹(이하 건청)으로 결집했다. 강력한 반공의 기치 아래 조직된 이 건청에는 일제 때 민족운동과는 배치된 활동을 했던 인사들도 일부 끼어 있다는 비난도 있었다. 아울러 무정부주의 운동가로 유명했던 박열이 아키타秋田 형무소에서 석방된 후, 1946년 2월 10일에 박열을 중심으로 결성된 것이 신조선건설동맹이다. 후자가 1946년 10월 3일에 재일조선거류민단(민단)으로 개칭하면서, 건청은 민단의 산하 단체로 들어갔다.

이 대회에서 조련은 정치적 성격을 명확히 밝혔다. 우파와 친일파로 간주된 사람들이 조련에서 배제되었다. 결국 우파조직인 조선건국촉진청년동맹(건청), 신조선건설동맹(이하 건동)과의 물리적 충돌이 발생했고, 대회에서는 친일파 민족반역자와 건청, 건동과의 투쟁을 적극적으로 진행하며 '조선인민공화국'에 대한 지지성명을 냈다. 이에 반발해 건청은 11월 16일에 박열과 이강훈의 출옥을 기념하여 '애국투사 출옥환영 연설회'를 겸하여 결성대회를 개최하고 좌경화되는 조련을 민족반역자로 규정했다.

건청 결성 직후 1945년 12월 말경에 즉시 독립과는 어긋나는 신탁통치안이 머지않아 한국에 실시되리라는 소식이 재일동포들에게 전해지자 건청은 곧 반탁을 결의했다. 1946년 1월 중순경 서울에서 김구를 만나 그 친서를 갖고 도쿄에 돌아온 이강훈이 건청의 전두수에게 지시하여 2월 4일에는 도쿄에서 반탁 데모를 대대적으로 벌이기까지 했다. 당시 즉시 독립에 대한 열망에 비추어 볼 때, 반탁은 본국에서나 일본 동포 사회에서나 극히 자연스러운 결단이었다. 2월 중 건청 선전부가 배포한 자료 '조선동포에 고함'에는 "신탁통치를 원하는 음모를 매국적 행위"라고 규정하는 한편, 실제로 존재하지 않는 '인민공화국'을 선전하며 신탁통치를 지지하는 자를 "민족반역자"라고 비난했다. 건청의 2월 14일 중앙위원회 성명서는 "일본에 있어서 조선인연맹이 적색화하여 인민공화국만을 지지한다고 하는 것은 조련의 본래 목적을 상실하고 동포를 기만하는 것이므로 재일동포와 함께 굳게 항의하며 그 반성을 촉하노라."라고 비난했다.

결국 신탁통치에 대한 좌우익의 극한 대립은 유혈 폭력 사태로 귀결되었다. 당시 전국에서 참석한 487명의 대의원이 참석한 가운데 열렸던 제2차 조련 전국대회에서 신탁통치 문제가 활발히 논의되었다. 조련의 주도권을 쥐고 있던 공산주의자들도 처음에는 반탁 의사를 표시했으나, 1946년 2월 27일 제2차 조련 전국대회를 하루 앞두고 일본공산당의 지령을 받고는 하룻밤 사이에 찬탁으로 돌았다. 그러나 처음에 분위기는 반탁으로 기울어져 있었다. 그렇게 되자 공산주의자들이 압도적으로 접하고 있는 의장단에서는 신탁통치안은 대회 명의로 반대하기로 한다는 발언으로 회의장의 질서를 수습하고 반탁 성명의 초안을 검토하기 위해 정회를 선언했다. 이때 반탁을 주장하는 인사가 총격을 가하는 사건이 발생했다. 도쿄 제4구 대의원으로 참가한 정철과 아키타현 본부 위원장으로 참석한 김재화는 조련 지도부의 찬탁과 공산화를 질타했다. 정철은 "조련은 발족 당시에 사회단체로 나왔는데 왜 정치적 색채를 띠게 되었는가."라고 이의를 제기하고, "조련을 반대하는 사람은 반역자인가.", "단상에 공산당 스파이가 있다."라면서 찬탁 세력을 비난했다. 정회 시간을 이용해서 정찬진과 이문열이 대회장을 돌아다니며 미리 준비한 반탁 '삐라'를 뿌렸다. 그러자 좌익계 간부들의 밀령을 받은 행동대원들이 이들을 미행하다 정찬진과 이문열의 몸에서 권총이 나왔다고 하면서 붙잡아 이 두 사람의 손을 등 뒤로 보내 밧줄로 묶고는 단상에 올려놓았다.

김재화(이후에 민단 단장과 신민당 국회의원이 됨)가 "이 살인 음모자는 처단되어야 한다."라고 운을 떼자 조련 부의장으로 있던 김정홍(후에 입북하여 신의주 시장이 됨)이 "대회를 방해한 이 반동분자에 대한 인민재판을 열자."라고 제의했다. 사태가 이렇게 심상치 않게 발전하자 대회장에 있던 정철이 일어나 "인민재판은 누구 명령으로 여느냐, 그 사람을 죽여라 살려라 하는데 죽일 죄명이 뭐냐."라고 따졌다. 그러니까 "저놈도 그놈 한 패다. 잡아라."라는 고함이 들리고 이어 그 옆에 있던 행동대원들이 정철을 덮쳤다. 멱살을 잡히니 정철이 품에서 권총을 꺼내 겨누며 "놓아라, 놓지 않으면 쏜다."라고 협박했지만 놓아 주지 않자 방아쇠를 잡아당기고 말았다. "탕!" 총소리가 나니까 책상 위에 겹겹이 덮쳐 있던 사람들이 혼비백산해서 제각기 사방으로 도망치기 시작했다. 정찬진과 이문열이 함께 대회장 강당 문을 나서는데, 두 사람의 피신을 지켜보고 있던 조련 행동대원들이 2층 베란다에 대기하고 있다가 화분을 내리던져 정찬진의 머리에 부상을 입혔다. 정철이 피가 흐르는 정찬진에게 "나는 괜찮으니 당신이 가지시오."라고 총을 건네주고 한길로 뛰어가다 순찰 중이던 미군 군사경찰 MP를 만나 영어로 자신이 피습당하고 있다고 말해 미군 지프차에 타면서 행동대원들의 추격을 가까스로 면할 수 있었다.

나가타 초등학교 강당에서 개최된 제2차 조련 전국대회의 유혈사태인 니가타 사건을 계기로 그때까지 조련에 남아 있던 다수의 우익 인사들이 조련을 이탈하거나 제명당했다. 나가타 사건 다음 날 조련의 공산 간부들에 의해 강행된 찬탁 결의는, 그때까지도 조련의 정체를 몰라 망설이고 있던 많은 인사가 조련을 이탈하는 계기가 되었다.

내분의 유산

1946년 2월 나가타 사건의 유혈사태 직후 맞이한 첫 3.1 운동 기념식은 남한의 상황과 같이 좌우가 따로 개최했다. 조련은 히비야 공원 대광장에서 '3.1 혁명 기면 인민대회'를 열었고, 건청과 건동은 공동으로 히비야 공회당 건물에서 '3.1 독립운동 기념 집회'를 열었다.

누구보다도 억압당했던 재일조선인이 다 함께 독립운동을 기념할 수 없었다는 비극을 해방 80주년을 맞는 2025년 시점에서 다시 생각해 본다. 1945~1946년 조련의 결성과 재일조선인 사회의 분열은 안타까움과 실망, 좌절, 허탈함, 분노, 후회를 느끼지 않고는 돌아볼 수 없다. 분명히 해방 이후 우리 코리언들의 자주독립에 대한 열망이 이루어질 수 없었던 것은 국제적 냉전 질서에 기인했다. 그러나 한반도가 식민통치에서 해방되는 데 좌도 우도 자랑할 공적이 없지는 않지만, 그렇다고 해서 좌나 우 어느 한쪽만의 공적이 절대적으로 뚜렷하지도 않았다. 아주 분명하게 어떤 세력의 공이 더 크다고 규정하기 어려운 혼란의 상태에서 너도나도 앞장서서 서로 민족반역자라고 공격하면서 독단적으로, 배타적으로 권력 다툼과 세력 확장에 몰두하다가 결국은 전쟁까지 겪었다. 해방 이후 자주독립의 방향과 성격을 우리 민족이 단독으로 선택할 수 없는 조건에서, 이와 같은 완고한 정치적 독단은 좌와 우 양쪽의 과오였다. 3.1 운동을 함께 기념할 수 없는 분열된 냉전기 재일조선인 사회는, 남북의 단독정부 수립 이후에 완전히 갈라져 각자 지지하는 독재정권의 통일정책의 선전 도구의 기능을 수행했다. 그리고 분열로 인해 일본 사회에서 살아가면서 당하는 차별 등 민생 현안에 효과적으로 대응할 수 없었다.

8.15

4부

2025년에 바라본 1945년 코리언의 해방과 분단

10장

레드 콤플렉스 때문에 막혀 있는 상상력이 넓어진다면
- 남과 북 청년의 대담

조경일, 김연우, 강태성

자기소개

조경일(이하 경일) 안녕하세요. 저는 이번 해방 80주년 한반도 지역 대담을 맡은 조경일입니다. 제 소개를 간략하게 먼저 드리자면, 저는 두 분도 한 번쯤 들어 보셨을 '아오지'라는 지역에서 태어나 16세까지 자랐고, 2004년 말에 한국에 왔습니다. 아오지의 정식 행정지명은 함경북도 경흥군입니다. 그런데 한국인들은 아오지라고 말해야 알더라고요. 어쨌든 아오지 탄광에 대해서는 한국 사회에서 부정적 의미이기는 하지만 잘 알려져 있었습니다. 혹시 두 분도 아오지에 대해 들어 보셨어요?

강태성(이하 태성) 그 탄광… 정치범들… 맞죠?

김연우(가명, 이하 연우) 그냥 수용소 같은 느낌으로만 알고 있습니다.

경일 네, 저도 한국에 와서야 '정치범들이 아오지 탄광 정치범 수용소로 끌려간다'라고 알려져 있는 것을 알게 되었어요. 그런데 사실 아오지에는 정치범 수용소가 없습니다. 2010년 남아공 월드컵에서 북한 축구 대표 팀이 탈락했을 때 아오지 탄광으로 끌려갔다는 소문이 돌기도 했는데 다 가짜 뉴스입니다. 물론 구치소 같은 감옥은 있어요. 한국도 1990년대 후반까지 반공교육을 했기 때문에 대표적으로 아오지 탄광이 북한에 대한 부정적 의미를 강조하기 위해 활용된 것 같습니다. 왜곡된 정보를 반공교육으로 활용한 것이죠. 어쨌든 저는 1988년생이고 16세였던 2004년 말에 탈북해서 한국에 정착했으니 올해로 서울 생활 21년 차입니다. 현재 건국대학교 통일인문학 박사과정을 수료하고 통일인문학연구단에서 연구원으로 참여하고 있습니다. 그리고 2000년 여름, 12세 때 처음 탈북한 후 중국에서 2년 정도 살다가 2004년 봄에 북송된 경험도 있습니다. 그러니 정확히는 14년을 북에서 살았고, 2년을 중국에서, 현재 남쪽에서 21년 차를 살고 있습니다. 우스갯말로 제 몸에는 사회주의와 자본주의 피가 반반씩 흐르고 있다고 말하기도 합니다. 북에서의 경험이 제 정체성의 절반을 구성하니까요. 두 분은 저처럼 북에서 온 사람과 대면한 경험이 있는지 잘 모르겠으나, 대담 과정에서 남과 북을 오가는 어떤 감정이 있을 수도 있다고 생각합니다. 저는 정치학, 그중에서도 제도(의회)정치를 공부했고 대학원에서 분단 이데올로기와 반공주의, 북향민과의 사회통합을 중심으로 연구에 집중하고 있습니다. 두 분도 간략하게 자기소개 부탁드립니다.

연우 처음에 사전 질문으로 '자기소개'를 전달받았을 때 경일 님의 정체성을 구성하는 전방위적인 설명이 들어가 있다는 생각이 들어서 저도 어떻게 소개할까 고민했습니다. 저는 대학에 들어가서부터 20대 대부분을 일본군성노예제 문제를 해결하기 위해 활동했습니다. 지금은 광고 에이전시에서 일하고 있고요. 사실 살면서 나의 정체성을 어떻게 소개해야 할지 고민해 본 적이 없어서 질문을 보고 한참 생각했습니다. 어쨌든 저의 가장 많은 부분을 구성하는 것은 아무래도 일본군성노예제 문제 해결 활동을 하면서 보낸 20대의 경험이에요. 그리고 거기에 여성이라는 점과 시골 출신이라는 점이 저의 정체성을 가장 많이 대표하는 부분이라고 생각합니다.

태성 저는 태어난 곳에서 평생을 살았고, 동네를 벗어난 적이 없었어요. 서울 송파구 오금동에서 태어나 초중고등학교를 졸업하고 대학교도 홍익대학교를 다녀서 집에서 통학했습니다. 저의 인간관계도 그 동네에서 초등학교 때부터 같이 지냈던 친구들입니다. 지금 독립할 나이가 되었는데 독립을 결심하기가 쉽지 않네요. 대학교 때 1년 정도 자취를 한 경험이 있지만, 그때도 사실 본가인 송파구에 일주일에 한 번은 갔어요. 저는 직장을 구하거나 집을 구하더라도 당연히 서울 안에서 구해야 한다고 생각했습니다. 물론 본가가 서울이니 집을 구할 필요가 없었고, 오히려 독립을 위해 집을 구할 바에는 적금을 하나라도 더 들어서 미래를 준비하는 게 낫다고 생각했지요. 서울에 본가가 있는데 굳이 그럴 필요 있나 하는 생각도 들고, 또 살던 동네를 벗어나면 많은 것을 내려놓고 나와야 하더라고요.

아버지가 장교 출신이라 사실 군인 가족입니다. 제가 태어나기 전에 아버지는 7년 정도 장교로 복무하고 전역한 뒤 태권도장을 운영하셨습니다. 저와 다섯 살 차이가 나는 형도 장교인데, 제가 중학생 때 처음 임관했어요. 그래서 저도 장교로 갈 만한 고등학교를 지원해 보기도 했지요. 장교 출신인 아버지에게서 훈육을 받아서 그런지 저도 자연스레 군인이 되겠다고 생각했습니다. 하지만 저는 장교를 포기하고 해군 병장으로 만기 전역을 했는데, 아직까지도 '나는 군인이다'라는 정체성이 저의 내면에 있습니다. 아직은 군인이 아닌 삶이 더 어색한 느낌도 들어요.

경일 태성 님은 군인으로서의 자부심이 있으시군요. 아무래도 군대는 전반적인 분위기가 조금 경직되거나 국가관이 뚜렷해야 하는데, 특히 한국은 북한을 주적으로 보는 경향이 있는 것 같습니다. 혹시 군 생활 경험에서 이런 것이 영향이 있었나요?

태성 북한을 바라보는 관점에는 딱히 영향이 없었지만, 저는 애국심이 강한 편이었습니다. 문재인 정부 시절에 고등학생이었는데, 문재인 전 대통령이 방북하고 남북 관계가 순풍이었을 때 저는 통일에 대해 긍정적으로 생각했고, 북한과도 좋은 관계를 맺어야 한다는 교육도 받았습니다. 대학교에 입학해서는 우연히 일본군'위안부' 피해자인 고 길원옥 할머니가 앨범을 내는 작업에

코러스로 참여하면서 그 계기로 일본군'위안부' 문제를 접했어요. 전역하고 복학하면서 또 어쩌다 일본군'위안부' 관련 동아리 활동을 하기도 했습니다.

8.15 해방이 해방하지 못한 것들

경일 두 분 다 일본군'위안부' 피해자 문제 해결 활동과 공통점이 있군요. 이 대담에 앞서 한반도, 중국, 일본의 해방에 대한 사유를 담은 에세이를 읽으면서 흥미로웠고 새롭게 알게 된 내용이 많았습니다. 두 분도 에세이를 읽으면서 혹시 이전에 갖고 있던 8.15에 대한 인상 혹은 기억과 다른 부분이나, 읽으면서 새롭게 와 닿은 게 있는지요?

태성 우리가 기리는 해방 '8.15'라는 날짜에 대한 국가별 기억이 다르다는 내용이 흥미로웠습니다. 중국과 대만 등 국가마다 광복을 다양한 날짜로 해석한다는 사실이 놀라웠는데, 그동안 8.15를 광복절로만 생각하고 국가별로 다양한 관점이 있다는 생각을 해 본 적이 없어서 조금 반성하기도 했어요. 또 재일조선인에 대한 내용도 흥미로웠습니다. 특히 일본군'위안부' 피해자 할머니들께서 기금을 모으셔서 재일조선인 학생들을 지원했다는 점이었어요. 보통 한국에서는 재일조선인이 조총련과 연결되어 있어서 '북한 사람'이라고 인식하는 경향이 있는데, 이번에 에세이를 읽으면서 해방 당시 일본에 남았던 조선인에 대해 처음으로 생각해 봤습니다. 일본에 남은 조선인이 단체를 만들어 교육도 실시하는 등 현지에서 삶을 이어 갔지만, 200만 명이나 되는 조선인이 왜 한국으로 돌아오지 못하고 일본에 남았는지에 대해 더 궁금증이 생겼습니다.

연우 제가 가지고 있던 8.15 해방의 인상에 대해 말씀드릴게요. 8월 14일은 일본군 '위안부' 피해자 기림의 날입니다. 이날은 김학순 할머니의 첫 증언 날짜로, 8.15와 날짜가 연달아 있어서 8.14 기림의 날과 8.15 해방을 함께 공부하고 논의해 왔습니다. 할머니들은 해방을 맞이했는가, 해방을 무엇으로 규정할 것인가, 인권 문제 해결에는 원상 복구의 원칙이 적용되는데 일본군성노예제 피해를 어떻게 원상 복구할 수 있는가 등 다양한 주제에 대해 전방위적으로 토론합니다. 할머니들은 항상 아직 해방이 오지 않았다고 이야기하세요. 광복과 해방이 왔는데 일본군성노예제 문제는 해결되지 않았고, 더군다나 길원옥 할머니는 분단이 되면서 고향인 북쪽으로 돌아가지도 못했으니까요. 그래서 8.15 해방을 논의할 때 분단과 통일까지 이어서 논의하곤 했습니다. 미완의 해방이 8.15 해방의 인상일 것 같습니다.

저는 일본군성노예제 문제 해결을 위한 활동을 하면서 재일조선인과도 접점이 조금 있었어요. 그런데 앞의 내용 중에 만주 지역에서 살던 조선인이 조선족으로 인정받는 과정 등은 전에 알지 못했던 내용으로 흥미로웠습니다. 이에 더해서 에세이 전반을 관통하는 게, 다들 8.15가 감격과 환희의 순간일 것 같다고 생각하지만 사실 매우 큰 혼란과 공포와 수많은 격변의 시기였다는 내용이 인상적이었어요.

경일 네, 모두 에세이를 읽으면서 8.15에 대한 한반도, 중국, 일본의 기억과 사유에 차이가 있다는 것을 새롭게 배웠습니다. 저도 8.15에 대해 한반도, 중국, 일본이 서로 다른 관점에서 사유한다는 사실이 흥미로웠어요. 우리는 8.15가 되면 광복과 해방을 기억하는데 중국은 승전일로, 일본은 패전일로 기억하니 세 국가의 역사적 접근이 완전히 달랐습니다. 향후 한반도, 중국, 일본이 역사 해석을 놓고 대화할 때 다층적인 면을 봐야 할 것 같습니다. 일본은 원폭피해를 강조하는 경향이 있는데, 이런 부분만 봐도 인식이 많이 다른 것 같습니다.

태성 일본이 강하게 우경화되어 있다 보니 아시아·태평양전쟁에서 패배한 사실을 순화하려고 합니다. 어쩔 수 없이 일어난 전쟁이라는 식으로 표현하거나 원자폭탄의 피해자로서만 자신들의 위치를 강조하는데, 이는 사실 아시아에서 자신들의 식민지 범죄를 덮으려는 의도라고 봅니다. 그러니 8.15를 우리와는 다르게 광복이 아니라 패배로 인식하는 것 같아요.

연우 일본이 우경화된 측면이 많지만, 또 청년들과 여러 시민단체에서는 과거 일본의 역사를 있는 그대로 바라보고 접근하는 움직임도 꾸준히 있어 왔습니다. 물론 그들이 주류의 목소리가 되지는 못하는 상황이긴 하지만요.

남북 청년의 첫 만남

경일 서로 소개했듯이, 이 대담은 굳이 비교하자면 남쪽에서 나고 자란 청년과 북쪽에서 태어나 살다가 현재 남쪽에서 살고 있는 청년의 대화이니 간단하게 남과 북 경험자들의 대화라고 해 봅시다. 탈북해서 한국에 정착한 이들을 지칭하는 공식 법정 용어는 북한이탈주민이고, 줄여서 탈북민이라고 합니다. 하지만 저는 이 대담에서 탈북민이라는 호칭 대신 북향민이라는 호칭을 쓰겠습니다. 본격적인 대담에 앞서 두 분은 북향민과 대화를 나눠 본 적이 있나요?

연우 저는 지금까지 북향민과 접촉해 본 경험이 전혀 없었습니다. 그저 미디어를 통해서만 북향민에 대해 들은 게 전부여서 오늘이 사실상 북향민과의 첫 만남이네요.

태성 저도 북향민과의 대화는 오늘이 처음입니다.

북향민과 사회통합

경일 네, 두 분 모두 오늘이 북향민을 처음 만나는 자리군요. 언론에 북향민 소식이 자주 나오지만 정작 북향민과 만나거나 대화를 나눌 기회가 드물기는 합니다. 그러니 북향민에 대해서 잘 모르거나 알 수 있는 기회가 아예 없지요. 한국 사회에 북향민이 3만 5,000명 가까이 정착해서 살고 있는데, 남한 사람들이 일상에서 북향민을 만날 수 있는 확률은 단순 통계로만 봐도 1%가 안 됩니다. 굳이 찾아 나서지 않으면 말이죠.

북향민은 한국에서 동등한 대한민국 국민으로 살아가고 있습니다. 한국 정부는 북향민을 '전원 수용 및 포용하되 유인하지 않는다'는 기조하에 북향민 정책을 수립했는데, 혹자는 이들을 '먼저 온 통일'이라며 환영하지만 또 더러는 불편해하고 때로는 혐오 발언도 쏟아 냅니다. 북향민에 대한 한국 사회의 환대와 냉대를 넘어, 남한 주민과 북향민의 사회통합이 중요하다는 데 대부분 의견이 일치한다고 생각해요. 그래서 북향민과의 사회통합 이슈가 오늘날 현안으로 나오고 있습니다.

하지만 언론에 비친 북향민의 모습에 논란도 많았습니다. 일부 북향민 단체의 대북전단 살포, 국정원 댓글 알바 동원 등 한국인들은 언론에 비친 북향민을 보며 전체 북향민에 대한 이미지를 구축하게 되지요. 서로 잘 몰라서 생긴 오해도 많을 것이라고 생각합니다. 또 채널 A의 〈이제 만나러 갑니다〉 등 북향민이 나오는 예능 프로그램도 있고 유튜버도 많아서 북향민에게 익숙해진 측면도 있어요.

북향민에게 한국은 해방의 공간입니다. 목숨을 걸고 독재 체제를 탈출해서 한국에 와서야 얻은 새 삶이니까요. 하지만 한국의 현실은 치열합니다. 북향민에 대한 한국 정부의 지원(정착지원, 등록금 등 교육지원)을 두고 역차별이라는 이야기가 나오기도 합니다. 현실이 치열하니 충분히 이해해요. 두 분은 평소 북향민에 대해 어떤 이미지를 갖고 있는지, 또 북향민에 대해 어느 정도 알고 있는지 궁금합니다. 되도록 편하게 이야기해 주시면 좋겠어요. 그리고 북향민과의 사회통합이 필요하다면, 이게 통일과 해방에 어떤 의미가 있다고 생각하시는지요?

연우 저는 항상 '북향민'이 말하기가 조금 어려운 주제라고 생각했어요. 북향민은 여전히 한국 사회에서 소수자여서 섣불리 판단을 내리면 소수자에 대한 혐오가 될 수 있기 때문에 자유롭게 말하기가 어려웠고, 기회도 딱히 없었습니다. 사실 언론에 나오는 북향민의 발화의 신뢰도가 저에게는 높지 않았어요. 북한이라는 곳이 한국 사람에게는 미지의 공간이어서, 어떻게 보면 오염된 정보가 전달될 수도 있겠다고 생각했습니다. 경일 님이 이야기한 것처럼, 미디어에 나오는 북향민은 사실 어떠한 의도를 가지고 정치적으로 발화하는 경우가 대부분이라고 생각해요. 하지만 실제로 만나 본 적은 없으니 이것도 일종의 편견일 수 있습니다. 또 북향민이 한국에 오면 국정원과 하나원에서 관리한다고 알고 있었는데, 이런 시스템도 저에게 조금 부정적으로 느껴졌어요. 국정원이 긍정적인 이미지는 아니니까요. 한국이 민주화되는 과정에서 국정원이 담당했던 특정 역할이 있었기 때문에, 국정원이 관리하는 북향민의 이야기를 어디까지 신뢰할 수 있을까 하는 고민이 항상 있었어요. 그래서 섣불리 북향민에 대해 이야기할 수 없었던 것 같습니다.

태성 저는 그동안 북향민에 대해 극단적으로 인식했던 것 같습니다.

북향민을 철저한 반공주의자로 여겨 북한을 증오하거나, 또는 어떤 지령을 받고 온 간첩으로 최근까지 인식하고 있었어요. 미디어나 TV 프로그램에 나온 북향민을 보면 북한에 대한 엄청난 비난을 쏟아 내는 경우가 많고, 댓글이나 여론에서도 북향민을 빨갱이나 간첩으로 비난하는 내용이 많습니다. 사실 한국은 지나치게 양극단으로 갈라진 것 같아요. 오늘 경일 님과 대담해 보니 '북향민이 한국에 특별한 정치적 목적이 있어서 온 게 아니라 자유를 찾아 왔구나' 하는 생각이 들었습니다. 저는 북향민이 해외이주민과 비슷한 자격을 갖는다고 생각했는데, 저와 동일한 대한민국 국적을 갖는다는 것을 오늘에서야 알았습니다. 어쨌든 북향민이 북한에 대해 잘 알기 때문에 북한 관련 활동이나 통일 정책을 논의하고 결정할 때 많이 참여했으면 좋겠습니다. 북향민과 사회통합을 하기 위해서는 저처럼 남한 사람들의 생각도 바뀌어야 될 것 같네요. 한국은 외국인에 대해서 배타적인 경향이 있는데 이게 북향민에게도 적용되고 있다고 생각합니다.

경일 네, 미디어에 나오는 일부 북향민의 모습을 보면 자극적이거나 극단적으로 치우친 목소리가 많이 노출되기는 합니다. 하지만 저는 오히려 이런 목소리가 소수라고 생각해요. 기성 정치권에서 북한에 대한 공격적인 목소리를 내는 북향민을 이용하거나, 역으로 일부 북향민이 스스로 이용하는 측면이 있어요. 반대로 북향민이 진보적인 목소리를 내면 간첩이냐고, 빨갱이냐고 비난을 듣기도 합니다. 이런 분위기는 북향민의 주체적인 정치적 의사표현을 방해하기도 하지요.

연우 　북향민과의 사회통합이 필요하고, 또 잘 이루어진다면 저는 한국 사회에서 청년들이 갖게 되는 상상력의 범주가 훨씬 넓어질 것이라고 생각합니다. 한국 사회는 분단으로 인해 섬 같은 곳이고, 항상 레드 콤플렉스 때문에 상상력이 제한되는 상황이니까요. 통합이라는 것은 상대방을 있는 그대로 인정하는 것이라고 생각합니다. 그런데 북향민의 정체성과 그들의 의견이 한국 사회에서는 정치적인 상황에 따라서 이용당하기 쉬운 것 같아요. 그렇다면 어떻게 있는 그대로 받아들여질 수 있을지 서로 고민할 필요가 있다고 봅니다.

경일 　북향민은 우선 출신이 다릅니다. 말투도 다르고 경험도 다르지만, 한국에 새롭게 정착해서 구성원으로 살아가는 이상 출신이 부여하는 정체성으로 규정하는 대신 동등한 국민으로 그저 평범한 관계를 형성하는 것이 중요하다고 생각해요. 국적만 동등할 뿐 북향민에 대한 사회적 시선이 다르기 때문에 사회통합에 대한 요구가 나온다고 봅니다. 북한에서 왔다는 이유 때문에 차별과 편견, 오해로 어려움이 있는 게 현실이지요.

연우 　북향민과 잘 어울려 사는 것을 사회통합이라고 한다면, 근본적으로 남북 관계의 개선 없이 가능할까 하는 생각이 듭니다. 경일 님이 이야기한 것처럼, 북향민에게는 '북한'이라는 꼬리표가 붙지요. 우리가 일본인을 대할 때도 일본이 갖고 있는 이미지를 배경으로 받아들이고, 중국인을 대할 때도 마찬가지이고요. 항상 출신 국가 배경이 꼬리표가 되는데, 북향민은 북한이 싫어서 온 분들이지만, 그럼에도 필연적으로 북한이라는 꼬리표가 붙기 때문에 북향민과 사회통합이 잘되기 위해서는 북한과의 관계 개선이 어떤 측면에서 전제되어야 하지 않을까요?

경일 중요한 지적입니다. 북향민과의 사회통합에서 남북 관계가 영향을 미치는 측면이 분명 있어요. 남북 관계가 좋았을 때는 통일에 대한 공감대가 높고 북한을 '주적'보다는 '동포'로 생각하는 인식도 높아지는데, 남북 관계가 나빠지면 인식도 정반대가 되지요. 그리고 이건 북향민을 인식할 때도 영향을 미칩니다. 북한이 미사일 실험 등 '나쁜 짓'을 하면 괜히 북향민에게 화살이 돌아간다고 할까요. 북한이라는 부정적인 그림자가 항상 따라다닙니다. 그런 의미에서 남북 관계 개선은 북향민과의 사회통합에서도 중요한 부분입니다. 남과 북이 여전히 적대적 관계에 놓여 있기 때문에 결국은 이 관계에 북향민과의 사회통합도 영향을 받을 수밖에 없다고 생각해요.

태성 저는 북향민과의 사회통합을 위해서는 한국인들의 생각이 바뀌어야 된다고 봅니다. 북향민이 북한에서 왔지만 지금은 대한민국 국민이니까요. 어쨌든 남한 사회에 살고자 오신 분들이고 적응하기 위해 분투하고 있는데, 한국 사회에서 외국인을 향한 배타적 시선이 북향민에게 동일하게 적용되는 것 같습니다. 저는 사회통합을 위해서는 포용적 시선이 필요하다고 생각해요. 놀랍게도 한국은 미국인이나 유럽인을 대할 때도 백인과 흑인에 대한 차별적 대우가 있어요.

분단된 한반도, 남쪽은 해방의 주체인가

경일 네, 주제를 바꿔서 이야기해 보죠. 대한민국 헌법 제3조(대한민국의 영토는 한반도와 그 부속도서로 한다)에 북한은 대한민국의 부속도서로 규정되어 있습니다. 그래서 북한은 미수복 지역이며, 이에 따라 '북향민도 대한민국 국민'이라는 논리가 적용되기도 하지요. 나아가서 많은 이들의 무의식 속에 한국은 북한을 해방해야 할 주체로 인식되는 경향이 있지만 점점 북한이나 통일에 대해 관심이 줄어들고 있어요. 그런데 북한은 우리와 떼려야 뗄 수 없는 관계입니다. 북한이 민주적으로 변화해야 한다면, 여기서 한국이 미수복 지역인 북한을 해방해야 할 주체라고 생각하는지 두 분의 의견이 궁금합니다. 또 한반도 현재 상황에서 우리는 해방에 대해 어떤 관점과 비전, 또는 자세를 가져야 한다고 생각하는지요?

연우 한국의 미수복 지역인 북한을 해방해야 한다는 관점은 사실 구시대적이라는 생각이 들었습니다. 남북이 유엔에 동시에 주권 국가로 가입되어 있는데 한국이 북한을 국가가 아니라고 한들 국제사회에서 정말 그렇게 생각할까요. 요즘 한국 청년들은 남북한을 사실상 분리된 국가라고 인식하는 것 같습니다. 그리고 질문에서 전제하는 북한은 독재를 하고 있기 때문에 민주화되어야 한다는 내용이 흥미로웠어요. 규정에 따라 질문이 달라질 수도 있겠습니다. 경일 님의 전제처럼 북한이 독재 국가이고 민주적으로 변화하는 것을 해방이라고 규정하고 답변하자면, 저는 북한을 해방해야 할 주체가 한국이라고 생각하지는 않습니다. 제가 예전에 일본군성노예제 문제와 관련해서 활동할 때, 이 문제를 일본 청년들이 모르니 일본에 가서 행사를 통해 그들에게 진실을 알려 줘야겠다는 다소 오만한 생각을 했어요. 그런데 그때 한 선배 활동가가 이런 말을 했습니다. 일본 사회 변혁의 주체는 일본인이라고. 저는 그때 그 선배의 말에 큰 함의가 있다고 생각했어요. 이 말을 여기에도 동일하게 적용할 수 있다고 봅니다. 북한이 독재로부터의 해방이 필요하다면 그 주체는 북한 인민이라고 생각해요. 저는 조선의 독립도 조선이, 한국 사회 민주화도 한국 시민의 주체적인 노력으로 이루었다고 생각합니다.

사실 이제는 남북이 두 개의 국가나 다름없다고 생각합니다. 심리적으로도 우리는 너무 길게 달리 살았고, 어른들이 말하는 통일은 저한테는 너무 당위적으로 들려요. 그냥 통일은 해야 돼, 이런 셈이죠. 요즘 청년들은 먹고사는 문제가 제일 고민인데 통일이 왜 필요한지, 어떤 실익이 있는지 전혀 설득되지 않는 것 같습니다. 청년들에게 통일에 대한 설득력을 가져야 한다고 생각해요. 저는 지금 남북을 두 개의 국가로 보고, 어떻게 상생할 것인가에 대한 관점 제시가 필요하다고 봅니다. 다른 나라라고 하더라도 한반도로 묶여 있는 상황에서 상생이 필수 불가결하다는 점을 인지하고, 당위성이 아니라 실질적인 성장을 만들지에 대한 고민이 필요합니다. 특히 지금은 세계 정세가 급변하고 있으니까요. 앞서 이야기했듯이 분단, 레드 콤플렉스 때문에 막혀 있는 상상력이 넓어진다면 남북이 경제, 군사 등 다양한 분야에서 함께 새로운 해결책을 낼 수 있을 것입니다. 결론적으로 저는 한반도가 상생의 파트너로 가야 살아남는 시대라고 생각합니다.

태성 사실 북한과 해방을 이야기했을 때 가장 먼저 떠올랐던 것이 북한을 어떻게 보면 지배하고 있는 독재 정권으로부터 동포들을 해방해야 되는 논리였습니다. 마치 게임에 항상 나오는 용사가 마왕에게서 공주를 구한다는 설정과 비슷한데, 저도 지금까지 이런 해방을 생각하고 배워 왔던 것 같아요. 한국이 북한의 해방을 바라보는 관점이, 과거 일본이 조선을 해방해야 한다는 논리와 같다는 생각이 듭니다. 청으로부터 조선을 구하기 위해서라는 일본의 조선 독립의 명분과 동일한 셈이죠. 결국 한국에서 해방의 주체가 국민이었던 것처럼, 북한도 자국민의 노력이 가장 중요하다고 생각해요.

다시 해방을 위한 남과 북 공통성 찾기

경일 두 분의 고민에 대해 저도 공감합니다. 어떤 방식의 통일이든 사실 북한에 살고 있는 당사자인 주민의 의견이 가장 중요하다고 생각해요. 최근 북한이 남북 관계를 적대적 두 국가로 규정하고 민족과 통일 개념을 지우고 있습니다. 해방의 관점에서 사실 '두 국가' 체제는 1948년에 시작되었다고 볼 수 있고, 남북한은 유엔UN에도 동시에 주권국가로 가입되어 있지요. 남과 북이 '온전'하게 해방되려면 우리가 남북 관계에서 공통성을 어떻게 만들어 가는 것이 좋을지, 두 분의 생각이 궁금합니다.

연우 제가 일본군성노예제 피해자와 활동할 때, 북한이 자국의 피해자를 어떻게 대하는지 알 길이 없어 무척 아쉬웠습니다. 저는 역사 문제를 남북이 같이 대응한다면 함께할 수 있는 부분이 있을 것이라고 생각해요. 저는 북에 있는 피해자들이 남이라고 생각한 적이 없지만 당시 북한 당국에서 피해자에게 어떤 조치를 취했는지 알 수 없었습니다. 북에 생존해 계신 할머니들은 어떻게 지내시고 있는지, 북한은 이 문제를 내부에서 어떻게 공론화했는지, 피해자의 인권 문제가 어떻게 다루어지고 있는지 궁금했고 협력할 수 있는 지점이 있다고 생각해요. 어쨌든 역사적 문제에 대해서는 공통성을 가져갈 수 있다고 봅니다. 정치나 경제는 이해관계가 첨예할 수 있지만, 역사 문제는 과거에 연대한 사례도 있고 충분히 다시 시도할 수 있어요. 강제징용 문제도

경일 님이 말씀해 주신 것처럼, 북에서 일본군성노예제 문제에 대해 한국보다 일본에 더 강경하게 대응해 왔는데, 남북이 함께 연대해서 해결한다면 시너지 효과를 낼 수 있을 것이라고 생각합니다.

태성 저는 처음에는 문화적인 부분을 생각했어요. 과거에 남북한 사물놀이 등 전통문화 부문에서 교류 협력이 있었고, 해방 이후 남북이 다른 길을 걸어왔지만 전통문화는 계승 발전해 왔습니다. 문화적 요소에는 조선민족의 DNA가 남아 있어요. 공통의 문화를 갖고 동질성을 회복할 수 있다고 봐요. 지금은 한국 문화가 일본과 사실상 동화되고 있다고 생각합니다. 최근 공중파 TV에서 방영되는 〈한일가요대전〉에서 한국 가수가 일본의 엔카(일본의 대중음악 장르)를 부르고, 일본 가수가 한국의 트로트를 부르는 등 문화적 동화가 부분적으로 있었어요. 물론 역사 문제에서 남북의 공동 대응을 통한 공통성 회복이 정말 중요하다고 생각합니다.

경일 네. 두 분이 말씀하신 역사와 문화 요소는 정말 중요하다고 봐요. 북한은 2000년대 초부터 한류 열풍이 불어서 지금 한국 영화나 드라마를 안 보는 사람은 시대에 뒤떨어졌다는 평가를 받기도 한다고 합니다. 한국문화 따라 하기 유행이 이미 꽤 오래 되다 보니 북한 당국의 단속도 강화되었어요. 남북 간에 과거에 역사 부문에서는 학술교류, 민간교류 등 다양했지만 최근 남북 관계가 경색되면서 사실상 모든 관계가 단절되었습니다. 하지만 다시 공통성을 찾을 가능성이 역사와 문화 부문에서는 여전히 크다고 봅니다.

해방을 넘어 동북아의 평화는 가능할까

경일　1부에서 3부까지 내용을 먼저 읽으셔서 동아시아 국가들의 '해방'의 의미와 해석에 대해 잘 이해하셨을 것이라고 생각해요. 남, 북, 중국, 일본 등 지배와 피지배 관계에 있던 국가들이 모두 '해방'의 의미를 다르게 규정하고 있습니다. 독립, 전쟁 승리, 패망 등으로 말이죠. 해방 80주년을 맞은 현재 한반도는 여전히 분단되어 있습니다. 남쪽은 북쪽이 독재로부터 해방되지 못했다고 주장하고, 북쪽은 남쪽더러 미국 패권으로부터 해방되지 못했다고 주장하기도 합니다. 중국은 전쟁 승리에 초점을, 일본은 패전과 종전에 초점을 맞추고 있지요. 이처럼 '해방'에 대한 상이한 인식이 한반도의 분단 극복과 동북아의 평화를 만드는 데 어떤 의미를 가질까요? 남, 북, 중국, 일본의 다른 인식이 분단 극복에 장애가 된다면 우리는 어떻게 극복할 수 있을까요? 참 어려운 문제이지만 그래도 이런 질문을 드려 봅니다. 우리 청년 세대의 관점에서 이야기해 보죠.

연우　에세이를 읽으면서 일본이 종전에 초점을 맞추고 있다고 이해했습니다. 그러니까 일본이 자신들이 패배했다고 보는 게 아니라 일왕이 전쟁을 끝냈다는 식으로 논리를 만든 것이죠. 그래서 그런지 예전에 한국, 중국, 일본 대학생들을 불러서 모임을 할 때도 관계가 조금 어려웠어요. 일본군성노예제 문제에서도 중국과 일본은 피해국으로 인식하는데, 일본은 가해국이어서 한국, 중국, 일본 대학생 심포지엄을 어떻게 할 수 있을지 고민이 있었어요. 어쨌든 일본이 자신의 전쟁 범죄를 인정하는 게 중요하다고 봅니다.

다만, 질문에서 한 가지 궁금증이 생겼습니다. '일본과 중국도 동북아 평화를 원하는가?'라는 의문이 들었어요. 한국은 중국과 일본 사이에 껴 있기 때문에 동북아 평화가 중요합니다. 그런데 중국과 일본은 과연 그럴까요? 저는 에세이를 읽으면서 한·중·일 역사 교과서 공동 집필 사례가 흥미로웠어요. 동북아 교류가 많아야 하고 동북아 평화가 시급하다고 생각합니다. 가능하면 남과 북, 그리고 중국과 일본이 함께 자리를 마련하면 더 좋겠지요.

태성 저는 해방 하면 가장 먼저 떠오르는 것이 일제로부터의 해방이에요. 물론 지금 한국이 일본으로부터 해방되었을까라고 생각했을 때 사실 이 부분은 잘 모르겠습니다. 여전히 일본에 충성하는 듯한 정치인도 있고 또 대놓고 친일 행적을 보이거나 과거사를 미화하는 사람들이 있으니까요. 우선 윤석열 전 대통령부터 친일 발언을 쏟아 냈고, 한국은 역사적으로 아직 친일파를 청산하지 못했습니다. 그런 의미에서 한국은 완전한 해방을 이루지 못했다고 생각해요. 유럽은 나치로부터의 해방이 명확했고 과거사 청산작업이 여전히 진행 중입니다. 일본이 여전히 식민지배에 대해 사죄하지 않는 상황에서 친일파 미청산, 과거사 미화, 친일 행위 등이 있기 때문에 해방도 미완성이라고 볼 수 있습니다. 사실 해방의 관점은 의외로 간단하다고 생각해요. 독일 나치로부터의 해방이라고 했을 때, 프랑스나 폴란드나 오스트리아 모두 똑같은 생각을 한다고 봐요. 나치 정권의 몰락과 전범 처벌에서는 유럽이 같거나 비슷한 인식을 갖고 있습니다. 일본이 전범에 대해 제대로 인정하고 사죄해야만 동북아에서 합치된 해방의 개념이 만들어질 것 같아요.

경일 '중국과 일본도 과연 우리처럼 동북아의 평화를 원하는가'라는 연우 님의 질문도 의미가 있다고 생각해요. 해방에 대한 기억이 서로 다르듯이 동북아 평화에 대한 기준과 이해관계도 서로 다를 것입니다. 모두 중국이나 일본 모두 자국의 이익을 중심에 둘 테니 한반도의 분단 상태가 자국에 이익일지 남북의 통일이 이익일지 열심히 계산기를 두드리고 있다고 봅니다. 어쩌면 분단이 80년이 넘도록 길어지고 있는 이유는 이미 저들의 계산이 반영된 것일 수도 있겠죠. 어쨌든 일본의 과거사에 대한 부정과 왜곡이 버젓이 또 은밀하게 지속되는 가운데 G2로 급부상한 중국은 미국과 패권으로 갈등을 겪고 있습니다. 이 가운데 양쪽의 협조를 끌어내야만 하는 한반도의 운명은 가련하기도 합니다. 국내 이슈 갈등으로만 봐도 한반도 평화를 넘어 동북아 평화는 흐릿하기만 하죠.

해방의 미완성, 그 속에 발현된 혐오와 갈등

경일 혐중, 혐한, 반일, 반중, 반공 등 우리 사회의 갈등 지수가 최고조에 달한 것 같아요. '다름과 틀림'을 구분하지 않는 시대라는 생각도 드는데, 어느 쪽이든 자신과 다르면 종북, 친중, 친일 등으로 규정하고 적대감을 보입니다. 최근 계엄 사태와 탄핵 국면에서는 극단적인 진영 대결로 나타나기도 했지요. '자유'의 의미도 마치 '자유진영'을 의미하는 것처럼 축소되어 버렸어요. 정치가 혐오 정서를 이용하기도 해서 정치적 갈등이 더 깊어진 것 같아요. 혐오 정서를 극복하는 것은 복잡한 정치 현안이기도 해서 해법이 잘 보이지 않습니다. 계엄 사태는 혐오를 적극적으로 정치화한 사건이에요. 정치는 종합예술이라고 하는 것처럼, 그만큼 수많은 가능성을 갖고 최선을 추구하면서 차선에서 타협을 보는 게 정치라고 생각합니다. 그런데 오늘의 정치는 이념 대결과 혐오뿐입니다. 서로의 생각을 검열하기도 해서, 차라리 정치 무관심층이라고 자신을 위치시키는 게 일상과 대인관계에서 편한 상황이 되어 버렸어요. 해방 80주년을 맞은 오늘날 우리는 이 상황을 어떻게 진단해야 할까요? 해법이 있다면 어디서부터 시작해야 한다고 생각하는지 두 분의 생각이 궁금합니다. 사실 석학들도 쉽게 대답하기 어려운 주제라고 생각해요. 그래도 우리는 청년들인 만큼 우리가 느끼는 이야기를 한번 해보죠. 해방의 의미에 초점을 맞춰 이 사태를 바라볼 때 우리는 대안을 어떻게 찾아야 할까요?

연우 저는 경일 님과 시대 진단이 조금 다른 것 같습니다. 저는 오늘날 정치가 과연 이념 대결과 혐오뿐인가 하는 생각을 해요. 페미니즘이 발전하고 있고 거기에 백래시backlash(반동, 발발)가 있다고 생각하지 성별이 갈등하고 있다고 보지는 않습니다. 우리는 계속 발전하고 있어요. 청년들이 대안을 만들어 내고 있는 것을 오히려 이념 대결과 성별 갈등이라고 포장하고 무관심을 조장하고 있다고 생각합니다. 오히려 이런 말이 프레임이 되어 버린 것 같아요. 과거에 비해서 발전하는 과정이라고 보는 게 적절하다고 봅니다. 이념 갈등도 마찬가지인데 갈등이 아니라 억압에 대한 해방으로 해석한다면, 지난하지만 역사가 진보하는 과정이라고 저는 생각해요. 해방 80주년이 되었어도 여전히 분단되어 있기 때문에 레드 콤플렉스 같은 억압이 있고, 그것을 깨기 위해 노력하고 있는 것이죠. 그래서 해방 80주년이 많이 아쉽습니다. 분단이 주는 비효율이 너무 커요. 분단이 해방과 함께 와 버려서 현재 분단이 가진 정치적 의미가 한국 사회에서 너무 커져서 해방되었다고 말하기가 어려운 것 같아요. 한국 사회에서 진보적인 의제는 너무도 쉽게 빨갱이, 종북 취급을 받으니까요. 분단이 없었으면 공안 사건을 만들어서 민주화운동을 이념 대결로 탄압하지는 않았겠지요.

태성 쉽지 않군요. 다 같이 춤이라도 출까요?(웃음) 그게 방법일 수도 있죠. 농담 삼아 다 같이 춤이라도 추자고 말했지만 사실 모두 같은 경험을 하는 게 중요하다고 생각합니다. '다름'이 아니라 '틀림'을 하려는 사람들이 있다 보니 사회가 갈등하는 것처럼 보이는데, 계엄 사태를 살펴보면 결국 계엄의 주체인 윤석열 전 대통령은 파면되었어요. 다른 두 개의 갈등이 아니라고 생각해요. 페미니즘의 성장에서도 여성인권의 성장이 있고 거기에 백래시가 있는 것이지 여성과 남성이 갈등하는 것은 아니라고 봅니다. 또 민주주의 성장이 있고 거기에 대한 독재 정권으로의 회귀를 원하는 백래시가 있는 것이지 다른 두 이념이 갈등하는 것은 아니라고 생각해요. 저는 이 사안을 조명하는 언론과, 유튜버 등 뉴미디어가 문제라고 생각합니다. 일제에 대한 해방의 관점에 대해서도 과거사 문제를 해결하려는 과정을 반일행동으로 프레임을 씌우는 것이 문제이죠.

우리는 무엇으로부터 해방되지 못했는가

경일 해방은 크게는 독립국가로의 의미가 있지만, 개인으로 좁혀 보면 다양한 의미에서 해방이 있을 수 있다고 생각합니다. 예를 들어 자기 검열로부터의 해방도 있죠. 저는 현재 우리 사회가 사상 통제로부터의 해방이 아직 미완인 것 같습니다. 북한에서 만든 영상물을 개인 SNS에 공유하려고 할 때, 공유해도 괜찮을까 하는 걱정도 불쑥 들죠. 또 북한 출판물을 소지하면 여전히 국가보안법에 저촉됩니다. 조금이라도 북한과 비슷한 의견을 내면, 이를테면 남북대화를 주장해도 종북이나 친북으로 몰리기도 하니, 정치적 의견을 발언할 때 자기검열을 하게 되는 것 같아요. 이것도 사상(사유)의 자유가 해방되지 못한 것이라고 볼 수 있습니다. 특히 저는 북한에서 왔다는 이유로 더 심한 공격을 받기도 해요. 민주당 정책이나 민주당 후보를 지지하면 "탈북했는데 어떻게 종북정당을 지지하느냐?"라는 비난 댓글이 달리고 간첩으로 신고하겠다는 사람도 있었습니다. 물론 저는 뭐 별로 신경 쓰지 않아요. 오히려 저는 저에 대한 이런 정체성 공격에 대한 심리가 궁금해서 댓글을 다 읽어 보는 편인데 참 흥미롭습니다. 두 분도 한국에서 나고 자란 사람이지만 어떤 지점에서는 자기검열을 느낀 경험이 있을 수도 있고 없을 수도 있겠지요. 또는 무언가로부터 아직 해방되지 못한 느낌, 특히 여성의 경우에는 한국 사회가 아직 가부장적인 문화에서 해방되지 못했다고 더 강하게 느낄 수도 있고요. 어쨌든 해방 80주년이 되었는데 과연 우리는 진정 해방되었다고 생각하나요? 지금 우리의 삶에 해방이 주는 의미는 무엇이라고 생각하는지 두 분의 의견이 궁금합니다.

연우 저는 경일 님 말씀에 공감이 많이 갔어요. 처음 질문지를 받았을 때 나는 무엇으로부터 해방되지 못했는지 고민해 봤는데, 회사에서 일하는 게 너무 힘들어서 자본주의 경쟁 사회로부터 해방이 안 된 것 같다고 생각했어요. 그런데 해방 80주년을 맞아 대담을 나누면서 해방의 의미에서 생각해 보니 나는 아직도 레드 콤플렉스에서 해방되지 못했구나 하는 생각이 더 많이 들었습니다. 한국 사회에서 이게 대단히 슬픈 문제이고 또 정치적 자유로부터 해방되지 못했다는 것을 몸소 느끼는 시간이었어요. 저도 자기검열에 대한 경험이 많다고 생각했고 이 대담을 하면서도 나중에 문제가 될 수도 있는 발언이 있을까 봐 걱정하고 있어요. 이런 것만 봐도 한국 사회는 자기검열 또는 사유에 대한 자유가 해방되기에는 아직 어려운 것 같습니다. 이 부분에서는 저도 아직 해방되지 못했다고 생각해요. 대담하면서 사유에 대한 자유가 해방되지 못한 것은 결국 분단 때문이라는 생각이 강하게 들었고, 해방 80주년을 맞는 이 대담에서도 새삼 경험하게 되네요.

말하면서 생각해 보니 저에게 해방은 '가능성이 열리는 것'인가 봐요. 그러니까 내가 할 수 있는 말의 범위가 넓어지고 나의 존재론적 가능성이 더 넓어지는 것입니다. 이 사회에서는 존재할 수 있는 범위가 되게 좁잖아요.

태성 저는 가끔 그런 생각을 했어요. 시골집에서는 강아지를 키울 때 목줄을 묶어 놓고 반경 안에서 움직이지 못하게 했는데, 그와 비슷하다는 느낌을 받았어요. 한국에서는 정상성의 범위를 규정해 놓고, 이 정상의 틀에서 벗어나면 병원에 가야 될 것만 같고, 따가운 시선을 받거나 심하면 범죄자 취급을 받기도 하죠. 저는 그런 경험이 좀 많았던 것 같아요. 어떤 정해진 인간 군상이 있고 거기에서 벗어나는 것을 용납하지 않는 분위기인데, 이는 다양성을 존중하지 않는 사회이기 때문이라고 생각해요. 그래서 저는 이런 풍조로부터 해방을 원합니다. 개인으로서 존중받을 수 있는 상태가 되는 것, 그러니까 저는 '자기애'라고 생각해요. 어떤 정체성을 가지거나 어떤 행동을 하면서 그대로 당당해지고 나 자신을 사랑할 수 있는 상태이죠. 사회의 편협한 관점이 아니라 내가 중심이 되는 상태라고 생각합니다.

디아스포라 그리고 모국과 조국에 대하여

경일 네. 여전히 우리 사회는 분단의 그늘에서 벗어나지 못했기 때문에 우리 일상에서 늘 경계를 만드는 것 같습니다. 타자에 대한 검열도 자기검열도 분단의 경직성 때문에 발현되는 우리 안의 무의식인 것 같습니다. 조금 더 넓혀서 보죠. 코리언 디아스포라(모국을 떠나 타향에서 살고 있는 사람들 또는 집단)가 전 세계 도처에 있습니다. 그런데 저마다 '모국'에 대한 기준과 생각이 달라서 조선족이 느끼는 모국, 재일조선인이 느끼는 모국, 재미/재외동포가 느끼는 모국이 다를 텐데, 이런 상황에서 코리언 디아스포라들은 한반도의 해방을 위해 무엇을 모체로 연대할 수 있을까요? 지금까지는 '같은 민족'이라는 동질성이 큰 요인이었는데, 국경과 민족의 경계가 점점 옅어지는 요즘 코리언 디아스포라는 어떤 사유를 통해 '해방'의 의미를 찾을 수 있을까요? 또 두 분에게 '모국' 또는 '조국'이 어떤 의미인지 궁금합니다.

연우   저는 사실 디아스포라를 생각할 때마다 남한에서 태어난 '원주민'으로서 너무 고민 없이 살았다는 생각이 듭니다. 저는 한국에서 태어났고 한국에서 살다 보니 정체성 혹은 출신, 모국에 대한 고민이 없었어요. 게다가 앞에서 말했던 것처럼, 남과 북이 어차피 두 나라로 살고 있으니 민족적 당위성으로 통일을 말하지 말라고 늘 반박해 왔어요. 그런데 제가 만난 디아스포라인 재일조선인에게는 모국이나 조국, 민족 개념이 생각보다 크다는 것을 알고 많이 놀랐습니다. 클 수밖에 없는 상황을 제가 몰랐던 것이죠. 그래서 디아스포라를 마주할 때마다 나의 현실주의적 사고가 미안해졌습니다. 디아스포라가 한반도의 해방을 원할까 하는 질문을 스스로 해 봤을 때, 우리보다 더 원하는 것 같다는 답을 내렸습니다. 제가 재일조선인학교에 대한 영화 〈우리 학교〉를 보고 한반도가 분단을 극복하지 못해서, 일본에서 소수자로 살아가는 재일조선인 학생들이 너무나 큰 고통을 겪는다는 것을 알게 되었습니다. 저는 남과 북이 같은 민족이라는 동질성이 없었는데 재일조선인들은 있더라고요. 물론 애틋함이나 동질감 등 감정적인 요인으로만 가지고 이들과 어떻게 함께할 수 있는 방안을 만들 수 있을지 아직은 잘 모르겠어요. 하지만 디아스포라를 만나면서 그들에게는 의미가 클 수 있겠다고 느낍니다. 어쨌든 저에게는 '모호하고 어려운, 하지만 잘해 보고 싶은 이상적인 무언가'라고 생각합니다.

태성   우리는 세계 평화를 사유해야 한다고 생각합니다. 한반도가 제

2차 세계 대전의 연장선에서 분단되었기 때문에 한반도의 평화를 넘어 세계 평화로 나아갈 때 그 파급력이 크다고 생각해요. 평화라는 가치는 세계인에게 공통으로 수용되는 가치이니까요. 세계 평화의 출발점이 한반도 평화인 셈이죠. 평화라는 가치는 디아스포라보다 한반도에 사는 우리에게 더 절실한 것 같습니다. 북한이라는 실체적 위협이 상존하고 있으니까요.

저에게 모국은 친어머니, 조국은 양어머니 같은 존재라고 생각해요. 디아스포라 입장에서는 다를 수도 있겠지만, 남한에서 나고 자란 제 입장에서는 이곳이 모국입니다. 대한민국 서울 송파구에서 태어났기 때문에 송파구가 잘나가든 망해 버리든 여기는 제 모국이에요. 그런데 조국이라는 것은 수동적인 게 아니라 저의 전심전력을 다 바쳐서 이루어 나갈 수 있는, 그러니까 제가 능동적인 주체로 선택할 수 있는 그런 국가라고 생각해요. 태어나서부터 지금까지 계속 한 동네에서 살았기 때문에 저에게 모국과 조국은 일치하는가 하고 생각해 보면 그건 또 아닌 것 같습니다. 저에게 모국은 현실이고, 조국은 이상향이라는 생각이 들어요. 그래서 한국이 저의 모국이지만 조국이라고 느껴지지는 않아요. 이 나라의 발전을 위해 제 삶을 다 바칠 수 있다는 생각이 전혀 들지 않기 때문이에요. 그래서 '강태성의 조국은 무엇이냐'라고 묻는다면, 저는 분단을 극복한 통일된 한반도, 평화로운 한반도, 차별과 혐오가 없는 그런 유토피아라고 답하겠습니다. 경일 님은 모국과 조국이 일치하나요?

경일 질문해 줘서 고마워요. 모국은 어머니의 나라를 의미합니다. 저는 제가 태어난 나라를 모국으로, 제가 태어나지는 않았지만 현재 정착해서 세금을 내고 보호를 받으며 살고 있는 나라를 조국이라고 이해합니다. 제가 한국에 오기 전에는 북한이 저에게 모국이자 조국으로 일치했죠. 어쨌든 저는 북한을 떠나왔고 지금은 한국에서 살고 있기에 한국이 모국은 아니지만 조국이라고 생각합니다. 제2의 조국이죠. 하지만 남북한 둘 다 제가 꿈꿨던, 또 꿈꾸는 조국은 아닙니다. 저는 북한에서 태어나고 싶어서 태어난 것도 아니며, 한국도 유토피아 같은 조국이어서 선택한 것도 아니에요. 한국은 탈북한 이들이 선택할 수 있는 안전한 곳이기 때문이에요. 한국에 정착해서 처음으로 꿈이 생겼고 희망을 갖고 살고 있지만 한국 사회도 결국은 분단 때문에 여전히 남한 출신, 북한 출신으로 시민계급에 등급이 생기면서 심리적으로 갈라지는 것을 보면서 저는 또 다른 조국을 꿈꿉니다. 저에게 이상적인 조국이죠. 누구도 출신으로 차별하고 배제하지 않는 그런 나라 말이죠. 제가 원하는 조국은 분단이 극복된 나라입니다. 그게 통일된 한반도가 될 수도 있고, 적어도 인위적인 경계들이 사라진 상태일 수도 있죠. 어쨌든 저는 첫 번째 조국도 두 번째 조국도 아닌 새로운 세 번째 조국을 원합니다.

나에게 해방이란

경일 오늘 저희 대담의 주제가 '해방'인데, 8.15 해방이라는 역사적 사건과 그 의미에 대한 사유 외에도 오늘날 각자가 느끼는 해방의 의미가 궁금합니다. 역사적 의미의 해방도 좋고, 개인적 의미의 해방도 좋아요. 나에게 해방이란 무엇이라고 생각하나요?

연우 저는 사전 질문지를 보고 답변을 준비하면서 통일에 대해서는 별로 생각하지 않았어요. 그런데 대담을 하면서 한국의 사회적 해방에서 통일이 중요하겠다고 생각했습니다. 분단 극복과 사회통합이 중요하다는 것을 이렇게 대담을 하면서 느꼈어요. 에세이 중에 '제자리 찾기'부터 시작해야 한다는 내용이 있었는데, 이 분단 국가에서는 능동적으로 바라봐야 우리가 겨우 제자리를 찾을까 말까 하겠구나 생각했습니다.

또 개인적으로는 여성이다 보니 여성문제, 그러니까 가부장제, 전쟁으로부터의 해방을 늘 고민합니다. 전쟁의 가장 큰 피해자는 항상 여성과 아이들이거든요.

태성 저는 일제로부터의 해방, 나아가서 전쟁과 식민지 시기였던 20세기로부터의 해방을 생각합니다. 한국은 아직까지 과거에서 벗어나지 못했고 미래로 나아가지 못하고 있다고 봐요. 역사적으로 독재 정권이 있었고 과거사 문제도 해결되지 않았습니다. 일부 위 세대 사람들은 과거 군사독재 시절로 다시 돌아가기를 바라기도 하죠. 저는 과거로부터의 해방, 일제로부터의 해방이 먼저라고 생각해요.

경일 두 분의 이야기에 충분히 공감합니다. 남북이 여전히 분단된 상태로 남아 있으니 미완의 해방이죠. 우리가 능동적으로 사유하고 바라봐야 한다고 생각합니다. 또 우리 사회에 과제로 남아 있는 탈식민화와 분단 체제가 생산하는 타자화가 우리 자신의 내면에서 끊임없이 경계를 만들고 있는 것 같습니다. 저에게 해방의 의미는 각별합니다. 8.15 해방이라는 역사적 사건은 한반도가 남북으로 분단되면서 상이한 두 체제를 만들어 냈죠. 그리고 저 같은 북향민은 북쪽 체제의 실패를 뒷받침하는 증인들입니다. 실패한 체제에서 탈출해서 안전을 보장하는 해방의 공간으로 왔지만 여전히 심리적 경계에 부딪혀서 간첩이 아니라고, 빨갱이가 아니라고 신뢰 투쟁을 해야만 하죠. 한국 사회는 "대한민국 만세"와 "북한 독재자 타도"를 외치는 북향민만 환대하는 심리적 경향이 있는 것 같습니다. 그래서 북향민이 보수정당이 아닌 정당을 지지하면 빨갱이냐고, 간첩이냐고 경계하죠. 어쨌든 북향민에게 해방의 공간인 한국 사회도 여전히 사상의 자유가 제한되고 있다고 생각합니다. 남한 사람이 남한 사람에게 빨갱이냐고 비난하는 것과, 남한 사람이 북향민에게 빨갱이냐고 비난하는 것은 차원이 다릅니다. 생존의 문제이기도 하죠. 그래서 저에게 해방이란 사상의 자유입니다. 사상의 자유는 곧 정치적 표현의 자유이기도 하죠. 한국 사회는 여전히 이것을 넘어서지 못했다고 생각합니다.

오늘 대담의 의미

경일 마지막 질문입니다. 이 대담이 남북한 출신 청년들의 대화이고, 두 분은 또 북향민과의 대화가 처음이라고 하니 또 다른 경험이 될 수도 있다고 생각합니다. 8.15의 의미와 해방, 나아가서 통일에서 오늘 우리의 대화가 주는 의미가 있다면 무엇이라고 생각하시는지요?

연우 저는 우선 북향민과 처음 대화했는데, 역시 사람은 대화해야 알 수 있다는 점을 오늘의 대화 경험으로 또 느꼈습니다. 배경은 많이 다르지만 경일 님과의 대화는 서로의 생각을 알아 갈 수 있는 매우 의미 있는 시간이었다고 생각해요. 자칫 저의 발화들이 경일 님한테 혹시 상처가 될까 봐 걱정입니다. 북향민은 생사를 걸고 한국에 오셨는데, 혹여 그런 부분이 있었다면 제가 탈북의 과정을 잘 모르고 하는 말이라고 너그럽게 이해해 주시면 좋겠어요. 오늘 대담을 통해 제가 가지고 있던 북향민에 대한 어느 정도의 편견이 많이 없어지기도 했고, 또 더 단단해진 부분도 있어서 앞으로 이런 기회가 많이 생겼으면 좋겠습니다. 소통하는 것 자체가 이해도를 높이고, 이해도가 높아질수록 통합도 가능하다고 생각합니다.

태성 저도 앞으로 더 많이 대화해 보고 싶다고 생각했습니다. 일단 언어가 통하니까 편하게 대화하면 되지 않을까 해요. 함께 수다를 떠는 것이죠. 또 '잔을 부딪친다'는 말이 있는데, 이것은 서로의 음료가 섞여서 이제 서로의 잔에 독이 없다는 것을 확인하는 증표라고 합니다. 그래서 우리도 잔을 부딪치며 대화하는 게 필요할 것 같네요.

경일 두 분의 이야기 잘 들었습니다. 저도 '같음과 다름'에 대해 매번 새롭게 느끼는데 오늘도 그런 자리였어요. 배경이 서로 다를 때는 우리 안에 어떤 경계가 만들어지는데, 대화해 보지 않으면 이 경계가 결코 스스로 무너지지 않는다고 생각합니다. 오늘의 대화가 서로가 의식하지 못한 채 세워졌던 경계와 벽이 무너지는 대화였다고 생각하고, 또 그랬기를 바랍니다. 이런 개인들의 대화가 확장되면 국가 간의 대화도 가능하겠죠. 남과 북도 결국은 대화의 부재가 경계를 더욱 겹겹이 쌓아 올리는 원인이 아닐까요? 남과 북이 함께 잔을 부딪칠 수 있는 날을 기대합니다. 물론 우리도 기회를 만들어 잔을 부딪쳐 보시죠. 두 분 시간 내주셔서 감사합니다.

11장

냉전적 인식과 혐오를 넘어 서로를 만나는 것
- 재중조선족과 한국인의 대담

박솔지, 최연, 안걸

자기소개

박솔지(이하 솔지)   저는 중국 지역 대담을 맡은 박솔지라고 합니다. 1989년생으로 한국에서 태어나고 자란 코리언이고, 현재는 건국대 통일인문학연구단에서 연구원으로 일하고 있습니다.

저는 서울에서 태어나 초등학교부터 중학교까지 한반도 분단선이 위치한 연천에서 성장했습니다. 어쩌면 어린 시절의 경험 때문에 한반도 분단에 관한 고민을 갖게 되었는지도 모르겠어요. 학부 때 정치외교학을 전공하면서 본격적으로 한반도 분단과 이를 둘러싼 동아시아 국제관계에 관심을 기울이게 되었습니다. 이후에는 대학원에서 통일인문학을 전공하면서 분단이 빚어내는 정치·사회·문화적인 문제와 역사적 트라우마에 관해 연구 활동을 하고 있습니다. 두 분도 간략하게 자기소개를 부탁 드립니다.

최연(가명)   안녕하세요. 최연이라고 합니다. 저는 1996년생 조선족이고, 길림성 통화通化시에서 태어나 고등학교를 졸업할 때까지 계속 그곳에서 자랐어요. 통화보다는 광개토대왕비가 있는 집안集安이나 신흥 무관학교가 있는 유하柳河가 더 유명하지만, 집안과 유하는 다 통화에 속한 지역 도시입니다.

저는 유치원 때부터 계속 조선족 학교에서 조선족식 교육을 받았지만 한족이 많이 사는 동네에서 자랐습니다. 어릴 때부터 조선어와 한어를 모두 사용하면서 계속 조선족이라는 정체성(아이덴티티)에 대해 의문을 품었어요. 학부에서 조선어(한국어)과를 전공하며 한국의 문화와 역사를 다시 배우면서 한반도 분단과 코리언 디아스포라에 관심을 갖게 되었습니다. 후에 한국의 대학원 과정을 거치며 한반도의 역사, 그리고 분단에 관해 새삼 공부하게 되었습니다. 한국에 와서 유학하면서 직접 보고 느끼면서 많이 배웠습니다. 현재는 대학원을 수료했고 루쉰을 주제로 박사 논문을 쓰고 있습니다.

안걸(가명)   저는 2003년에 중국 흑룡강성 하얼빈에서 태어났고, 하얼빈 지역에서 유치원 때부터 조선족 학교만 다니며 성장한 조선족 안걸입니다. 중국 국적이지만 한국에 친척들이 거주해서 종종 방문하고 교류하며 지내고 있습니다. 현재 연변대학 역사학과 학부 4학년생입니다. 저희 과는 조선[1]·한국 고대 중세사, 조선·한국 근현대사, 일본사, 동북아 국제관계사, 동아시아 사상 문화사 등 뚜렷한 특색이 있는 연구 분야를 형성했습니다. 학과의 영향을 많이 받아서 동북아시아 역사에 특히 관심을 가지게 되었습니다. 학부 졸업 논문으로는 한일 회담에 관한 것을 준비하고 있습니다.

1945년 '해방-분단'에 대한 기억의 차이

솔지 이번 대담은 1945년에서 80년이 지난 현시점에서 '해방'된 코리언들이 어땠는지, 그 의미가 지금 우리에게 어떤 것으로 남아 있는지 서로 이야기를 나눠 보는 시간입니다.

본격적인 대화에 들어가기 전에 모두에게 공통되는 질문을 먼저 드리려고 해요. 우리가 모두 '코리언'이라는 묶음에 들어가기 때문에 각자 성장하면서 어떤 방식으로든 1945년 해방 혹은 광복에 대한 내용을 접했을 텐데, 아마 각자 성장한 환경, 소속 집단, 무엇보다 국적이 서로 다르다 보니 배운 내용이 비슷하면서도 차이가 있을 것 같습니다.

여러분이 학교에서 배운 1945년 '해방-분단'과 관련한 내용과 학교 이외의 미디어나 가족의 이야기를 통해 들어 기억하는 내용이 궁금합니다. 혹시 학교에서 배운 내용이 그 외의 매체나

---

1 여기서 조선은 '조선민주주의인민공화국'의 줄임말로 북한을 가리킴. 중국에서는 대한민국을 韓国(한국), 북한을 朝鮮(조선)이라고 말함.

사람들에게서 접한 내용과 다른 점이 있었다면 그런 점을 이야기해 주셔도 좋습니다.

안걸   저는 1945년 '해방-분단'과 관련한 내용은 학교에서 배운 내용 외에는 전혀 들어 본 적이 없는 것 같습니다. 학교에서 배운 내용은 1945년에 일본이 투항하여 조선반도(한반도)가 일본의 식민 지배에서 벗어났다는 것뿐입니다.

최연   1945년 '해방-분단', '광복'에 대한 내용을 교과서로 접해 본 적이 없습니다. 비록 조선족 학교를 다녔지만 저희는 중국 역사를 조선어로 배웠기 때문에 교과서에는 이런 내용이 없었어요. 1945년은 '항일 전쟁의 승리', '제2차 세계 대전의 승리'라는 식으로 배웠습니다. '광복'이라는 단어도 중국에서 잘 쓰지 않는 단어인 것 같습니다. 교육과정에 속하지 않아도 얼핏 학교에서 선생님들이 '남북 분단이 전쟁 때문에 그런 것이다' 하는 이야기를 들어 봤지만, 1945년과 해방을 함께 이야기하는 것을 들어 보진 못했습니다.

솔지   그렇군요. 사실 저는 이번 대담을 준비하면서 '코리언은 누구일까'라는 생각을 많이 했습니다. 재만조선인 중 만주 땅에 남고 신중국 건설 과정에 적극적으로 참여하는 것을 택한 지금의 조선족이 그들 스스로를 새로운 집단의 성원으로 만들고 거기에 자리 잡기 위해 분투하는 역사를 접하니 더 그렇게 생각한 것 같아요.

사실 우리는 모두 이미 만들어진 '국가'의 '국민'으로 태어나서 국가에서 정한 교육을 받고 자란 세대입니다. 그러니까 국적만 보면 저는 대한민국의 국민, 여러분은 중화인민공화국의 공민公民으로 그에 적합한 사회화 과정을 거치며 성장한 것이죠. 그런 우리가 '코리언'이라고 하는, 소위 같은 '민족'이라고 하는 공통점이 과연 어떤 의미일까 생각했습니다.

저는 조선족 친구들과 함께 대학원 생활을 하면서 처음으로 제가 '주류 민족'이라고 생각했습니다. 그런 방식으로 한 번도 생각해 보지 못했다가 모든 역사적 문제에 대해 제가 딱 이 틀 속에서만 사고했다는 점을 깨달았습니다. 이미 국가화된 극히 협소한 틀에서 사고하고 관계를 맺는 것에 익숙하고, 나아가서 상당히 위계적으로 우위에 있는 관점에서 바라보고 있었다는 것을 느낀 것이죠.

여러분도 방금 이야기하셨지만, 대담 준비를 하면서 조선족의 민족학교에서 별도로 조선족의 역사를 과목으로 배우는 게 아니라는 것을 알았습니다. 중국의 일반학교 역사 교과서와 같은 내용을 단지 조선어로 직역하여 배운 것이죠. 두 분도 대학이나 대학원 과정에서 전공과 관련해 따로 공부하기 전에는 중화인민공화국 출범 이전과 식민통치 시기의 조선, 또 조선족의 선조 격인 재만조선인과 그 외 지역 코리언의 역사 등에 대해 이 대담 전에 접해 보지 못하셨나요?

안걸 저는 이번 대담 이전에 고등학교 역사 교과서에서 다른 지역 조선인의 역사를 배운 적이 없습니다.

최연   네, 맞습니다. 조선족 학교에서 사용하는 교과서는 조선어로 직역한 것이었어요. 조선족 민족정체성 형성과 관련된 역사와 문화는 사실 역사 교과서가 아니라 '조선어문' 수업을 통해서 많이 배웠습니다. 저희는 북한 문학, 한국 문학, 조선족 문학도 배웠습니다. 그래서 조선족이 알고 있는 것은 많지 않고 편면片面적인 지식뿐이라 전체적인 한반도 역사를 조망할 수 없는 상황에 부딪히게 됩니다.

고등학교 때 조선어문 수업 중 인상 깊었던 내용이 기억납니다. 통화 지역은 벼농사와 인삼 약재로 유명한 지역입니다. 통화 지역의 벼농사는 조선족이 시작한 것이었고, 통화 지역의 조선족이 산에서 산삼을 캘 수 있는 재주를 가지고 있기 때문에 한족과 잘 어울리면서 살 수 있었다는 내용이었습니다. 교과서에서 조선족 역사를 배울 수 없어서 너무 아쉽습니다.

솔지   그러면 조선족이 1945년 당시 맞았던 상황에 대한 기억을 접한 것도 이번이 처음이겠군요. 문학 작품이나 구술 기록을 인용한 2부에서 3부까지의 내용을 통해서 당시 조선족의 기억이나 상황을 접했을 때 어떤 생각이 드셨어요?

최연   네, 처음이었습니다. 재만조선인이 '환희'의 순간을 노래하는 모습이 인상적이었어요. 이 부분을 읽으면서 상상해 봤습니다. 만주국 이등 신민이라는 신분에서 벗어나 일본군을 쫓아내어 드디어 해방을 맞이했고, 이제 만주 벌판에서 잘살아 보겠다는 선조들의, 해방의 기쁨으로 가득 찬 심정을 상상하니 저의 마음도 함께 벅찼습니다. 그러나 앞 내용의 소제목에서도 보듯이 당시 재만조선인은 '선택의 기로'에 서게 됩니다. '조선인'에서 '조선족'으로 말입니다. 해방 이후 국민당과 공산당은 동북 지역의 주도권을 확보하기 위해 내전을 일으켰죠. 저희 증조할아버지도 그 당시 흑산전역黑山戰役에 참전하여 부상을 입었습니다. 어릴 때 참전 이야기를 자주 들었고, 관련 일화는 통화현縣 역사에 남아 있다고 했어요. 전쟁이 끝나고 증조할아버지는 '조선족'이란 신분을 얻어서 평생 참전 혜택을 받았습니다.

안걸 저는 지금 대학에서 배우고 있는 역사를 더 세세하게 알게 된 것 같아요.

솔지 1부에서 3부까지 내용이 조선족 선조들의 역사를 함께 공부하고 그들의 기억에 같이 다가간 계기가 되었군요. 사실 저는 여러분과 이 이야기를 하면서 새삼 제가 가진 한국인으로서의 좁은 사고방식과 편견을 느꼈습니다. 우리가 서로 대화할 때 표현법이나 억양, 용어상 차이는 있긴 해도 말이 통하니까 오히려 쉽게 생각한 부분이 있는 것 같아요. 여러분이 조선족 학교 교육을 받았으니 당연히 한반도의 현대사나 제가 연구자료 등을 통해 접한 조선족의 역사 등에 대해 잘 알고 있겠거니 생각했거든요. 한국인도 한반도 역사에 대해서 잘 모르는 경우가 사실 많습니다. 여러분 또래의 조선족 친구들 대다수도 마찬가지로 그런 이야기나 고민은 서로 잘 모르는 이야기일 수 있겠습니다. 관련한 전공이나 직업을 선택하지 않으면요.

안걸   네, 거의 없어요.

가족의 이주사

솔지   여기에 연결된 이야기이기도 하고, 좀 더 개인사와 관련된 질문이기도 합니다. 앞에서 최연 님이 증조할아버지 이야기를 잠깐 해 주셨는데, 두 분의 가족들은 어떤 과정을 통해 지금의 동북 지역으로 이주하셨나요? 가족의 이주사에 대해서 처음 이야기를 들은 것은 언제인가요?

최연   이주사에 관해 처음 이야기를 들었던 것은 아마 초등학교 때였을 거예요. 가족 모임이 있을 때 증조할아버지의 가족이 원래 강화도에서 살다가 전쟁 때문에 동북 지역으로 이주하셨다고 들었습니다. 처음 도착한 곳이 흑룡강성이었고, 집안 사정 때문에 다시 길림성 조선족촌으로 이주했고 그곳에 정착했다고 합니다.

안걸   10년 전부터 저의 부모님과 친척들이 안씨의 역사를 저에게 알려 주셨습니다. 들은 이주사가 여러 가지 버전이 있어서 어느 것이 정확한지는 잘 모르겠습니다. 그중에서 공통적인 부분은 저는 순흥 안씨 제26대손이고 저의 노 할아버지께서 한반도에서 중국 길림성 훈춘에 이주하셨다가 어떤 사연으로 인해 하얼빈 지역에 이주하게 되었다는 내용입니다.

동아시아 역사 인식의 충돌과 성찰적 기억하기

솔지   그렇군요. 집안 어르신들이 10대에 접어든 여러분에게 가족사에 대해서 처음 이야기를 해 주셨군요. 이와 관련한 이야기를 더 해 보면 좋겠습니다.

앞서 살펴본 1부에서 3부까지 내용에서는 우리 각각이 익숙하게 접했던 코리언의 해방, 광복, 8.15 등과는 좀 다른 여러 이야기를 제시하고 있는데, 두 분은 각 이야기를 보면서 새롭게 느끼거나 알게 된 점, 또는 인상 깊었던 부분이나 비판적으로 다가온 부분이 있으셨나요?

안걸   제가 1부에서 3부까지 내용을 읽으면서 인상이 깊었던 부분은 삼국이 만든 공동의 역사 교재 『미래를 여는 역사』의 내용입니다. 동아시아 삼국은 일본의 식민지배, 침략 전쟁, 일본군 '위안부' 문제 등 근대사에서 많은 논쟁이 있는데, 이런 문제는 각국의 역사 교과서에 다르게 서술되어 있어 대중 간의 오해와 대립을 초래합니다. 동아시아 지역의 경제 통합이 심화함에 따라 세 나라는 정치, 경제, 문화 등 분야에서 협력이 점점 더 긴밀해지고 있지만, 역사 문제는 지역 협력을 저해하는 중요한 요소가 되고 있습니다. 저는 역사 교과서를 공동으로 편찬함으로써 세 나라가 역사 인식의 차이를 줄이고, 국민 간의 이해와 화해를 촉진하며, 동아시아의 장기적인 평화와 안정을 위한 기초를 마련할 수 있다고 생각합니다. 다만 우리가 주의해야 할 점은 역사 교과서는 종종 국가 이익과 민족 감정과 밀접하게 관련되어 있으며, 정부는 편찬 과정에서 정치적 압력을 가하여 내용의 객관성에 영향을 미칠 수 있다는 점입니다.

솔지 이와 관련해서 본인이 직접 느끼거나 경험했던 역사 문제를 둘러싼 '대중 간의 오해와 대립'의 상황이 있었는지 궁금합니다. 좀 더 구체적으로 이야기해 주시겠어요?

안걸 몇 년 전에 인터넷에서 일본의 역사 교과서와 중국의 역사 교과서에서 항일 전쟁에 관한 진술이 차이가 있는 부분을 지적하는 글을 본 적이 있습니다. 그 글을 본 중국 사람들이 '일본에는 절대 여행을 가지 않겠다'와 같은 댓글을 남겼습니다.

솔지 아, 그래서 안걸 님은 동아시아 삼국 간에 역사 문제를 둘러싼 갈등의 지점을 해결하려는 고민이 인상 깊으셨던 것이군요. 역사와 관련된 정치적 상황이 계속해서 동아시아 삼국의 현실적인 갈등 요소로 작동하는 것이 참 안타까운 점이죠. 중국, 한국, 일본 모두 이런 지점이 많이 남아 있습니다.

하지만 이게 단순히 한·중·일 각국의 역사 인식 차원의 문제가 아닌 게 더 큰 문제겠죠? 결국 동아시아에서 일본 제국주의 지배와 관련한 역사 문제가 전후에 냉전적 대결 구도의 성립 과정과 연결된 정치적 사안으로 작동하고 있다는 것이 가장 난점입니다. 안걸 님이 말씀하신 '정치적 압력'과 같은 부분이 그렇게 서로에게 세워진 현재의 국민국가 경계와 함께 작동하는 것이고요. 자, 그럼 이번에는 최연 님의 이야기도 들어 보겠습니다.

최연   "8.15는 '동아시아'와 결합할 때에서야 비로소 그 진정한 의미를 파악할 수 있다." 1부에서 3부까지 내용을 계속 읽으면서 '8.15의 의미가 무엇일까?', '각 나라에서는 어떻게 8.15를 정의하고 있는가?' 하는 의문을 가졌습니다.

8.15 이전에 동아시아 삼국은 식민, 전쟁을 겪었습니다. 일본은 식민제국이었고, 중국은 반식민지가 되었고, 한반도는 일제의 식민지로 전락했죠. 8.15로 일본이 패전하고, 중국은 항일 전쟁의 승리, 한반도는 해방을 맞이하게 됩니다. 원래는 식민-피식민이었던 관계였는데, 해방을 기점으로 동아시아 삼국은 이런 식민-피식민의 관계를 다시 정리하게 되었다는 것으로 이해했습니다. 식민과 전쟁으로 동아시아 삼국은 혐오의 감정이 생겼고, 이런 혐오는 식민과 전쟁에 의해서였습니다. 그러나 경제 발전을 위해 사실 동아시아 삼국은 서로 의존하면서 발전해 나가야 하는 관계이기 때문에, 혐오하면서 서로 의존하는 모습, 미워하지만 자유로울 수 없는 관계라고 해야 할까요? 해방 80주년이 된 지금, 앞으로의 발전을 위해 동아시아 삼국도 다시 해방의 의미를 다시 살펴볼 필요가 있다고 생각합니다.

중국과 한국은 8.15를 해방이나 전쟁의 승리로 기억하고 있는 것은 물론입니다. 반대로 일본은 패전국으로 전락하여 8.15는 종전 혹은 패전으로 기억하고 있지만, 일본 제국이 이런 '패배'를 어떻게 내부적으로 소화했는지 궁금합니다. 앞의 글 중에서 "일본은 패전을 다루면서 제2차 세계 대전의 피해를 일본에 대한 미군의 공습과 원폭 피해 중심으로 재구성했다." 일본은 가해자가 아니라 피해자로서의 이미지를 강화했다는 부분이 인상 깊었습니다.

솔지   일본이 스스로를 피해자로 이미지를 강화했다는 점이 인상 깊다고 말씀해 주셨는데, 그 부분을 접하면서 어떤 감정이나 생각이 들었는지 더 자세히 듣고 싶습니다.

최연   중국이든 한반도든 우리는 항상 전쟁의 피해자라는 위치를 자리매김하면서 일본은 전쟁을 발동하는 나라였다고 봅니다. 중국의 역사 교과서에서도 잔인한 일본인 병사의 이미지가 나오는데, 일본은 패전을 다루면서 피해자의 이미지를 부각했다는 부분이 인상적이었어요. 이 부분을 읽다가 다시 고민하게 되었습니다. 일본의 일반 민중에게 전쟁은 무엇이었는가? 중국에서 인기 많은 일본 드라마 중에 〈오싱(おしん)〉이 있습니다. 체인 슈퍼마켓의 설립자이자 부사장인 오싱 할머니의 파란만장한 80년간의 생애를 다룬 드라마인데 중국에서 인기가 엄청 많았어요. 나중에 이 드라마를 다시 보면서, 전쟁이 끝난 후 일본의 일반 민중의 생활 모습을 그린 장면을 보니까 그들도 피해자였다는 것을 알게 되었습니다. 전쟁의 책임은 전범에만 있었는가? 전쟁을 옹호하는 민중도 적지 않았을 것입니다. 전쟁과 그 당시 민중의 생활은 불가분한 관계였으니까요.

솔지   네, 어떤 느낌인지 알 것 같습니다. 사실 전쟁이 가진 진짜 문제는 국적을 막론하고 그 전쟁에 휘말리는 민중의 삶이 파괴된다는 데 있지요. 전쟁과 침략을 일으킨 제국주의와 국가주의는 비판받아야 마땅하지만, 한편으로 그와 같은 전쟁을 치르며 피해 입은 각국 민중의 삶이 어떠했는가에 대한 고민도 필요하다고 생각합니다. 하지만 후세대는 국가의 입장에서만 쓰인 전쟁 서사를 학습하고 받아들이며 살아갑니다. 그런 차원에서 우리 후세대는 자국의 입장에 갇힌 과거의 전쟁에 대한 기억 방식에 대해 성찰하고, 거기에 오류가 없는지 함께 이야기하는 노력이 필요한 것 같아요.

최연 네, 말씀하신 내용에 깊이 공감합니다. 저도 전쟁의 진짜 비극은 국적을 떠나 그 속에서 삶이 파괴된 민중에게 있다고 생각합니다. 현실에서는 전쟁의 기억이 대부분 국가의 입장에서 서사화되고, 후세대는 그 서사를 역사로 받아들이며 자랍니다. 그런 점에서 우리에게 중요한 것은 바로 국가적 시선에 갇힌 기억 방식을 한걸음 물러나서 돌아보고, 그 안에 잘못된 시선은 없는지를 함께 이야기하고 성찰하는 일인 것 같아요.

'8.15' 80주년이 갖는 의미

솔지 네, 그런 의미에서 우리가 지금 나누는 대화가 중요한 것 같습니다. 제가 대담을 준비하면서 처음에 고민이 하나 있었습니다. 80년이 지난 지금, 세대를 두어 번 건너뛰면서 그 시간을 간접적으로 접하며 성장한 우리가 그 과거를 어떻게 생각하고 있는

지를 서로에게 묻는 것부터가 새삼스럽지 않을까 하는 것이었습니다. 하지만 동시에 그 점이 오히려 대화 자체에 의미를 주지 않을까 생각하기도 했어요.

한국에서는 8월 15일이 공휴일이고 중요한 기념일이다 보니 경축사가 방송되기도 하고 다양한 행사가 열립니다. 그렇지만 바로 그렇기 때문에 8.15라는 것에 대해 별 감흥을 느끼지 못하고 관심이 적기도 합니다. 해방 80주년을 맞는 2025년, 여러분 스스로나 주변 사람들은 80주년의 의미를 어떻게 생각하고 있나요?

최연 저도 이런 새삼스러움이 우리가 이런 대화를 나누는 것에 의미를 주고 있다고 생각됩니다. 2025년은 해방 80주년을 맞이하는 뜻깊은 해입니다. 대담을 시작하기 전에는 8.15와 해방을 함께 생각해 본 적이 없습니다. 한국에서 유학 생활을 하면서 8.15가 중요한 기념일인 것을 알게 되었습니다. 중국에서 8.15를 '항일 전쟁 승리'하는 날, '세계 반파쇼 전쟁 승리'하는 날로 기억하고 있기 때문에 해방과 8.15를 함께 생각해 본 적이 없었고, 주변 사람들도 저와 비슷할 것입니다.

솔지 여기서 '해방'은 파시스트 세력인 일본 제국주의의 억압으로부터 해방된 항일 전쟁과 세계 반파쇼 전쟁, 즉 제2차 세계 대전의 승리를 의미하는 것이겠죠?

최연 네, 맞습니다. 2025년은 정말 뜻깊은 해인 것 같습니다.

안걸 2025년은 세계 반파쇼 전쟁 승리 80주년이고 중국 항일 전쟁

승리 80주년이며, 한국 해방 80주년이자 한일 협정 60주년입니다. 제 생각에는 반파쇼 전쟁은 인류 역사상 가장 규모가 크고 영향이 지대한 전쟁 중 하나로, 그 승리는 정의가 악을 이긴다는 것을 의미합니다. 이 역사를 기억하는 것은 희생자에 대한 존중일 뿐만 아니라 후대에 대한 경고이기도 하지요. 반파쇼 전쟁의 참혹한 교훈은 우리에게 평화가 쉽게 얻어진 것이 아니며, 이를 더욱 소중히 여겨야 한다는 점을 상기시킵니다. 전쟁은 종종 경제 위기, 사회 불공정 등의 문제와 밀접한 관련이 있습니다. 저는 경제 발전을 촉진하고 빈부 격차를 줄여야만 전쟁을 근본적으로 예방할 수 있다고 봅니다. 기념행사를 통해 동아시아 각국은 역사를 함께 돌아보고, 전쟁의 교훈에 대한 인식을 높이며, 역사적 공감 형성을 촉진할 수 있습니다. 예를 들어 중한 양국은 역사 연구와 교육 분야에서 협력을 강화하고, 역사 수정주의를 공동으로 억제할 수 있습니다. 저는 반파쇼 전쟁 승리 80주년을 기념하는 것은 동아시아 각국이 경제, 안보, 문화 등 분야의 협력을 강화하는 계기가 될 수 있다고 봅니다.

솔지 이야기를 들으니 안걸 님 본인은 역사 문제에 평소 관심을 많이 두고 있기에 '80주년'이라는 것의 역사적 의의에 대해 깊이 고민해 오신 것 같습니다. 언급하신 것처럼 실제로 1945년에 동아시아에서 일어난 역사적 변화는 아주 다층적이었죠. 여전히 중요한 영향을 미치는 역사성이 있기도 하고요. 이와 관련해서 역사 수정주의에 대해서도 평소에 고민이 있으신 것 같은데, 어떻게 그 문제에 대해 고민을 시작하게 되었는지 이야기해 주시길 부탁드립니다.

안걸 역사 수정주의 경향을 고민하게 된 계기는 중국 뉴스에서 어느 일본의 중요한 정치인이 야스쿠니 신사를 참배했다는 소식을 보도하고, 일본의 일부 우익 단체가 편찬한 교과서(예: '새로운 역사 교과서를 만드는 모임' 버전)에서 침략의 성격을 희석하여 '침략'을 '진출'로 변경하고 난징 대학살의 사망자 수를 부인하거나 일본군'위안부' 문제를 회피한다는 내용을 알게 된 것입니다.

솔지 그런 이야기를 듣고 역사 수정주의의 경향에 대해 억제함과 동시에 평화적인 동아시아 협력 관계를 위한 노력이 필요하다고 생각해 오셨군요. 앞서 최연 님이 이야기했던 일본 드라마 〈오싱〉과 연결되는 부분도 있고요. 좀 더 구체적으로 일본 정부의 야스쿠니 신사 참배 문제나 역사 부정 문제에 대한 의견을 이야기해 주시겠어요?

안걸 야스쿠니 신사는 제2차 세계 대전 A급 전범을 비롯해 일본 전쟁 사망자를 모시고 있으며, 일본 정치인의 참배 행위는 일본 군국주의 역사에 대한 어떤 긍정 또는 미화로 널리 여겨지고 있습니다. 이는 일본의 침략을 받았던 아시아 국가들(특히 한국과 중국)의 강한 불만을 불러일으켰으며, 이 조치가 피해국 국민의 감정을 심각하게 상하게 하고 일본의 전쟁 범죄에 대한 반성 의지를 약화했다고 생각합니다. 역사 수정주의는 일본에서 침략 전쟁 범죄(예: 난징 대학살, 일본군'위안부', 강제 노동 등)를 축소하거나 부인하며, 심지어 식민지 지배를 미화하는 것으로 나타납니다. 이런 경향은 역사를 왜곡할 뿐만 아니라 동아시아 국가 간의 신뢰를 훼손하고 진정한 화해를 저해합니다. 일본은 침략 역사를 명확히 반성하고, 전쟁 책임을 모호하게 하거나 부인하는 행위를 그만 두어야 합니다.

솔지 확실히 이렇게 이야기해 보니 한국인에게든 조선족에게든 1945년의 80주년이 되는 2025년이 역사적으로 의미 있는 한 해인 점은 같지만, 그 의미가 서로에게 다를 수밖에 없고 그 사실을 서로 이야기하다 보니 우리가 각자 이해하는 방식이 다를 수밖에 없다는 것이 보입니다.

한반도 분단은 지금 우리에게

솔지 대화의 초점이 해방 또는 광복에 있지만, 한반도가 일제로부터 해방된 이후 곧바로 남과 북이 분단되는 상황을 맞았기 때문에 그 문제에 대해서도 같이 이야기를 나누고 싶습니다.

저는 DMZ 접경 지역에서 성장해서 다른 한국인보다 조금 더 분단이라는 현실을 피부로 느끼면서 자랐습니다. 제가 성장한 곳은 군부대가 상시적으로 포격 훈련을 하는 지역입니다. 어떤 이유로든 철책선에 문제가 생긴 날 학교에 가면 친구들의 절반 이상이 잠을 제대로 못 자고 온 날이 많았습니다. 군인 가족인 친구들이 많을 때는 한 반에 절반 정도 되었는데, 그런 일이 생기면 아버지가 부대로 불려 가서 비상대기를 하니 뒤숭숭한 상태로 학교에 온 것이죠.

대학 진학 후 서울이 주 생활권이 되고 다양한 지역에서 온 친구들과 생활하면서 오히려 분단을 일상과 멀게 느끼게 되었습니다. 그러면서 우리에게 분단은 무엇일까 많이 생각했던 것 같아요. 대학 생활을 하면서 제가 가장 이상하게 생각했던 것이 대화 중에 '너무 정치적인 이야기니까 그만하자.'라는 표현이 종종 등장하는 것이었습니다. 제 친구들은 정치학이나 사회과학 전공자들이었는데 그런 이야기가 나와서 대화가 멈추거나 은근히 서로에게 선이 그어지는 상황이 있을 때마다 이상하다고 느꼈습니다. 그렇게 '정치적'이라는 이유로 대화가 어색하게 중단된 것이 사실 진보적인 주장, 사회주의와 관련된 어떤 내용, 더 직접적으로는 북에 대한 옹호적인 입장이나 태도와 관련되어 있다는 것을 이후에 깨달았죠. 이른바 '레드 콤플렉스', 제 연구 분야로 말하자면 분단 트라우마와 분단 아비투스라고 할 수 있습니다.

근데 대학원에서 역사적 트라우마, 코리언 디아스포라에 관해 공부하면서 이런 제 생각도 상당히 협소한 인식체계 안에 있는 것에 불과하다는 점을 깨달았습니다. 분단이 당연히 남과 북의 문제라고만 생각했는데, 일제 패망 당시에 한반도 바깥 공간에 이주해서 살게 된 코리언들이 있었고, 그들이 한반도의 해방과 이후 이어진 분단에 대해 직접적인 영향을 받았다는 점도 알게 되었습니다.

두 분은 코리언 디아스포라 중에서도 재중조선족의 정체성을 지닌 분들이시니 제가 느끼고 접했던 한반도 분단에 대한 감정이나 기억이 다를 것 같아요. 한반도의 분단이 자기 자신, 재중조선족, 자신이 속한 집단 외의 다른 코리언 집단(북, 재일조선인, 까레이스키 등)에게 어떤 영향을 미쳤다고 생각하는지, 특히 현재에도 영향을 주고 있는 점이 있다면 무엇인지 의견을 묻고 싶습니다.

안걸 한반도의 분단은 일본에 거주하는 조선인의 정체성 분화를 직접적으로 초래했습니다. 재일조선인은 친남파와 친북파로 나뉘며, 이런 분열은 재일조선인 집단 내부에 깊은 갈등과 대립을 일으켰어요. 냉전 시기 친북파 재일조선인은 조선 정부의 지원을 받아 '조선학교'와 문화 조직을 설립하고 조선의 민족정체성과 사회주의 이데올로기를 강조했습니다. 친남파 재일조선인은 한국 정부와 긴밀히 연락을 유지하며 한국의 지지를 받고 일본 사회에 적극적으로 융합하고 있습니다.

한반도의 분단은 재일조선인 내부의 갈등을 심화하는 동시에 일본 사회에서의 그들의 위치를 더욱 복잡하게 만들었습니다. 친북파든 친남파든 일본 주류사회에 완전히 통합되기 어렵고 종종 외국인 또는 타자로 간주됩니다. 조선과 일본 간의 오랜 외교 관계 부족은 친북파가 일본 사회에서 불리한 위치에 놓이도록 만들었지요. 또 북한의 핵실험과 미사일 발사 등의 문제는 일본 사회에서 재일조선인에 대한 부정적인 인식을 더욱 심화했습니다. 한일 관계가 냉전 종료 후 개선되었지만, 식민지배와 일본군'위안부' 문제와 같은 역사적 문제는 여전히 양국 관계에 영향을 미치고 있으며, 이는 일본에 거주하는 친남파의 지위에도 간접적으로 영향을 미치고 있습니다.

솔지 안걸 님은 한반도의 분단이 특히 재일조선인 사회에 큰 영향을 미쳤고, 현재까지 그런 경향이 있다고 보시는군요. 그렇다면 본인에게도 한반도 분단이 여전히 영향을 미치고 있다고 생각하는지 궁금합니다.

안걸 네, 맞습니다. 또 한반도의 분단이 아직도 저에게 영향을 끼친다고 생각해요. 예를 들어 제가 비행기로 한국에 가려면 돌아서 가야 하며, 중국에서 쓰는 조선어와 한국어, 북한에서 쓰는 조선어 간에 차이가 있습니다.

최연 저는 대학원에 들어오기 이전에 분단이 남과 북의 체제 이데올로기의 대립이라고 생각했습니다. 하지만 전공 수업을 통해 그것이 체제의 대립만이 아니라는 것을 알게 되었어요. '남과 북 그리고 코리언 디아스포라와 함께하는 통일'이 저에게 무척 매력적이었습니다. 조선족으로서 분단에 대해 무엇을 할 수 있을까? 이 질문은 계속 고민해 왔던 지점인데, 특히 일본의 조선대학교 방문을 통해 직접 재일조선인 친구들과 만나면서 생각이 많이 달라졌습니다. 코리언 디아스포라 중에 조선족이 제일 많고, 민족정체성을 가장 잘 유지했고, 아마 한국어를 제일 능숙하고 유창하게 할 수 있는 것으로 알고 있습니다. 그러나 재일조선인을 만나고, 특히 '조선적'을 가진 분을 만났을 때 그들만의 '고집'이 저에게 얼마나 큰 충격이었는지 모릅니다. 분단과 통일의 결심은 그들을 만나고 굳게 제 마음속 깊이 새겨졌습니다.

저는 재외동포재단 초청장학생으로 한국에 와서 유학하면서 다른 지역의 코리언들을 만나 봤습니다. 함께 한국어로 소통하면서 모국의 고유한 정서를 나누고, 또 서로 다른 지역에서 살아왔던 그 다름을 함께 나누었습니다. 우리는 한편으로는 출신 국가의 문화를 어느 정도 갖고 있기 때문에 다채로웠고, 다른 한편으로는 한(조선)민족이기 때문에 서로 이해도 했습니다. 서로의 이야기를 나누면서 뜻깊은 시간을 보냈습니다. 우리는 모두 케이팝을 좋아해서 같이 노래를 부르며 레크리에이션을 진행했고, 함께 모국의 문화를 탐방하면서 안동 소주를 나눠 먹기도 했습니다. 그들을 통해 한반도의 분단이 서로 다른 존재를 만들었지만, 한국에 와서 유학 생활을 하면서 모국의 문화를 체험할 때 이렇게 다시 통합되었고 하나가 되는 것을 느꼈습니다. 분단된 아픈 역사를 공유하고 있지만, 또 한편 글로벌적인 코리언이라는 새로운 세대를 만든 것이죠.

솔지 굉장히 인상적인 이야기입니다. 최연 님은 대학원 입학이나 재일조선인과의 만남 전에는 한반도 분단 문제에 대해 생각한 적은 있지만 이데올로기 체제 대립이라는 측면에서만 생각했고 분단 극복이나 통일이라는 문제에 대해서는 자신과 멀게 느꼈기에 마음에 와닿는 고민이 없었는데, 대학원에서 분단과 통일의 문제를 코리언 디아스포라 모두의 삶과 함께 모색한다는 점을 알게 되고 여전히 분단을 자기 삶의 중요 부분으로 두고 치열한 고민 속에서 살아가는 재일조선인과 만나면서 한반도 분단극복이나 통일의 문제를 적극적으로 고민하게 되었군요. 이와 관련하여 덧붙이고 싶은 이야기가 있다면 더 해 주셔도 좋을 것 같습니다.

최연 네, 맞아요. 분단 극복, 통일이라는 문제에 대해서도 자세하게 고민한 적은 없습니다. 전에는 분단, 남북을 갈라놓았다는 것까지만 이해했어요. 분단의 역사는 아프지만 조상들은 새로운 땅을 개척하고 그곳에 살아남기 위해 각고의 노력을 해 왔습니다. 새로운 세대인 우리는 조상이 정착한 나라에서 새로운 국민으로 태어났다는 사실에 항상 고마움을 품고 있습니다. 새로운 세대들이 한반도 분단 극복과 통일의 문제에 대해 무언가를 했으면 좋겠습니다.

솔지 한반도 분단이 각 코리언에게 여전히 다양한 영향을 미치고 있다는 것은 분명하네요. 두 분이 지금 한반도 분단에 대해 갖는 의견이나 그것의 극복 방안도 궁금해집니다. 어쨌든 우리가 지금 8.15 80주년과 관련한 대화를 하고 있으니까요.

안걸 한반도는 북위 38도선을 경계로 대한민국(한국)과 조선민주주의인민공화국(북한)으로 분열되어 있으며, 각각 자본주의와 사회주의 제도를 시행하고 있습니다. 남북 양측은 정치 제도, 경제

모델, 사회 가치관에서 근본적인 대립이 존재하며, 이런 대립은 한국전쟁에서 정점에 달했습니다. 한반도의 분단으로 인해 같은 민족이 두 나라로 나뉘고, 국민들은 정체성 면에서 분열을 겪었습니다. 수백만 가구가 분단으로 헤어졌으며, 여전히 수많은 이산가족이 상봉하지 못하고 있지요. 한반도의 분열은 냉전 시기의 글로벌 이념 대립의 축소판이며, 자본주의와 사회주의 두 진영의 대립을 반영하고 있습니다. 저는 한반도의 평화 통일이나 장기적인 안정이 동아시아는 물론이고 전 세계의 안전과 번영에 매우 중요하다고 생각해요. 한반도 문제를 해결하려면 남북 대화, 강대국 조정, 다자 협력을 포함한 국제사회의 공동 노력이 필요하다고 생각합니다.

최연 8.15는 억압으로부터의 해방이고 잃었던 나라를 되찾은 광복의 의미를 지닌다고 생각합니다. 8.15가 남북의 공통적인 기억을 되살려 다시 남북 관계를 조망할 수 있는 계기가 되지 않을까 합니다. 8.15로부터 일본의 식민통치를 벗어났지만, 한반도에서는 통일된 국민국가가 형성되지 못하고 오히려 해방 이후 남북으로 나뉘어 분단된 상황에 부딪혔습니다. 저는 남북이 분단되어 제일 가슴이 아픈 부분이 이산가족 문제라고 생각합니다. 이산가족 상봉 다큐멘터리를 볼 때마다 눈물이 계속 흘렀습니다. 분단 때문에 평생 동안 나의 가족과 만나지 못하는 상황을 대입시키면 가슴이 너무 아프니까요. 언젠가 남북 주민이 만날 수 있는 기회가 생겼으면 합니다.

만주-동북의 과거와 현재, 신자유주의와 조선족의 오늘

솔지 대담을 준비하면서 저는 현재 중국 동북 3성 지역에 해당하는 옛 만주에 대해 많은 내용을 새롭게 접했습니다. 그러다 한 연구서에서 만주가 "동아시아의 주요 인종/민족/국가들이 서로 부딪치고 각축하는 주요한 장場이었다"는 것, 특히 "조선(한반도), 중국, 일본, 만주, 몽고 등이 복잡하게 뒤얽혀 있던 '다민족'국가"였다는 문구를 봤습니다. 19세기에서 20세기 전반기로 접어드는 시기, "만주는 동아시아 주요 국가권력의 무력 수단이 첨예하게 대립된 장소"였고, 같은 시기 "다양한 동기와 경로를 통해 동아시아의 주요 민족과 인종집단들이 흘러 들어와 배제와 포섭, 억압과 관용, 대립과 공존, 경쟁과 타협 등을 통해 공동의 주거공간을 끊임없이 만들어 내고, 또 변화시켜 갔던 지역"이기도 했다는 것이죠.

저는 이런 분석이 상당히 인상적이었습니다. 이전에 식민지 시기를 제국주의의 지배, 침략자와 피해자, 지배자와 피지배자라는 구도를 통해서만 생각했다면, 분석을 접한 후에는 제국주의의 팽창과 식민지 경영이라는 것이 현재의 지구화와 노동이주 등의 문제와 상당히 유사한 속성을 공유한다는 생각이 들었기 때문입니다.

제2차 세계 대전이 종전한 후, 일본은 물론이고 세계 각국의 식민지배가 차차 막을 내리면서 국민(민족)국가가 수립되었습니다. 1990년대 이전에 소련이 존재하긴 했지만요. 사람들이 각 민족국가 내부적 인식과 생활세계에 집중해서 살아가던 시기가 종료되고 1990년대에서 2000년대를 지나면서 온 세계가 뒤섞여 살아가는 '신자유주의' 시대가 도래했다고 (한국을 기준으로 보면) 할 수 있는데, 그런 측면에서 우리가 한국의 여러 공간에서 만나는 조선족, 코리언 디아스포라들을 비롯한 각국에서 온 이주자들의 삶의 양태가 만주라는 공간에서 벌어졌던 어떤 상황과 상당히 유사성을 갖고 있다는 생각이 듭니다. 두 분은 이런 지점에 대해서 혹시 생각해 보신 적이 있나요?

최연 솔직히 말씀을 드리자면, 저는 '만주'보다 '동북'이라는 용어가 더 익숙합니다. 중국 사람들이 만주를 생각하면 위만주국偽滿洲國을 떠올립니다. '만주'를 이야기하니까, 갑자기 현빈의 영화 〈안중근〉이 생각됩니다. 조선족 친구와 함께 관람했는데, 친구는 한국근현대사를 잘 몰라서 영화 내용에 흥미를 느낄 수 없다고 했습니다. 반대로 저는 역사를 공부하고 있기 때문에 흥미진진하게 관람했습니다. 관람하는 중에 독립운동 투사들이 어떻게 독립을 위해 헌신했는지를 어느 정도 느꼈습니다.

인상이 깊은 대사 중 하나가 바로 "만주는 우리땅이었는데…"였는데, 과연 그럴까 하는 의문이 들기도 했어요. 중국 사람의 입장에서는 결코 받아들이기 힘든 말인데 한국 사람의 입장이라면 어느 정도 이해됩니다. '만주'라는 공간은 어떤 공간일까요? 만주를 생각하면 많은 키워드가 떠오릅니다. 예를 들어 독립,

이주, 재만조선인(조선족), 중일 전쟁, 한일 투쟁, 김일성 무장 투쟁, 군벌 통치, 만주족의 성지 등과 연관되어 있습니다. 제 생각에 만주는 동아시아 삼국의 모순과 갈등이 집약적으로 나타나는 공간이자 한반도 식민과 분단을 함께 들여다볼 수 있는 공간입니다.

안걸 위만주국은 일본이 중국 동북부를 침략한 후 세운 괴뢰 정권으로, 명목상으로는 청나라의 마지막 황제인 푸이가 '원수'를 맡았지만 실권은 전적으로 일본이 쥐고 있었습니다. 비슷한 상황은 제2차 세계 대전 당시의 유럽에서 나타났지요. 예를 들어 나치 독일이 점령 지역에 세운 괴뢰 정권(예: 비시 프랑스)과 냉전 시기에 소련이 동유럽 국가에서 지원한 친소 정권(예: 동독, 폴란드 등)이 있습니다. 이 지역들은 모두 외부 세력의 직간접적인 통제를 겪었으며, 본토 정권은 진정한 자주권이 부족합니다. 비록 위만주국이 존재했지만 중국 국민(동북 지역의 민중 포함)은 저항을 포기하지 않았고, 항일 무장 세력(예: 동북 항일 연합군)은 만주 지역에서 장기간의 유지전을 벌였습니다.

아프리카와 아시아의 식민지에서는 제2차 세계 대전 이후 민족 독립운동이 번성했습니다. 예를 들어 인도의 비폭력 비협력 운동, 알제리의 독립 전쟁 등이 있지요. 만주 지역이든 다른 식민지든, 민중은 무장 투쟁이나 정치 운동을 통해 독립과 자주권을 쟁취했습니다. 1945년에 소련은 일본에 선전포고를 하고 신속하게 만주를 점령했으며, 이에 따라 가짜 만주국은 붕괴되었습니다. 전쟁 후 만주는 다시 중국의 주권으로 돌아갔습니다. 전후 국제 정세의 변화(예: 식민 체계의 붕괴, 냉전의 시작)는 많은 식민지가 독립을 쟁취할 수 있는 조건을 마련했습니다. 예를 들어 인도는 1947년에 독립했고, 아프리카 국가들은 20세기 1950~1960년대에 잇따라 독립했지요. 국제 정세의 변화(예: 강대국 간의 경쟁, 전쟁 결과)는 이런 지역의 독립 회복을 위한 외부 조건을 제공합니다.

중국에 반환된 후, 만주(동북 지역)는 신중국의 중요한 산업 기지가 되었지만, 경제 전환과 사회 변혁의 도전도 겪었습니다. 많은 신생 독립 국가들이 독립 후 정치적 불안정, 경제적 어려움, 사회 분열 등의 문제에 직면하고 있습니다. 예를 들어 콩고는 독립 후 내전에 빠졌고, 인도와 파키스탄은 영토 문제로 충돌이 발생했습니다. 독립을 회복한 후, 이들 지역이 국가 재건, 경제 발전, 사회 안정 유지라는 어려운 과제에 직면해 있다는 점에서 유사성이 있다고 생각합니다.

솔지 오히려 안걸 님은 제국이 해체된 후 각 민족국가가 수립되는 과정에서 내부적으로 겪는 여러 어려움이라는 차원에서 공통점을 느끼고 있군요. 식민지로부터 독립해 민족국가를 형성했던 많은 다른 곳들이 그랬던 것처럼 정치적이고 경제적인 사회 변화가 옛 만주인 동북 지역에도 영향을 미쳤습니다. 이야기를 들으니, 본인이 동북 지역에서 나고 자랐기 때문에 개혁 개방 이후 중국 사회의 변화 속에서 그런 고민이 더 와닿을 수밖에 없는 지점일 것 같다는 생각이 들어요.

사실 제가 두 분과 이야기해 보고 싶었던 것은 위만주국 시기에 만주가 마치 지금 신자유주의 사회가 된 서울에서 다양한 인종이 또 다른 '위계'를 갖고 뒤섞여 살아가면서 마주하는 갈등이나 차별에 대한 것이었어요. 그런데 제 질문이나 고민의 범주가 서울이라는 생활공간을 기준으로 예전의 만주 공간을 한정적으로 해석한 것 같다는 생각이 드는 답변입니다.

그러니까 지금의 동북 지역을 기준으로 보면 사실 '신자유주의적 전환'과 변화라고 하는 것은 과거 만주처럼 다양한 민족구성원이 뒤섞여 만나는 현실과는 다릅니다. 중국은 그런 변화 속에서 대규모 국영공장이 운영되던 산업 중심지 동북을 변두리화하고 주변화했으니까요. 연해 지역의 도시들이 급속도로 성장하고 산업구조가 재편되면서 동북의 공장 노동자로 있던 많은 사람이 일자리를 잃었습니다. 점차 사람들이 남쪽으로 돈을 벌러 떠나고, 동북은 낙후한 옛 공업도시로 남았고요. 1990년대 후반기를 배경으로 한 중국 드라마에서 그런 장면이 종종 나오더라고요. 그런 변화 속에서 동북에 거주하던 조선족 상당수가 서울을 비롯해 한국 각 지역으로 많이 이동했습니다. 지금 시기 우리의 만남은 이런 변화의 연장선에서 일어나고 있는 것이죠. 조선족이신 동료 연구자 선생님의 『빈 집에서 겨울나기』라는 시집을 보면서도 많은 조선족이 그곳을 떠나면서 '빈 집'이 많이 남았다는 부분을 접했던 기억이 납니다.

최연   전에 할머니가 사셨던 통화의 조선족 마을에도 친척들이 많이 살았는데, 일자리 찾아서 다 한국에 가니까 빈 집이 많이 생겼어요. 저희 고향 같은 경우에는 농촌에 집을 가지고 있으면서 한족에게 세를 주고 한국에 가서 일하다 1년, 아니면 2년마다 와서 집 정리 한번 하고 가거나 아니면 시내 쪽, 성 쪽에 아파트를 사서 왔다 갔다 하면서 삽니다. 동북은 중공업 도시였으니까 모두 일자리를 찾아 떠나서 20~30대가 별로 많지 않을 거예요.

안걸   하얼빈의 농촌 지역도 제 고향 같은 경우에는 현재 다섯 사람밖에 없어요. 다 할머니, 할아버지이고 30대는 아예 없습니다.

솔지   조선족뿐만 아니라 중국의 동북 지역 전체가 다 그렇다는 것인가요? 연변도 마찬가지인가요?

최연   연변(연길)이 작년부터 중국에서 무척 핫한 관광지가 되었어요. 맛있는 음식도 있고, 중국에서 비자 없이 갈 수 있는 한국의 느낌입니다. 연변이 유명해지면서 중국 전역에서 조선족에 대한 관심이 생긴 것 같아요. '아, 연변 조선족 자치주구나', '조선족 문화구나'라고요. 조선족이지만 음식과 문화가 한국처럼 비슷해서 한국에 가지 않아도 중국에서 한국을 체험할 수 있는 공간인 연변에 관광하러 많이 옵니다. 틱톡을 보고 사람들이 '민속원'에 가서 한복을 입고 사진을 많이 찍는데, 한국의 북촌마을 같은 곳이에요. 그리고 훈춘은 한 도시에서 북한, 중국, 러시아 이렇게 세 나라의 분위기를 다 경험해 볼 수 있어서 많이들 갑니다.

안걸   중국 사람들이 지금 좋아하는 게 비빔밥이에요. 연변의 비빔밥

브랜드 체인점은 중국 전역에 다 퍼져 있습니다.

솔지 그렇게 중국 사람들이 연변에 여행을 많이 가고 관심을 가지는 것은 어쨌든 한국에 대해 호감을 갖고 있다는 뜻이군요. 요즘 한국에서 중국에 대한 반감과 혐오 정서가 너무 심해서 이런 부분이 부정적 영향을 많이 미치지 않을까 우려됩니다. 물론 이런 상황이 대책 없이 지속되면 점차 그렇게 되겠죠. 만주에서 동북이라는 현재까지, 이렇게 이야기하다 보니 우리가 지금 마주하는 '이동과 만남'이라는 시대적 변화도 서로에게 각자 서 있는 자리마다 다른 고민과 과제를 던져 주고 있다는 것을 새삼스럽게 깨닫습니다. 식민지 시기에도 그렇고, 해방을 맞은 시점에도 그렇고, 사실 모든 시점마다 그랬겠죠.

지속되는 '냉전'적 인식과 혐오를 넘어서

솔지 이와 관련해서 다시 전체적인 코리언의 해방과 관련한 이야기로 좀 돌아오겠습니다. 1945년 일제 패망과 '해방' 당시 코리언은 여러 공간에 흩어져 있었어요. 그러다 보니 서로가 생각하는 '모국'에 대한 관념도 다를 것 같습니다. 저는 사실 '모국'이라는 관념 자체를 생각해 본 적이 없는데 한반도에서 태어나서 한국인으로 자랐기 때문이겠지요. 두 분은 코리언 디아스포라 정체성을 지닌 분들이니 아마 한 번쯤 생각해 보신 적이 있을 것 같은데, 여러분이 생각하는 '모국'이란 어떤 것인가요?

안걸 모국이라는 개념은 애매한 것 같습니다.

솔지 그럴 수 있겠네요. 제가 여기서 질문드린 모국은 일반적으로 디아스포라 정체성과 관련해서 고향이라고 인식하는 '뿌리 공간'으로서의 대상을 말합니다. 디아스포라의 경우 모국을 근거로 한 '민족 정체성'과 '국민 정체성'이 분화된 집단이라는 관점에서 그렇게 보기도 하지요. 질문을 약간 바꿔 보겠습니다. 조선족으로서 본인은 중국인이고, 중국의 소수민족 중 한 그룹에 속해 있고, 또 한편으로는 모국으로서 한반도의 역사와도 연결되는 존재이지요. 게다가 그 모국은 남과 북이라는 두 개의 적대 관계 속에 있는 '국가'로 분단되어 있기도 합니다. 이런 복합적인 차원에서 스스로가 보는 이 각각의 관계가 어떤 것일지 궁금합니다.

최연 중국에서는 '조국'이라는 용어를 많이 씁니다. 전에 '모국'이라는 관념 자체를 생각해 본 적이 따로 없습니다. 모국을 다시 생각해 본 것은 재외동포재단(재외동포청)의 '모국 역사 체험' 활동에 참여했을 때였습니다. 3박 4일 활동하는 기간에 계속 '모국'이라는 용어를 썼고, 여행을 통해 체험함으로써 '모국 한반도'의 이미지가 점점 뚜렷해지는 느낌이 들었습니다. 내가 가진 조선족 문화와 모국의 문화를 비교하면서 나의 정체성을 다시 고민했습니다. 조선족 문화의 대부분이 모국의 문화와 비슷하다는 것을 느꼈습니다.

솔지 방금 말씀하신 중국에서 자주 쓰는 '조국'이라는 표현은 아마 여러분이 속한 현재의 국가를 의미하는 것 같아요. 국민의 성원이니 내부에서는 우리 '조국'이라는 현재 중심의 표현을 많이 쓰겠지요? 반면 '모국'은 보통 디아스포라들의 고향, 선조가 뿌리를 둔 지역이자 현재는 내가 속한 국가와 다른 국가가 된 곳을 표현하는 것 같습니다.

한국에서도 2000년대 초반까지는 '조국'이라는 표현을 많이 썼던 것 같습니다. 그런데 한국에서 말하는 '조국'과 중국에서 쓰는 '조국'은 약간의 개념적 차이가 있습니다. '조'는 조상 조祖, '모'는 어머니 모母를 쓰다 보니 한국 사람은 그냥 둘 다 현재의 국적과 상관없는 조상, 선조의 고향인 공간을 지칭한다고 생각하는 경향이 있고요. 이 지점이 몰이해에 따른 갈등 등 감정의 표출로 연결되면 여러 가지로 문제가 되죠.

최연 님이 한국에서 생활하고 교류하면서부터 모국이라는 표현을 많이 접한 것도 그런 점에서 자연스럽게 이해됩니다. 이미 국민국가의 경계선에서 태어나고 자란 우리에게 사실 이상할 것 없는 흐름이겠죠. 그런데 이 부분에서 궁금증이 생깁니다. 한국에서 생활하는 과정에서 조선족의 문화가 모국의 문화와 비슷하다고 느꼈다면, 또 거꾸로 조선족의 문화가 중국에서 많이 마주쳤던 한족의 문화와 차이가 있다는 것을 느끼는 과정이기도 했을 듯한데, 어떻게 생각하세요?

최연 네, 맞습니다. 한족의 문화와 차이를 많이 느꼈어요. 특히 조선족 생활문화권을 떠나면서 이런 문제가 점점 드러난 것 같습니다. 한국 사회에서 생활하고 교류하면서도 비슷하게 느껴요. 그러면 내 몸에 '모국적인 것(한국)', '조국적인 것(중국)'이 분리되어 오히려 정체성 인식에 도움이 됩니다. 이런 조국과 모국의 모습을 함께 간직하는 소중한 존재가 바로 조선족입니다.

안걸 며칠 전에 샤오훙슈[2] 영상에서 어떤 댓글을 봤습니다. 조선족 자치주의 조선족 가수가 중국이라는 나라를 사랑한다는 내용을 담은 노래 〈나의 조국〉을 조선말로 한 번, 한족어로 한 번 불렀는데, 그 영상에 한국 사람들이 "우리는 중국의 조선족을 외국인이라고 생각한다. 동포도 아니고."라는 댓글을 적었습니다. 그게 논란이 되어서 중국의 어떤 사람들은 '자기는 한국에 절대로 안 간다', '한국이 싫다'라는 말을 한 적도 있어요.

솔지 네. 그런 부분이 앞에서 이야기했던 조국과 모국이라는 각 표현 속에 담긴 의미 차이에 대한 몰이해, 그리고 서로의 역사적 과정에 대한 무지가 가장 부정적으로 작동하면서 나타나는 문제 상황입니다. 특히 한국 사람들에게는 내재적인 편견으로서 '혐중'이 매우 강하게 자리 잡고 있다는 인상을 지우기 어렵습니다. 작년에 한국에서 계엄과 내란 사태를 지나면서 반중을 넘어 혐중 정서가 극도로 빗발치고 이것을 스스럼없이 생활공간과 정치공간에 분출하고 있는 지점들을 보면서 더 그런 생각을 했어요. 한국에서는 다양한 매체를 통해 분단 트라우마를 기억화

---

[2] 샤오훙슈(小红书)는 중국의 SNS 겸 전자상거래 플랫폼으로, 중국판 인스타그램으로 불리는 매체다.

할 때, 중국에 대한 혐오를 자극하는 역사적 소재와 서사 구조를 기묘하게 많이 활용해 왔습니다. 2010년대부터는 익히 알려진 대로 조선족에 대한 혐오 정서를 자극하는 왜곡된 미디어 콘텐츠가 확산되면서 중국과 재중조선족에 대한 부정적인 이미지가 더 확장되기도 했어요.

우리가 서로의 역사와 정체성에 대해 제대로 알고 있지 못하기 때문에 이런 것이 더 많이 확산되는 것은 아닐까요? 두 분은 어떻게 생각하시나요? 어떻게 보면 한국 사회에서 이런 혐오적 인식과 정서를 줄여 나갈 수 있을지 방안을 모색하기 위한 질문이기도 합니다. 혹시 여러분이 한국인과 어떤 방식으로든 관계를 맺는 경험이 있었다면 그럴 때 이런 역사적 배경에 대한 이해의 문제가 영향을 미쳤는지도 함께 이야기해 주세요.

안걸 학부 2학년 때 서울대학교에서 교환학생으로 공부했습니다. 그 외에 여러 번 한국에서 유람한 경험이 있으나 역사적 배경에 대한 이해로 인해 관계에 영향을 미친 적은 없었습니다.

솔지 앞선 답변에서는 세 나라가 공동의 역사적 인식을 잘 마련해서 갈등의 요소를 줄여 나가고 평화적 협력을 모색하는 것이 필요하다는 의견을 주었는데, 그 갈등이 안걸 님이 만났던 한국인과의 직접적인 경험에서 빚어진 것은 아니군요. 그렇다면 미디어 매체나 온라인상에서 드러나는 역사 인식과 갈등 등을 보고 그런 의견을 갖게 된 것인가요?

안걸 네. 인터넷을 접하며 그런 의견을 갖게 되었습니다.

최연 저는 '서로를 잘 모르고 있다'라는 것이 가장 큰 원인이라고 생각해요. 현재 한국에는 조선족이 80만~100만 명 살고 있습니다. 한국인과 만나면서 조선족 대부분이 이해를 받지 못했을 때 '우리에 대해 뭘 알고 있느냐?'라고 말하고 싶었을 것입니다. 그러나 속마음은 '우리를 좀 더 알아주었으면 얼마나 좋겠습니까?'입니다. 같은 민족이지만 각기 다른 국가(지역)에서 살았기 때문에 서로를 알고 이해하기란 쉽지 않습니다.

솔지 저도 공감하는 부분입니다. 그런데 여기에서 '잘 모른다', '알고 이해한다'라고 하는 부분은 제가 여쭤 본 역사적 배경에 대한 이해 외에 다른 부분도 포함될 것 같아요. 조선족의 고민에 담긴 '더 알아주면 좋겠다'라는 것의 범주나 내용에는 구체적으로 어떤 것이 있을까요?

최연 조선족에 대한 기본적인 역사를 알고, 우리라는 존재를 알아주었으면 좋겠습니다. 그리고 조선족이 중국에서 태어나 중국적인 정서도 갖고 있다는 것을 알아주었으면 합니다. 저만의 고민이 아닌 것 같습니다. 한국에서 유학하는 다른 조선족 친구들과 함께 고민했던 부분입니다. 그리고 조선족이라고 해서 무조건 한국말을 잘 구사하는 것은 아닙니다. 다행히도 저는 한국에서 살면서 만난 분들이 대체로 조선족에 대한 기본적인 역사 인식을 가지고 있기 때문에 좋았습니다.

솔지 네, 한국에서 재중조선족에 대한 몰이해, 반중·혐중 정서 등의 문제가 현재 동아시아의 국제정치적 맥락과 함께 작동하고 있다는 것이 더 큰 문제입니다. 이것은 제2차 세계 대전이 끝난 후 동아시아에 냉전 구도가 수립되고 '북·중·러' 대 '한·미·일·대만'으로 대립적인 외교 블록이 생겼던 역사 때문이었고, 여기에 지금은 '신냉전'이라고 하는 미·중 갈등 구도가 작동하고 있습니다.

사실 한국 입장에서는 미국이냐 중국이냐는 양자택일의 사안이 아니지만 여전히 냉전적인 관계의 맥락 속에서 미국과 일본을 택하고 중국과 선을 그어야 한다는 '반실리적' 외교노선을 고집하는 사람이 많아요. 저는 냉전 코드로만 동아시아 관계를 고정하려는 사람들과 미디어 매체가 반중·혐중 정서를 부추기고 있다고 생각합니다.

이와 관련하여 현재 지속되고 있는 미국의 중국에 대한 압박, 대만 문제를 둘러싼 갈등 등에 대해서는 어떻게 생각하세요?

최연 요즘 사람들이 미디어 매체의 영향을 많이 받는다고 생각합니다. 사실 이 부분은 대답하기가 매우 어렵습니다. 미국의 중국에 대한 압박과 대만 문제를 둘러싼 갈등은 단순히 중·미 국가 간의 경쟁이라기보다는, 21세기 세계 질서를 둘러싼 패권의 재편 과정이라고 볼 수 있을 것 같아요. 중·미 경쟁 중심에 바로 대만이라는 '핵심 지점'이 있습니다. 중국이 세계 영향력을 넓혀 갈수록, 미국은 중국을 적으로 간주하고 중국에 대한 압박을 한층 강화합니다. 이때 중국은 '하나의 중국' 원칙을 굳건하게 견지하며 국가의 통일을 더 원하게 됩니다. 이것은 중국의 소수민족 정책에도 영향을 미치고 있습니다. 그런데 이 갈등도 결국 그 안에 있는 사람들의 삶에는 커다란 불안과 영향을 남길 수밖에 없어요. 저는 중·미 두 나라는 경쟁보다 협력을 통해 평화적 공존의 가능성을 함께 이야기했으면 합니다.

솔지 참 공감되는 이야기입니다. 과거 제국주의 전쟁이 냉전, 신냉전이라는 새로운 이름과 구도로 반복되면서 사람들 사이에 또 다른 경계를 세우고 삶의 파괴점을 만드는 것 같아서 마음이 좋지 않습니다. 현재 세대이자 또 미래 세대이기도 한 우리가 단순한 편견에 갇혀 서로를 적대할 게 아니라 성찰할 지점을 찾고 상생할 수 있는 자리를 만들기 위해 함께 고민해야 하겠습니다.

8.15 80주년을 맞아, 이번 대담의 의미

솔지 이제 마지막 이야기입니다. 각자에게 익숙한 방식으로 화석화된 8.15의 의미와 '해방-분단', 그리고 코리언에 대해서 함께 이야기하는 우리의 대담 자체가 오늘날 우리에게 주는 의미가 무엇이라고 생각하시나요?

안걸 과거의 역사를 함께 반성하고 평화적 합의를 구축할 기회를 제공한다고 생각합니다. 나아가서 우리는 역사적 비극의 재발을 방지하기 위해 지역 평화 메커니즘을 구축하는 방안을 논의할 수 있습니다. 그것은 역사에 대한 회고일 뿐만 아니라 미래에 대한 반성과 전망이기도 합니다. 이와 같은 대담을 통해 동아시아 세 나라가 구축해야 할 역사적 합의, 화해와 협력, 평화와 번영에 대한 고민을 서로 많이 나누면 좋겠습니다. 또 이런 시도가 결국 실질적인 동아시아의 평화를 가져오는 나라 간의 공동 노력으로 이어지길 바랍니다. 그러자면 국제사회의 이해나 지원도 필요하겠습니다.

최연 앞에서 언급했던 '서로를 모르고 있다'는 것과 연관이 되는데, 우리의 대담이 이런 서로를 알려 주고 알아 가는 과정이라고 생각합니다. 서로에 대해 조금 더 알게 되면 상대방을 조금 더 이해할 수 있어요. 내가 몰랐던 부분, 특히 내가 몰랐던 8.15 이야기를 알게 되었고, 서로의 생각이 부딪치면서 더 좋은 아이디어가 생길 수 있었습니다. 대담하는 과정에서 많은 것을 배울 수 있어서 정말 좋았습니다.

솔지 저 역시 혐오가 난무하는 우리 시대의 풍조를 바꾸는 고민을 계속해 나가는 것, 그것이 이 대담이 가진 중요한 의미라고 생각합니다. 결국 우리가 함께 잘 살아가는 것, 평화롭게 상생하는 관계가 되는 것이 제일 중요한데, '해방'되지 못한 현실을 스스로 만드는 인식의 굴레가 있다는 사실을 서로 다른 존재와 나누는 대화를 통해 성찰할 필요가 있음을 다시금 확인했습니다. 서로가 가진 차이를 알아 가는 것이 중요하다는 점도 느꼈습니다. 다르지만 겹치는 지점을 알아 가면서 함께하는 법을 찾아보는 뜻깊은 광복 80주년의 시간이었습니다. 즐거웠습니다. 고맙습니다.

12장

코리언의 미래를 위한 약속, 반차별주의와 페미니즘
– 재일조선인과 한국인의 대담

이태준, 김리화, 김리이슬

자기소개

이태준(이하 태준) 반갑습니다. 저는 건국대학교 통일인문학과 박사 과정으로 공부하고 있고, 1991년에 대한민국 서울에서 태어나 어느덧 30대 중반이 된 이태준이라고 합니다. 개인적으로 학부 시절 일본군'위안부' 문제 해결 운동을 했고, 그 경험을 바탕으로 삼아 일본군'위안부' 피해생존자의 삶과 운동을 주제로 논문을 썼어요. 현재는 한반도의 식민과 분단 과정에서 발생했던 역사적 상처를 들여다보고, 탈식민주의post-colonialism, 페미니즘feminism 등을 공부하고 있습니다. 두 분도 자기소개 부탁드립니다.

김리화(이하 리화) 저는 재일조선인 음악사를 주제로 연구하는 김리화라고 합니다. 지금은 도쿄외국어대학과 도시샤대학에서 특별 연구원으로 연구를 계속하면서, 대학에서 시간 강사로 강의하고 있습니다. 박사 논문 「탈식민주의 민족음악 창조: 해방·분단, 냉전기 재일조선인 음악 활동사」로 2021년에 학위를 받았습니다. 저는 유치원에서 고등학교까지 조선학교에 다녔고, 대학은 일본 음악대학을 졸업했습니다. 대학생 시절 재일조선인 학생들이 주축이 된 운동에 참여했고, 그곳에서 '민족'에 대한 고민과 자기 안에 있는 본질주의적인 생각을 성찰했습니다. 또 역사성과 정체성을 연결하며 재일조선인의 역사를 다시 배웠습니다.

김리이슬(이하 이슬) 반갑습니다. 김리이슬이라고 합니다. 저도 유치원에서 고등학교까지 가나가와현에 있는 조선학교에 다녔습니다. 리화 언니와 함께 대학생 때 일본대학에 다니면서 재일조선인 학생운동에 참여했어요. 대학을 졸업한 후에도 동포사회에 도움이 되고 싶은 마음에 조선학교 고교무상화 재판의 소송대리인으로 참여하는 변호사 사무소에서 일을 시작했습니다. 현재는 우리말과 일본어의 통번역 일을 하고 있고, 재일본조선인인권협회에 소속되어 성차별철폐부회에서 활동하고 있습니다.

태준 두 분 모두 일본대학에서 재일조선인 학생운동에 적극적으로 활동하신 점이 인상에 남습니다. 대학생 때 참여하신 재일조선인 운동이 어떤 운동인지 설명해 주셨으면 합니다. 그리고 두 분은 학생운동 선후배 관계이신가요?

이슬 네, 태어난 해는 같은데 일본에서는 4월을 기준으로 나이를 나눠서 선후배 관계입니다. 리화 언니와 함께 활동한 단체는 역사가 깁니다. 식민지 당시에 일본에 있었던 조선인 학생들이 결성한 단체로, 1955년 이후에는 조총련(재일본조선인총련합회, 이하 조총련)계가 이어받아 재일조선인 권리 운동에 나서기도 했습니다. 대표적으로 우리학교 지키기 운동, 우리 역사와 우리말 배우기 운동 등을 통해 '민족'을 접하는 활동을 합니다.

리화 정식 명칭은 재일본조선유학생동맹(류학동)입니다. 일본 대학이나 전문학교에 다니는 동포 학생들이 주축이 되어 활동하는 학생운동 단체입니다. 식민지 해방 직후인 1945년 9월 14일에 결성된 재일본조선학생동맹(조학동)에서 시작되었고, 해방 후 재일조선인 민족단체 중 가장 먼저 결성되었습니다.

'민족'이라는 범주

태준 그렇군요. 리화 님도 그렇고 이슬 님도 류학동 활동을 하며 민족에 대한 사유를 발전시키신 듯합니다. 특히 리화 님의 경우, 민족에 내포된 본질주의적 성격에 대해 성찰하셨다는 부분이 인상적인데요. 실은 한국에서는 일상에서 '민족'이라는 표현을 잘 쓰지 않는 편입니다. 오히려 대한민국의 소속을 의미하는 '국민'을 자주 언급하죠. 민족이라고 하면 남과 북을 아우르거나 남북 관계의 특수한 문제를 다룰 때 사용하고, 이조차도 재일조선인과 재중조선족 등 '코리언 디아스포라'까지 인식이 확장되지는 않을 때도 있습니다.

부끄러운 고백이지만, 저 또한 대학생 때 학생운동을 하면서 민족에 대해 고민하기 시작했습니다. 그때도 우리 민족이라고 할 때, 남과 북 그리고 해외로 눈을 돌리면 '재일조선인'만을 인식했어요. 대학을 졸업한 뒤 공부하는 과정에서, 식민지 당시 중국이나 러시아 등으로 떠나야 했던 조선인이 있었고, 그들이 해방 이후에도 돌아오지 못했다는 사실을 알게 되었습니다. 그들이 식민지 조선에서 겪었던 가난과 이주국의 이민족으로 감당했던 차별 등을 알고 나서야, 코리언 디아스포라에 대한 이해와 민족의 범주를 다시 고민하게 되었죠. 두 분 선생님들은 민족의 범위를 어떻게 생각하시는지 궁금합니다.

리화 저도 류학동 학생운동에 참여했고, 그때 만난 친구들을 통해 '민족'에 대한 고민을 하기 시작했습니다. 친구 중에는 조선학교를 졸업한 친구도 있고, 일본학교만 다녔던 친구도 있었는데, 저는 이전까지 우리말을 하고, 우리말로 된 이름이 있고, 우리 노래를 부를 줄 아는 존재만을 민족이라고 생각했어요. 또는 막연하게 민족은 국적과 관련 있는 것으로 생각했던 것 같습니다. 그런데 친구들과 이야기를 나누다 보니 우리말을 못하는 친구도 있고, 우리말로 된 이름이 없는 친구도 있었습니다. 사람마다 겪는 경험이 다 다르다는 점을 생각해 보면, 제가 민족이라는 것을 너무 본질주의적으로 사고했던 것 같습니다. 특히 연구를 시작하면서 민족에 대한 고민이 더욱 깊어졌습니다. 연구에서 민족음악, 민족문화를 언급하는 경우가 많은데, 그럴 때마다

'민족이란 무엇인가'라는 고민이 생겼어요. 그 고민에 천착하면서 민족이란 변함없이 이어지는 무엇이기보다 시대적 상황에 따라 변하기도 하고 재구성되는 것으로 생각했습니다.

이슬   태준 님의 이야기는 민족을 어디까지 포함할 수 있는지에 대한 고민인 것 같습니다. 저는 재일동포들과 남과 북에 사는 사람들, 재중조선족과 미국에서도 살아가는 동포들, 즉 '디아스포라'로 불리는 모든 사람이 우리 동포이자 민족이라고 생각합니다.

가족으로부터 시작된 역사

태준   두 분과 이야기를 나누면서 한국에서도 그리고 재일조선인 사회에서도 민족을 사유하려는 노력만이 민족을 확장할 수 있겠다는 생각이 들었습니다. 사유하지 않으면 저처럼 남과 북 정도로만 민족을 편협하게 인식하거나, 자칫 잘못하다가는 민족 자체를 잃어버리고 살아갈 수도 있겠다는 생각도 들었어요.

가족의 이야기는 역사를 이해하는 데 생생한 경험을 제공해 주는 것 같습니다. 우리 가족 중에는 식민지 이주/이산의 경험을 한 분은 계시지 않지만, 할머님께서 한국전쟁 당시 국군에게 목숨을 잃은 아버지의 시신을 직접 수습했다는 이야기를 해 주신 적이 있습니다. 할머님 개인에게도 큰 상처가 되었던 이 사실을 자녀인 저희 부모님과 부모님 형제들에게 알리신 적이 없으셨습니다. 저는 할머님과 옛날이야기를 자주 나누었는데, 몇 년

전에 할머님이 한국전쟁 때 겪었던 일을 말씀해 주셨습니다. 한국전쟁 시기 증조부(할머님의 아버지)께서 마을 이장을 하셨는데, 밤에 산사람(인민군)이 내려와 신발을 몇 켤레 달라 해서 준 것이 발각되어 국군에게 목숨을 잃었다고 하셨습니다. 할머님은 70년이 훌쩍 지나 손자인 저에게 전쟁의 상처를 털어놓기 전까지, 억울함과 원망을 오롯이 홀로 끌어안고 살아오셨어요. 한반도 정중앙을 가로지르는 분단의 상징인 38선은 한 사람의 삶과 일상에도 그어져 있었습니다.

1부에서 3부까지 내용에서 식민지 시기에 수많은 코리언이 한반도를 떠나 세계 곳곳으로 흩어졌고, 해방 이후에도 여러 이유로 귀국하지 못하거나 혹은 귀국하지 않았던 코리언이 나왔습니다. 두 분은 한반도에서 일본으로 이주했던 가족의 경험을 들은 적이 있으신지요?

이슬   태준 님의 할머님께서는 오랫동안 전쟁의 아픔을 가족에게 이야기하지 못하셨군요. 저희에게는 아무래도 자기 뿌리에 관한 이야기이다 보니 궁금해서 먼저 가족에게 물어보기도 하고, 조부모님과 부모님이 이야기해 주시는 편이었습니다. 어머님의 가족 이야기를 먼저 하자면, 외조모께서는 1921년 경남에서 태어났고, 19세 때 일거리를 찾아 일본으로 건너오셨습니다. 먼저 정착한 곳은 간사이 쪽이었어요. 공장에서 일하면서도 먹을 것이 부족해 설탕 하나를 쪼개서 같이 일했던 여성 동료들과 나눠 먹었다고 하셨습니다. 저의 어머님은 나라현에서 태어났고, 어린 시절에 가나가와현 가와사키에 정착했습니다.

아버지의 어머님이신 조모께서는 제주 출신으로 할머님의 가족이 일본에 많이 계셨고, 먼저 온 가족이 할머님을 부르셨다고 합니다. 요코하마의 야마시타 공원에서 아이스크림 장사를 하시다가 어떤 공장에서 일하셨는데, 그곳에서 심한 화상을 입고 돌아가셨습니다. 아버지가 세 살 때 일입니다. 조부께서도 조모와 같은 제주 출신인데 먼저 일본에 온 누나의 가족을 따라 야마구치현으로 들어왔습니다. 일본에서 다양한 일을 하셨는데, "타고 있었던 배가 저격당했다."라는 말을 들은 적이 있어요. 아마 전쟁 때 군속으로 일하셨던 것으로 짐작합니다. 그 이후에는 요코하마에 정착하셨습니다.

태준 리화 님의 가족 이야기도 들을 수 있을까요?

리화 할아버지는 전라남도 광주 출신으로 13세 쯤에 공부하러 일본에 오셨습니다. 사이타마현 가와구치에 조선인 부락이 있었고, 그곳에서 주물공장을 운영하던 친척에게 의지하며 일본 생활을 시작하셨다고 합니다. 할머니는 교토의 마이즈루에서 태어났습니다. 할머님의 부모님은 두 분 다 경상북도 출신으로 일본에 오기 전에 조선에서 결혼하셨고, 일본으로 이주한 재일조선인 1세였습니다. 할머님의 아버지는 결혼하신 지 얼마 되지 않은 상황에서 규슈의 탄광에 동원되었는데, 그곳에서 간신히 탈출한 후에 할머님의 어머니를 교토에서 다시 만나 정착하신 것으로 알고 있습니다. 만약에 그 당시 할머님의 부모님이 재회하지 못했다면 할머니도, 저도 태어나지 못했을 거예요. 할머님은 1세대인 부모님과 교토에서 오사카 히라카타로 이주했고, 공습이 심해질 무렵에 나가노현의 이나로 피란을 떠나 그곳에서 8.15를 맞이하셨습니다.

할아버지는 본인이 재일조선인 1세이고, 저를 두고는 재일조선인 3세라고 하시면서 저의 고향을 '광주'라고 이야기해 주셨습니다. 저도 당연히 그런 줄만 알고 있었는데 어른이 되어 보니 할머니도 부모님이 계셨을 것이고 자신의 고향도 있었을 텐데 가족사로 중요하게 이야기해 본 적이 없다는 생각이 들었습니다. 그러다가 우연히 일본에서 재일조선인 여성들의 구술을 모아 책으로 펴낼 기회가 있어 공동 집필자로 참여했는데, 그때 할머님의 생애를 중심으로 가족사를 쓰면서 할머님과 오래 이야기를 나눌 기회가 생겼습니다.

태준 우리 집에서는 혹여나 가족에게 피해가 될까 봐 이야기하지 못했던 가족사가 있었다면, 두 분에게는 자신의 뿌리와 고향에 대한 궁금증을 해결하고자 또는 그것을 계승하고자 가족사를 듣는 과정이 있었군요. 리화 님이 자신의 출신을 찾는 과정에서 할아버지의 부계로 이어지는 가부장성을 극복하고자 할머님의 생애와 경험을 듣는 노력은 저에게 감동으로 다가왔습니다. 할머님의 가족사로 본인의 세대를 규정하면 리화 님의 경우 재일조선인 3세가 아니라 4세가 되는 것이군요. 혹시 두 분이 특별히 가족사에 관심을 둔 계기가 있을까요?

리화 저는 류학동에서 학생운동을 하면서 자신의 뿌리를 찾고, 재일조선인의 역사에 관심을 가지면서인 것 같습니다. 활동을 통해 자기 뿌리에 대해 고민하고, 가족의 이야기와 연결되었던 것입니다. 물론 할머님의 가족사에 대해 글을 쓴 시기는 대학을 졸업하고 나서 3년 뒤였지만요.

일본 사회에서 재일조선인을 향한 부정적 인식과 식민지주의적인 언설이 계속되고 있습니다. 이에 대항해서 재일조선인 사회에서는 개인사나 가족사와 같은 작은 이야기에서부터 지역사, 민족교육사, 민족운동사와 같은 커뮤니티 단위의 다층적인 이야기를 통해 역사정의를 실현하고자 합니다. 예를 들면 도쿄 공습 때 재일조선인도 엄청난 피해를 받았지만 일본 정부는 이를 말하지 않습니다. 결국 역사에서는 입장이 중요한 것이기 때문에 재일조선인은 재일조선인의 경험에서부터 역사를 이해하려고 합니다.

이슬 아무래도 저는 조선학교에 다니면서부터인 것 같습니다. 그곳에서 우리는 일본 사람이 아니라 조선 사람임을 인식하니까요. 자신의 뿌리가 일본이 아니라 한반도에 있다는 것을 깨닫고, 이를 구체적으로 알아 가는 과정이 가족사를 들여다보는 것이었습니다. 그러고 보니 제 남동생은 조선학교를 아예 다니지 않았어요. 재일조선인 사회에서도 젠더 차별적인 인식이 있는데, 재일조선인 남성은 일본 사회에서 먹고살아야 한다는 이유로 일본 학교에 보내는 분위기였습니다. 물론 부모님은 "네가 재일조선인 친구들을 너무 좋아해서 조선학교에 보냈다."라고 말씀하셨지만요.

3.1절과 8.15에 대한 인식의 차이

태준 두 분과 가족사에 관해 이야기를 나누면서도, 그 안에서 작동하는 젠더 위계에 대한 고민까지 들을 수 있어서 인상적입니다. 대담 말미에 젠더와 민족에 대해 집중적으로 이야기를 나눠 보겠습니다.

제가 이 대담을 준비하고 일정을 조율할 때가 2025년 3월 1일이었습니다. 저는 어릴 때 3.1절이나 8.15 광복절이 되면 집 대문이나 창가에 태극기를 달곤 했는데, 그럴 때마다 뭔가 엄숙해지고 독립을 위해 싸운 분들께 감사한 마음이 들었습니다. 독립운동가라고 하면 유관순, 안중근, 김구밖에 몰랐지만요. 물론 나이를 먹으면서는 태극기를 더는 달지 않습니다. 국가주의에 대한 거부감도 있고, 고마운 분들을 기리는 방법이 국기國旗를 게양하는 방법 말고도 다양하게 있다는 생각이 들었기 때문입니다. 그중 하나가 3.1 운동을 기억하는 집회에 참여하는 것이어서 올해도 잠시 광화문 광장에 다녀왔습니다.

이날 광화문에서는 '윤석열 대통령의 탄핵'에 대해 찬성과 반대로 나뉘어 대규모 집회가 열렸습니다. 탄핵 찬성 집회에서는 3.1절의 의미를 '자주독립'과 '굴욕외교 청산'으로 내세웠고 탄핵 반대 집회에서는 현재 탄핵을 찬성하는 이들이 "중국과 북한에 주권을 팔아넘기려 한다."라면서 '자유대한민국 수호'를 주장했습니다. 이 모습이 제가 바라본 2025년 한국의 3월 1일 풍경이었는데, 두 분은 일본에서 혹은 재일조선인 사회에서 3월 1일을 어떻게 보내셨나요?

이슬 2011년에 서울에서 1년 동안 유학한 적이 있습니다. 저는 그때 3.1절이 한국에서는 공휴일로 지정되어, 국가적 차원의 행사를 비롯하여 시민사회에서도 대대적으로 기념한다는 것을 처음 알았고 꽤 놀랐습니다. 평소 한일 통번역을 생업으로 하고 있어서 한국에서 3월 1일이 휴일이라는 것은 알고 있었는데, 대대적으로 기념하는 날인지는 몰랐던 것이죠. 재일조선인 사회에서는 3.1운동을 민족운동사로 다루긴 하지만 한국처럼 기념하는 날은 아닙니다. 친구 중에 3월 1일에 태어난 친구가 있는데 우리끼리는 '너 좋은 날에 태어났다' 정도의 대화가 오가는 정도입니다.

태준 일본에서는 3월 1일이 공휴일도 아니겠네요. 그러다 보니 두 분 모두에게 3월 1일은 평범한 일상 중 하루에 불과하겠군요. 한국에서는 3월 1일을 일제 식민지배에 맞선 민족적 저항을 상징하는 날이자, 남과 북이 함께 공유할 수 있는 역사적인 기념일로 이해합니다. 특히 언론에서는 3.1절에 대통령이 북과 일본에 어떤 메시지를 내놓는지에 집중하죠. 이슬 님 이야기를 듣다 보면 재일조선인 사회에서는 3.1절에 크게 의미를 두지는 않는 것 같습니다. 그렇다면 재일조선인 사회에서는 우리 책의 주제이기도 한 8.15를 어떻게 인식하나요?

이슬   8.15는 다릅니다. 제가 알기로 예전에는 8.15 범민족대회에 류학동 대표가 참석했다고 들었습니다. 최근 북에서 대남정책이 달라지다 보니까 앞으로 어떻게 될지는 모르겠네요.

태준   제가 대학 다닐 때가 이명박 정부와 박근혜 정부 시기였는데, 두 정부 모두 남북 관계에서 대화보다는 대결을 강조한 입장이어서 한반도에서 긴장이 높았습니다. 그래서인지 남과 북, 해외가 함께 만난 적은 없지만 한국에서 8.15 범민족대회가 개최되면 재일조선인 사회에서 축하 인사를 보내 주었던 기억이 있습니다. 오랜만에 '범민족대회'라는 단어를 들어서 반갑네요. 리화 선생님 생각은 어떠세요?

리화   8.15는 확실히 3.1절보다 중요하게 생각합니다. 특히 8.15가 가까워지면 일본에서는 전쟁 피해와 관련한 드라마나 증언 등이 방송에서 나오는데, 식민지 가해에 대한 책임이 전혀 없는 방송에 대해 재일조선인 사회에서는 상당한 의문이 들 수밖에 없습니다. 우리가 오늘날까지 왜 일본에 있을 수밖에 없는지, 그 역사적 과정을 보면 8.15와 깊은 연관이 있지요. 그런데 가해의 책임을 말하지 않은 채 피해의 서사를 생산하는 일본 사회의 8.15는 바로 재일조선인을 배제하는 역사관의 결과입니다. 8.15가 재일조선인 사회에서 중요하게 생각되는 이유 중 하나는 일본 사회가 식민지배에 대한 책임을 지지 않기 때문이기도 합니다.

8.15 그리고 다양한 기억과의 조우

태준 리화 님 이야기 중에 '일본에서 8.15를 가해의 책임이 아니라 피해의 서사로 활용한다'라는 내용이 1부에서 3부까지에도 언급되었는데, 리화 님에게 직접 들으니 더욱 현실감 있게 다가옵니다. 일본 교과서에서 종전을 미군의 공습과 원폭 피해로 서술하는 경향성이 있다고 하던데, 이것이 곧 리화 님이 언급하신 피해의 서사로 식민지배와 침략 전쟁의 책임을 지우는 일본의 역사부정 세력의 언설과 겹쳐 보입니다. 전쟁의 책임국이 아니라 전쟁의 피해국으로 자국의 위치를 설정하는 한편, 종전 이후에도 일본 내지內地에서는 재일조선인을 향한 차별이 계속되고 있지요. 대표적인 사례로 해방 후 조선인들이 우리말과 우리글을 배우기 위해 민족학교를 설립했을 때 일본 정부가 폐쇄한 조치를 들 수 있습니다. 재일조선인 사회에서는 '재일조선인의 8.15'를 어떻게 의미화하고 있는지 이야기를 듣고 싶습니다.

리화 저는 조총련 커뮤니티에서 성장했기 때문에 공유되는 이미지가 있는데, 바로 재일조선인 사회에서는 민족교육 권리 운동과 함께 8.15를 인식한다는 것입니다. 1945년 8월 15일, 해방 이후로 재일조선인 사회에는 국어강습소가 만들어지고 이것이 곧 조선학교 설립으로 이어집니다. 조선학교에서 민족교육은 일본에서 태어나고 자란 재일동포에게 민족적 성원이 되는 경험이기에, 8.15는 민족학교의 출발점이자 재일조선인의 정체성을 잇는 중요한 상징이 됩니다.

그래서 1부에서 3부까지 내용을 읽었을 때, 8.15를 1945년이 아니라 1948년을 기준으로 하는, 즉 한국 정부 수립의 날로 보는 것에 대해 저는 특별하거나 강한 인상이 없습니다. 1948년 8.15는 남북 분단이 불가피해지는 지점이자 전쟁에 이르는 혼란의 시작이라는 역사적 이미지를 갖고 있어요.

이슬 앞에서도 언급했듯이, 일본이 가진 '패전' 그리고 '피해자'라는 인식은 식민지배의 죄책감을 옅게 하며 일본의 역사 인식과 인권 감각에 영향을 주고 있습니다. 다행히도 제가 다닌 조선학교에서는 식민지주의를 비판하고 극복하는 관점에서 역사를 가르쳐서 일본의 역사 인식을 비판하게 되었습니다. 하지만 실제 조선학교에 다니는 재일조선인이 10%도 되지 않기 때문에 모든 재일조선인이 저와 같진 않겠죠.

리화 그럼에도 한반도가 우리의 뿌리라는 인식, 재일조선인이라는 존재 자체가 일본과 어긋날 수밖에 없다는 위화감은 재일조선인 공통의 정서이지 않을까 싶어요. 저는 연구를 통해 재일조선인에게 8.15가 지닌 역사적 의미를 마주했습니다. 1945년 8월 15일을 기점으로 재일조선인은 식민지 지배하에서 **빼앗겨 온** 민족문화를 회복하고자 노력했습니다. 조선말과 문화를 모르고 자란 아이들을 위해 국어강습소가 일본 각지에서 우후죽순으로 만들어지는 등 민족문화에 대한 강한 희구가 구체적인 형태로 나타나기 시작했지요. 사람들은 모여서 조선말로 노래를 부르고, 춤을 추고, 또 노래에 맞춰 술잔을 나누며 눈물을 흘렸습니다. 시나 이야기를 글로 엮는 것보다 노래를 부르는 것이 훨씬 친숙했기 때문입니다. 노래를 통해 울려 퍼지는 음색과 민족적인 심정을 느끼며 서로의 연결을 확인했지요.

하지만 재일조선인의 민족음악 활동이 녹록지만은 않았습니다. 식민지 문화정책에 의해 민족적인 문화 경험 자체를 빼앗겼기 때문에 옛 식민지 종주국 땅에서 처음부터 재건해야 하는 것이 과제였지요. 조선의 악기조차 만져 보지 못한 사람들이 일본 땅에서 민족음악이 무엇인지 찾아가기 시작했습니다. 즉 재일조선인에게 8.15는 민족음악 활동을 시작하기 위해 민족음악 자체를 먼저 만들어야 하는 현실적 과제를 마주한 날이기도 합니다. 아무것도 모르는 상황에서 자기들끼리 모여서 노래와 무용 등을 만들면서 시작했던 게 우리 활동이었습니다.

태준 리화 님이 이야기해 주신 해방 후 재일조선인의 민족음악 활동이 너무 흥미롭습니다. 리화 님이 특별히 재일조선인의 민족음악 활동에 관심을 가진 이유가 있으신가요?

리화 우선, 제가 음악대학에 다니기도 했고 음악대학에 진학하기 전 조선학교에서 배운 음악에 관심과 함께 자부심을 키워 왔습니다. 우리의 음악이 어떻게 시작되었고 계승되어 왔는지 그 과정을 정리하고 싶었어요. 어쩌면 나의 정체성, 나의 뿌리와 비슷하게 민족음악과 민족문화에 관심을 갖게 되었습니다. 이 과정은 남한 음악, 북한 음악, 재일 음악이 따로 있는 게 아니라 모두가 '우리 노래'였다는 깨달음으로 이어졌습니다. 조선말로 하면 모두 우리의 노래인 것이죠. 그렇기에 우리 노래는 다양합니다. 재일조선인 사회에서는 북한 노래도 〈아침이슬〉과 같은 한국의 노래도 모두 '우리 노래'입니다. 다만 공연 취지와 내용에 맞게 노래를 선택하는 것뿐이죠.

태준 저도 학생운동을 하면서 한국의 민주화 투쟁에서 불렀던 노래들을 듣곤 했습니다. 한국에서는 이를 '민중가요'라고 하는데, 한때는 민중가요를 대중가요처럼 들었던 적도 있었습니다. 저는 선생님이 말씀하신 '우리 노래'라고 인식하기보다 '대중가요'와 다른 '민중가요'로 무의식적으로 구분 지었어요. 그래도 요즘 몇몇 민중가요는 음원 플랫폼을 통해 들을 수 있지만, 여전히 상당한 민중가요는 사람들에 의해 전해지기 때문입니다. 그래서인지 선생님께서 남, 북, 재일의 노래를 모두 '우리 노래'로 통칭한다는 말씀이 인상적이고, 그 이유로 재일조선인이 거주하는 일본이 우리말이 봉쇄되고 억압당한 곳이기에, '우리말'이 곧 '우리 노래'가 된다는 설명이 마음에 깊이 와닿았습니다.

저는 1부에서 3부까지 내용을 보면서, 이전에는 생각해 보지 못했던 해방과 관련한 여러 장면을 접할 수 있었고, 해방에 대한 인식이 한층 풍부해졌습니다. 평양에서 열린 인민위원회 선거를 보며, 우리의 해방이 단순히 일제의 식민통치에서 벗어난 '환희'만이 아니라, 해방 후 자기의 의견을 말하고 새로운 질서를 만드는 '사회의 주인이 되는' 과정임을 알게 되었어요. 한편

이태준의 소설 「해방 전후」에도 나타나듯, 누군가에게 해방은 '혼돈'으로 다가올 수 있겠다는 생각도 했는데, 일본의 전쟁승리를 위한 총동원체제에서 살아야 했던 이들에게는 해방이란 갑작스럽고 낯선 소식이어서 하나의 시대가 종결되고 새로운 변화를 맞이하는 데 불안과 두려움을 동반했을 것 같습니다. 해방군이라고 여겼던 소련군이 여성들에게 성폭력을 자행한 사례를 보면서 해방의 주인이 될 수 없었던 존재들이 있었고, 과한 표현일 수는 있겠으나 해방이 또 다른 약탈의 시간으로 읽히기도 했습니다. 이는 제가 익히 알고 있던 8.15의 풍경, 천황 히로히토의 항복 선언과 함께 거리마다 해방의 함성으로 울려 퍼지는 '환희'의 서사와는 사뭇 다른 풍경인데요. 코리언에게 8.15란 '8.15=해방=환희'라는 단순한 등식만으로는 설명할 수 없는 다층적이고 역동적인 시간이었음을 깨달았습니다.

이슬 '환희만이 아닌 해방'에 대한 이미지는 재일조선인 역사에서도 비슷하게 공유되고 있습니다. 오키나와에서는 8.15 이후에 조선인 가족이 학살당한 사례도 있었으니까요. '과연 재일조선인 모두에게 해방이 곧 환희였을까?'를 고민해 보면 쉽게 동의할 수 없어요. 오늘날에도 일본 사회 내 재일조선인을 둘러싼 차별이 계속된다는 점에서 더욱 '해방'을 '환희'라고 말하기 어렵습니다. 우리는 계속 법적 권리가 없는 외국인이고, 식민지배에 대한 책임을 일본 학교에서 가르치지 않습니다. 일본에 재일조선인에 대한 인권의식이 있었다면 조선인에게 시민으로서의 권리를 부여해야 맞는데, 여전히 의무만을 강조하죠. 일본은 재일조선인을 그저 관리하려는 의식밖에 없습니다. 그런 의미에서 8.15는 역사의 통과지점 중 하나에 지나지 않는 것 같아요. 저는 지금은 한국의 국적을 갖고 있지만, 한국 국적을 갖기 전에는 조선인이라는 기호에 불과했습니다.

한편 한국의 독립운동 서사에서도 위화감이 든 적이 있어요. 개인적으로 〈미스터 션샤인〉이라는 드라마를 굉장히 재밌게 봤어요. 드라마에 나온 의용군의 모습이 조선학교 교과서에서 본 의용군의 사진과 똑같아서 감동했습니다. 다만 드라마 마지막 장면에서 태극기가 휘날리는데 위화감이 들었습니다. 물론 당시 태극기가 독립운동의 상징이었겠지만, 드라마 안에서는 '오늘날 대한민국의 상징'으로서 사람들에게 호소하는 기분이었어요. 식민지배를 막기 위해 열심히 싸웠던 이야기가 태극기로 마무리되는 장면에서 재일조선인으로서 공유할 수 없는 감정과 그 안에 내포된 '분단'이 떠올랐습니다.

태준 저도 〈미스터 션샤인〉을 본방 사수했던 시청자인데 선생님과 비슷한 심정으로 식민지배에 맞선 한반도 민중의 저항을 감동적으로 보았습니다. 그리고 저 또한 드라마 속 태극기가 휘날리는 장면에서 불편함을 느꼈거든요. 근데 저는 단순히 국가주의적 서사에 대한 거부 반응이었다면, 이슬 님은 그 지점에서 남한만이 공유 가능한 서사로서 분단의 장벽을 느끼셨던 것 같습니다. 그런 의미에서 '8.15=해방'의 서사가 불충분하고, 8.15

는 식민주의의 연장이자 분단의 시작이라고 설명하는 선생님의 지적이 이해됩니다.

이슬 또 태준 님이 계신 한국도 그렇겠지만, 우리에게 해방은 1945년 8월 15일이잖아요. 그런데 중국은 이를 1945년 9월 3일, '항일전쟁승리기념일'로 지정하고 있다는 점을 새롭게 알게 되었습니다. 이 지점에서 재일조선인과 재중조선족이 식민지 시기에 한반도를 떠났던 비슷한 경험을 공유하지만, 이후 각자가 겪은 상황들이 달랐다는 점도 느꼈습니다. 그렇게 오랜 시간이 흐르면서 서로의 연결고리가 희미해졌을 수도 있겠다고 생각했어요.

리화 저는 대학 시절에 재중조선족 연구자와 세미나를 한 적이 있습니다. 그때 제가 재일조선인의 국적과 정체성을 주제로 발표를 했는데, 재중조선족 선배의 코멘트가 '일본 국적을 거부한 이유를 이해하지 못하겠다'라는 내용이었습니다. 개인적으로 당황스러웠던 경험인데, 생각해 보면 거주국의 국적에 내포된 역사성이 다른 것 같습니다. 흩어진 이유는 같을 수 있으나 어디에서 살게 되었느냐에 따라 상황이 다른 것이지요. 저는 이때를 돌아보면서 재일조선인과 재중조선족이 서로에 대해 이해를 넓힐 수 있을지 고민했습니다. 우리의 차이는 이뿐만이 아닐 것입니다. 다만 그 차이를 이해하는 과정이 중요하다고 생각해요.

태준 맞아요. 저도 이 책을 통해 해방, 민족에 대한 인식을 계속 넓혀 나가는 느낌입니다. 한국에서 재일조선인의 역사를 보지 못하듯이, 재일조선인 사회에서 재중조선족의 역사를 이해하는 데 어려움이 있겠습니다. 재일조선인의 경우 일본 정부로부터 차별을 받았다면, 재중조선족의 경우 그곳에서 이등 신민의 위치에서 가해와 피해의 경계에 놓인 존재였습니다. 하지만 재일조선인, 재중조선족 모두 고국 바깥에 머물면서도 역설적으로 고국과 관계하고 있기에 서로를 이해하는 가능성을 열어 둘 수 있을 것 같아요. 그런 의미에서 리화 님은 '차이에 대한 인정'을 놓지 말자고 이야기해 주신 것 같습니다.

저는 재일조선인의 역사에 대해 일본 정부로부터의 차별과 억압으로 보는 서사를 넘어서 다양한 이야기를 역사화할 필요가 있음을 깨달았습니다. 재일조선인은 나름대로 자기 문화를 건설하기 위해, 또는 거주국과의 불화 속에서 삶을 개척하기 위해 다양한 협상과 저항을 전개하는데, 그런 이야기가 재중조선족이 국적을 가지면서 살아 냈던 시간을 이해할 수 있는 또 하나의 연결지점을 마련할 수 있다고 생각합니다. 코리언 디아스포라의 행위에 대한 비판 이전에, 식민지로 인해 고국 바깥으로 흩어질 수밖에 없었던 코리언들의 생애를 외면하며 식민이 종료된 지 80년이 지난 지금도 책임을 다하지 않는, 한국 정부에 대해 더욱 비판적으로 사유하게 됩니다.

반폭력, 마이너리티로서의 역사 인식과 일본군 '위안부' 문제

태준 해방을 '혼란'으로 읽는다면 단순히 체제의 전환에 주목하기보다 불안과 공포를 몰고 온 삶의 전환을 고민해 볼 수 있겠습니다. 당시 한반도에 남아 있던 일본인은 지배자에서 가해자로 위치가 바뀌며 보복의 대상이 되었고, 만주에서는 이등 신민으로 살았던 조선인이 중국인에게 보복을 당했어요. 한편 종전 이후 일본에서는 조선인이 여전히 차별을 겪었는데, 식민과 전쟁의 종료가 평화로 이어지기보다 또 다른 폭력의 기회를 낳았습니다. 전쟁의 끝을 '종전'이 아닌 승전과 패전으로 나누었던 논리가 문제였을까요? '나와 같은 부류의 인간으로 만들겠다'라는 식민의 욕망, 또는 '나와 같지 않다면 없애 버리겠다'라는 폭력 모두 결국 동질성과 동일성의 논리에서 비롯된 것이겠죠.

이슬　재일조선인은 일본 사회에서 소수자로서 살아갔습니다. 일본의 공교육이 일본 사회의 구성원인 재일조선인의 역사를 제대로 가르치지 않으니까 "왜 이 나라에서 너희는 권리를 주장하느냐?"라는 질문을 받습니다. 결국 주눅 들지 않기 위해서라도 재일조선인의 역사를 공부하게 되는 것 같아요. 그리고 이런 역사 공부에서 마이너리티(소수자성)를 배우고, 또 재일조선인으로서 긍정과 자부심도 배웁니다. 해방 이후에도 식민지주의가 계속되고 있다는 점에서 '8.15=모든 폭력의 끝, 진정한 해방'이라고 볼 수는 없다고 생각합니다. 진정한 해방은 일본이 한반도 전체에 대해 식민지배 책임을 인정하고 사과와 보상을 충분히 하고 제대로 된 역사교육을 하지 않은 한 오지 않습니다. 그렇기 때문에 모두 사회구조나 자신이 서 있는 위치를 꿰뚫어 보고 부정의에 용기로 맞서지 않는다면 같은 폭력이 반복된다고 생각합니다.

폭력은 정당하지 않습니다. 물론 제국의 폭력과 식민의 폭력을 나란히 둘 수는 없을 것입니다. 하지만 폭력에 대항하려면 자신의 위치, 자신의 권력에 대해 신중히 파악해야 합니다. 조선학교 안에서 젠더를 가르치는데, 우리 역시 민족 차별을 받으면서도 젠더 차별을 전개하지는 않는지, 한쪽 다리가 밟혀 있으면서 다른 마이너리티를 밟고 있는 것은 아닌지 고민하게 되었어요. 결국 누구나 차별을 받을 수 있고 차별할 수도 있다는 것을 인지해야 합니다. 차별이라는 말을 폭력이라는 말로 대체해도 되겠군요. 인권의식이 없다면 폭력은 발생하게 되어 있습니다. 저는 8.15 이후 일어났던 다양한 폭력의 형태를 이렇게 이해했습니다.

태준 이슬 님이 말씀하신 의견에 전적으로 동의합니다. 소수자라고 해서 차별을 생산하지 않는 게 아니죠. 일본 사회 내에서 재일조선인이 소수자이지만, 재일조선인 내에서 젠더 차별이 있을 수 있고, 젠더 위계 속에서 여성과 성소수자를 향한 차별과 폭력을 생산할 수 있기에 스스로가 끊임없이 자기 성찰을 모색해야 한다는 말씀으로 이해했습니다. 이슬 님은 재일본조선인인권협회 성차별철폐부회에 소속되어 있으면서 인권의식과 젠더의식을 고민하시게 된 것 같아요.

이슬 네, 류학동 시절에 알고 지낸 선배가 재일본조선인인권협회 성차별철폐부회 참여를 권유했어요. 2013년에 처음 간 학습회 자리에서 태준 님의 연구 주제인 일본군성노예제에 대해서 자세히 배웠던 기억이 있습니다. 젠더와 식민지주의라는 관점에서 일본군성노예제 문제는 재일조선인 사회에서도 중요한 문제였죠. '성차별철폐부회'에 들어가게 된 계기는 직장인이 된 후 가정에서 가사노동, 제사 준비 등의 문제로 충돌했던 경험이 있어서입니다. 젠더의식이 싹트면서 성차별철폐부회에서 배운 내용들이 저한테 큰 도움이 되었습니다.

태준 아, 그러시군요. 저도 대학에서 일본군'위안부' 문제 해결 운동에 참여했고 피해생존자들의 삶을 공부하며 페미니즘에 대한 신뢰와 지향을 넓혀 와서인지, 재일조선인 사회에서 페미니즘을 실천하는 성차별철폐부회 활동이 무척이나 궁금하고 반가웠습니다. 선생님께서는 '김'과 '리' 두 개의 성씨를 쓰시는데, 실례가 되지 않는다면 그 이유를 말씀해 주실 수 있을까요?

이슬 네, 성차별철폐부회를 통해 페미니즘을 공부하면서 아버지의 성씨만 따라야 한다는 것에 일정한 반항이 있었어요. 서른 살에 이직을 한 뒤, 완전히 개명한 것은 아니고 닉네임처럼 사용하고 있습니다. 물론 어머니의 성을 쓴다는 것도 어머니의 '아버지의 성'을 쓰는 것이기에 모순도 있고, 성을 쓰는 것 자체가 가부장적이기는 합니다. 하지만 또 성을 사용할 수밖에 없는 이유 중 하나는 일본에서 살아가는 마이너리티한 민족이기 때문입니다. 제가 조선학교에서 만났던 친구들은 조선 이름을 쓰는데, 졸업하거나 취업을 하면 일본 이름으로 바꾸기도 해요. 재일조선인이라고 하면 취업이 어렵기 때문입니다. 제 이름은 '이슬'이라는 단어가 고유한 우리말이지만, 다른 친구들의 경우 (이름이 고유한 우리말이 아닐 경우) 성을 지우면 민족성을 나타낼 수가 없습니다. 성이 곧 민족을 나타내는 수단이기에 저는 '김'과 '리'를 함께 쓰고 있어요. 장차 우리가 '이름'만으로 살아가는 세상이 오면 좋겠습니다.

리화 저는 일본군성노예제 문제 피해생존자 김순악 님의 다큐멘터리 영화 〈보드랍게〉를 보면서 태준 님이 질문한 폭력에 대해 고민했습니다. 해방 후에도 김순악 님의 생애는 폭력의 순환이었습니다. 김순악 님은 피해신고를 하시고 문제 해결 운동에 나섰는데, 해방 후에 생계를 위해 유곽 생활을 하고 기지촌에서 성매매를 하셨다는 이야기를 하지 않으셨습니다. 잘 아시겠지만, '위안부는 돈을 벌기 위해 자발적으로 간 것'이라는 역사 부정이 난무하는 가운데 김순악 님은 자신의 해방 후의 경험이 악용될까 봐 우려하셨던 것이죠. 성착취 피해를 당해 고향에 돌아가지도 못하고 다시 성매매에 나섰던 김순악 님의 생애를 보면서, 전쟁이란 단순히 폭력적인 것을 넘어 '비폭력의 경험'마저 빼앗았고 결국 폭력의 순환에 여성을 놓이게 했다고 생각했습니다.

태준 저와 같은 한국의 청년들은 일본군 '위안부' 피해생존자의 삶과 운동을 통해 식민을 극복하기 위한 노력과 페미니즘을 배우고 실천할 수 있었습니다. 두 분의 말씀을 듣자면, 재일조선인 사회에서도 일본군'위안부' 문제를 통해 탈식민과 페미니즘의 과제를 깊이 있게 사유하며 수행하고 있다는 생각이 들었어요. 저도 김리화 선생님이 언급하신 김순악 님의 생애를 다룬 영화 〈보드랍게〉를 수차례 보았어요. 일본군'위안부' 피해생존자의 삶에 다가가는 데 상당히 좋은 영화라고 생각했는데, 그 영화가 재일조선인 사회에까지 전해진 것 같아 무척이나 기쁩니다. 해방과 동시에 귀국한 이후에도 김순악 님이 유곽을 전전할 수밖에 없던 이유로 "이미 베린 몸", "돈이라도 벌어서 집에 가고자"라는 증언이 가슴에 오랫동안 남았습니다.

해방 이후 새로운 민족국가를 건설하는 과정에서, 한국 사회는 일본적인 것을 퇴출하며 '순수한 혈통'을 강조했습니다. 이는 여성에게 순결과 정조를 요구하며 '현모양처' 담론으로 이어졌습니다. 바로 이 지점에서 제국 남성의 성폭력에 대한 책임을 묻지 못하는 결과를 초래했습니다. 애초 한국 사회에서 '성폭력'이라는 개념은 1980년대 여성운동에서 시작하여 1990년대 법제화까지 이루어 냈으니까요. 한국에서 피해생존자의 증언도 1990년대에 이르러서야 시작되었습니다. 반세기 가까이 일본군'위안부' 피해는 사회적으로 금기시되었고, 이런 사회적 분위기 속에서 여성들이 집으로 돌아가기도 어려웠을 것입니다. 집으로 돌아간 여성들의 경우, 위안소로 동원되었다는 사실이 알려질까 봐 두려워했다는 증언도 있습니다.

이분법적 성별 분업을 통해 강화되는 가부장제 사회에서 여성은 가사와 출산을 전담해야 했습니다. 심각한 성폭력 피해를 입은 여성은 가정을 꾸릴 수 없었고, 가정을 꾸리더라도 출산 실패와 과거를 알게 된 남편으로부터 온갖 폭력에 노출됩니다. 어쩌면 김순악 님이 해방 이후 유곽을 전전하고 기지촌의 마마상이 된 이유는, 살아남을 수 있는 다른 선택지가 사실상 없는 사회였기 때문입니다. 그렇다면 우리가 문제 삼아야 할 것은, 김순악 님의 선택이 아니라 일본이 전쟁을 위해 위안소를 운영했던 것처럼 외국군을 위해 위안소와 기지촌을 만들었던 한국 정부여야 합니다. 그런 의미에서 김순악 님을 피해와 가해로 재단하기보다 일본군'위안부'로 동원되었던 여성들에게 국가는 단 한 번도 비폭력을 가르친 적이 없다는 점을 지적하신 리화 님의 의견에 깊이 공감합니다.

이슬   일본에서도 일본군성노예제 문제 해결 운동이 활발히 전개되었습니다. 제가 소속된 성차별철폐부회에서 이 문제를 크게 다루게 된 계기는 '2015 한일위안부합의'였다고 생각합니다. 물론 저는 역사 공부를 하면서 일본군성노예제 문제를 처음 배웠는데, 당시 남자아이들이 이 문제에 대해 키득대서 역사 선생님이 화내셨던 기억이 있습니다. 재일조선인 사회에서 일본군성노예제 문제에 대해 일본 정부의 책임을 강조하는 인식은 일반적입니다만, 여전히 이 문제를 여성 인권의 관점에서 바라보는 데는 부족한 부분도 있는 것 같아요. 하지만 일본군성노예제 문제가 잘 상징하다시피, 식민지주의는 가부장주의이고, 민족차별과 성차별은 연결되어 있습니다. 일본이 조선반도를 식민화하면서 조선 반도에 이전부터 존재했던 가부장주의가 강화되었던 것입니다.

한일/조일 관계 그리고 신냉전의 소용돌이

태준 이슬 님과 리화 님이 일본 정부의 식민지배 책임을 강조하는 말씀을 많이 해 주셨습니다. 두 분이 일본 정부에 느끼는 분노와 속상함만큼, 저는 한국 정부가 식민지배의 책임을 묻지 않는 것에 분노와 속상함을 느낍니다. 최근까지 한국의 대통령은 "100년 전 일을 두고 무릎을 꿇으라고 할 수 없다."라며 가해국에게 식민지배에 대한 면죄부를 주는 발언을 했습니다. 한국 정부가 일본 정부와 달리 식민지배 피해국 정부라는 점에서 저는 더욱 분개합니다. 때때로 일본 정부보다 한국 정부가 더 미울 때가 있어요.

리화 한국 정부가 바뀔 때마다 민감하게 느껴지는 것이 일본 언론의 보도 행태입니다. 어떤 정부가 들어서면 기뻐하고, 어떤 정부가 들어서면 극단적으로 싫어합니다. 윤석열 전 대통령이 당선되었을 때, 일본 언론의 보도는 '다시 친일적인 한국이 되었다'라는 내용이 주류였습니다. 일본 언론이 한일 관계가 좋아질 것이라고 예상할 때마다 기분이 좋지 않아요. 한일 양국의 친화는 곧 일본 내 보수와 한국 내 보수의 친화성이라고 생각합니다. 피해를 받은 민족인데도 불구하고, 식민지배 책임을 인정하지 않는 일본 정부와 역사 인식에 친화성을 갖는 모습 자체가 식민지주의의 연장이라고 생각합니다.

태준 일본 언론에서 주장하는 '한일 관계가 좋아질 것'이라는 예상은 실제 그렇지 않거든요. 한국 정부가 식민지배 책임을 묻지 않고 이에 일본 정부가 호응할수록, 한국 시민사회에서는 식민지배 책임을 물어야 한다는 의견이 더욱 높아지기 때문입니다. 그중에서도 정말 일부는 일본을 향해 극단적이고 과격한 주장도 합니다. 물론 정말 일부지만요. 실제 일본 보수언론이 주장하는 '한일 관계의 친선'이란 우리가 고민하는 한일 관계의 친선과 다릅니다. 그들이 한·미·일 군사협력을 통한 냉전 세력을 결집한 대결의 친선을 고민한다면, 우리는 한일 민중은 식민지배의 책임을 촉구하며 냉전 질서를 극복하기 위한 인권과 평화의 상상력을 모색하니까요.

제가 이렇게 생각한 이유는 2022년부터 참가한 한일청년포럼에서 겪은 일 때문이었습니다. 2024년에 3회를 맞이했던 한일청년포럼은 한국과 일본 그리고 재일조선인 청년들이 역사와 문화를 교류하며 역사적 갈등을 극복하고 화해와 평화를 향한 연대의 가능성을 모색해 왔습니다. 저는 2022년에 포럼에 처음 참여했고, 그때 간토대지진과 대학살 100년을 맞이하여 일본에서 답사와 함께 추도대회 등을 함께했습니다. 제가 당시에 놀랐던 것은 한국인도 기억하지 못하는 식민지 조선인의 죽음에 대한 진상을 밝히는 일에 일본의 정의로운 시민들이 나섰다는 점입니다. 이들은 학살을 목격했던 일본인의 증언을 기록하고, 조선인들이 파묻혔을 것이라고 추정되는 땅을 파서 뼛조각을 수습했습니다. 아라카와 강변 근처에서 작은 이자카야를 운영했던 일본인은 가게를 정리하면서 조선인 희생자의 위령비를 세워 애도의 터를 마련해 주기도 했습니다. 포럼을 통해 저는 식민지 피해국의 국민이면서 역사를 망각했던 책임의 무게를 절감했고, 역사정의란 가해국의 무릎을 꿇리는 일이 아니라 역사적 상처를 기꺼이 유산으로 받아들이는 실천 속에서 가능하다는 것을 깨달았어요.

이슬 저도 태준 님과 입장이 비슷합니다. 식민지주의 문제는 정치의 문제가 아니라 인권의 문제입니다. 다행히도 최근에는 한국의 시민사회에서 재일조선인이 겪는 문제를 해결하기 위해 활동하고 조선학교를 지원하는 단체도 있는데 '몽당연필'이 대표적입니다. 다만 한국 정부는 여전히 일본 정부에 식민지배 책임을 이행하라고 촉구하지 못하는 것 같습니다. 이런 지점에서 재일조선인 사회가 한국 정부와 대립할 수밖에 없던 역사적 원인도 있지 않을까 싶어요. 한편 일본에서는 극우 세력의 목소리가 점점 커지고 있어서 우려됩니다. 야스쿠니 신사에 군복을 입고 참배하는 일본 시민을 보고 있자면, '일본에 진보 세력이 있는가?' 자문하게 됩니다.

리화 일본의 민주·평화 세력 중에서도 가해 책임을 깊이 받아들이지 않는 사람들이 있습니다. 이들은 전쟁 때문에 일본 사회도 막대한 피해를 보았으니 전쟁을 하지 말자고 말하지요. 이들은 과거 일본이 아시아 국가들을 침략했고, 그들을 차별해 왔던 역사를 언급하지 않습니다. 일본 사회 내 평화를 말하는 사람마저도 자기 피해만 말하는 것은 매우 아쉽습니다. 전체적으로 보면 일본 사회의 진보와 보수 모두 피해자의식 아래 역사를 이어 가고 있는 것이죠. 물론 일본 사회 내에서 식민지 책임을 밝히는 데 열중하는 지식인과 활동가도 있어요. 하지만 이들은 일본 사회에서 다수파는 아닌 것 같습니다.

태준 한국 또한 내셔널리즘에 기반을 둔 혐오가 존재합니다. 반일 정서도 그렇지만 분단 체제에서는 빨갱이 담론이 영향력을 발휘했고, 이것이 북한 혐오로 발전했죠. 최근에는 중국을 혐오하는 혐중 정서가 급격히 확산되고 있습니다. 여전히 특정 국가를 적대하며 국내의 정치 세력을 결집하려는 시도가 전개되고 있지요. 저는 이것이 신냉전 질서와 맞물리면서 더욱 강화될 것이라고 봅니다. 일본의 상황은 어떠한가요?

리화 일본 사회는 확실히 '북한 혐오 North Korea-Phobia'가 강합니다. 북한에 대한 혐오와 공포가 바탕이 되어 북한과 관계가 있다는 이유만으로 재일동포와 조선학교에 대한 차별과 편견이 허용되는 풍조로 이어지고 있습니다. 오늘날 조선학교를 향한 차별은 제가 학교에 다닐 때보다 더욱 심해진 것 같아요.

이슬 맞아요. 2000년대에 들어 일본이 스스로를 피해자로 인식하면서, 식민지배 책임을 부정하거나 재일조선인의 인권 문제에 면죄부를 지닌 것처럼 생각합니다. 북에서 인공위성을 발사할 때마다 일본 사회에서는 재일조선인을 향한 혐오를 키워 갑니다. 북이 인공위성을 발사하는 이유는 한·미·일 군사훈련에 대한 대응인데 그 문제는 말하지 않습니다.

리화 1965년 한일 국교 정상화는 동아시아 냉전 구도를 강화했습니다. 당시 미국은 자본주의 진영을 묶기 위해 한일 조약 체결에 영향력을 행사했습니다. 이로써 일본의 식민지/전쟁 책임을 애매하게 했고, 피해보상 문제가 경제협력으로 치환되었으며, 미·일·한의 군사협력이 시작되었습니다. 저는 이 협정이 남북 분단과 냉전을 강화했다고 생각해요. 1990년대에 세계 냉전이 종식되었다고 말하지만, 동북아시아의 냉전은 계속되었죠. 오늘날의 냉전을 말할 때 미·일·한의 군사훈련을 지적하지 않을 수 없습니다.

태준 2018년 4월에 열린 남북정상회담과 그해 9월 평양에서의 9.19 남북군사합의 약속 중 하나가 '군사훈련 중단'이었습니다. 하지만 문재인 정부는 국방비 50조 원을 돌파하며 사드THAAD 발사대를 배치했고 군사훈련도 계속 진행했어요. '힘에 의한 평화'는 윤석열 정부에서 더욱 강화되었습니다. 미국과 일본에 밀착한 윤석열 정부의 안보 공조는 신냉전으로 치닫는 동북아 정세에 위기를 초래했어요. 이에 더하여 한반도의 대외적 긴장을 활용하며 독단적인 정부 운영에 대한 비판에 대해 '반국가세력'의 '준동'으로 재갈을 물렸습니다. 외교가 사라진 동북아, 대화가 사라진 남북 관계 속에서 서울 도심에서는 국방력을 과시하는 군사 퍼레이드가 펼쳐졌고, 한국의 민주주의는 위기에 봉착했어요. 한국에서 일본의 군사대국화, 군국주의를 비판하는 것만큼 우리 안의 군사주의를 살펴봐야 하는 이유입니다.

리화 저도 요즘 동북아시아의 갈등이 심각하다고 느낍니다. 남북의 분단 구조가 계속되는 한 전쟁은 끝나지 않을 것 같아요. 휴전 상태는 곧 전쟁이 터질 수도 있는 상태이지요. 그리고 갈등이 첨예한 땅에서 주한미군과의 한미 연합 군사훈련이 실시되고 있습니다. 분단 구조를 바꿔야만 오늘날 동북아의 냉전 질서도 바꿀 수 있습니다.

다시 '해방'과 다시 만날 세계

태준 맞습니다. 분단 구조, 냉전 질서는 한국 내의 정치 상황에 상당한 영향력을 행사합니다. 윤석열 정부가 계엄을 선포하기 위한 방법 중 하나로 평양에 무인기를 보낸 것은 아닌지에 대한 의혹이 있었지요. 분단 구조 자체가 전쟁을 머금고 있고, 휴전 상태에서는 위험한 일이 언제든 발생할 수 있습니다. 그리고 권력이 취약하거나, 또는 권력을 강화하기 위한 방법으로, 권력자들은 지금의 분단 구조와 냉전 질서를 적극적으로 활용할 수 있고 또 실제로 활용해 왔습니다. 혹시 재일조선인 사회에서 한국 대통령의 계엄과 탄핵 소식을 어떻게 들으셨나요?

리화   저는 탄핵 결정을 생중계로 지켜보았습니다. "파면한다"라는 말을 듣는 순간 안심했습니다.

이슬   저는 이번 계엄령을 보면서 5.18 광주를 공부했던 기억이 떠올랐습니다. 윤석열이 정말 큰 죄를 지었다고 생각했고, 파면될 것이라는 믿음도 있었습니다. 특히 파면 결정에 대한 믿음은 한국 시민에 대한 신뢰에서 비롯되었는데, 잘못된 정부와 싸우는 시민의 힘을 많이 느꼈습니다.

태준   비상계엄 소식은 선포한 그날 밤에 들으신 건가요?

이슬   트위터(현 X)를 보다가 계엄 소식을 들었습니다. 제가 살아 있을 때 계엄이 발표되리라고는 생각도 하지 못했는데, 계엄령이 선포된 그날 밤에 국회에서 해제될 때까지 한숨도 못 잤습니다.

리화   저는 그다음 날 아침에 소식을 듣고 너무 놀랐어요.

태준   저도 계엄이 터진 그날 밤에 친구들과 상황을 공유했고, 빠르게 글을 써서 언론에 기고했습니다. 저는 계엄 선포에서 대통령 파면에 이르기까지 123일 동안 광장의 정치에 주목하고 있습니다. 극우 세력의 서부지법 폭동을 보면서 파시즘에 대한 우려도 커졌지만, 그럼에도 광장에 나온 시민들이 보여 준 민주주의에 대한 열망, 특히 페미니스트와 소수자 동지들이 밝힌 차별과 혐오가 없는 평등한 세상에 대한 지향 등에 애정을 갖게 되었어요.

이슬   저는 연로하신 국회의원이 계엄령을 막기 위해 국회로 향했던 모습을 보면서 한국 국회의원의 높은 정치의식을 확인했습니다. 또 계엄 당일에 국회 앞에서 자리를 지켰다는 중년 여성분에 관한 기사를 읽었는데, '그 나이대이시면 아마 광주를 떠올리면서 나섰겠지'라고 생각했습니다. 페미니스트와 젊은 청년들이 자발적으로 데모에 나서는 모습, 그리고 그 광장에서 소녀시대와 케이팝 가수들의 노래를 부르는 모습이 대단히 인상적이었습니다. 일본의 젊은 청년들에게서는 찾아보기 힘든 장면이라서요.

리화 저도 소녀시대의 노래 〈다시 만난 세계〉(이하 다만세)를 부르던 모습을 말하고 싶습니다. 〈다만세〉가 어느 순간부터 한국 청년들이 시위에 나설 때 부르는 노래가 되었다고 들었어요. 응원봉을 들고 케이팝에 맞춰 국회 앞에서 계엄 반대를 외쳤던 시민들의 모습을 보며, 시위의 방식이 새롭게 바뀌고 있다는 것이 흥미로웠습니다. MBC 뉴스에서 응원봉을 들게 된 이유에 대해 한 시민이 이렇게 말했어요. "촛불은 바람에 불면 꺼진다고 말하는 권력자들에 맞서 꺼지지 않는 응원봉을 들었다." 그 말이 정말 멋졌습니다. 자신이 가진 아이템을 활용해서 자신의 의사를 표현하는 방식도요. 참고로 저와 이슬 님은 노래방에서 소녀시대의 〈다만세〉를 즐겨 부르곤 합니다.

태준 이번 광장의 주제곡인 〈다만세〉는 한국의 퀴어, 페미니스트 동료들이 퀴어 퍼레이드를 마치고 항상 불렀던 노래인데, 두 분도 노래방에서 이 노래를 즐겨 부르시는군요. 〈다만세〉를 비롯하여 광장에서 부른 노래들에 담긴 의미와 역사성도 그렇지만, 광장에 나선 시민들은 자신들이 만들 민주주의와 차별 없는 세상의 모습을 광장에서부터 실현하고자 노력했습니다. '평등한 집회를 위한 모두의 약속'이라고 평등 수칙을 집회마다 밝히면서, 우리 안의 차별과 혐오 발언에 대응했지요. 마지막으로 두 분께 이런 질문을 드리고 싶어요. 해방 80주년인 올해, 각자가 생각하는 해방의 의미는 무엇일까요?

이슬 8.15에 대해 재일동포, 특히 조선학교 출신자로서의 입장을 전달했던 시간이었어요. 식민지주의가 아직 끝나지 않았다는 생각을 공유했고, 오늘날의 성차별 또한 식민지주의에 비롯된다는 이야기까지 이어질 수 있어서 좋았습니다. 저는 한반도 분단의 극복이 진정한 해방을 가져온다고 생각합니다. 개인이 가진 힘은 작지만, 이렇게 서로의 이야기에 귀를 기울이면서 각자의 현장에서 열심히 일하다 보면 꼭 그런 날이 오리라고 믿습니다.

리화 해방은 말 그대로 풀어쓴다면, 사람들의 삶을 구속하고 있는 여러 가지 폭력, 특히 사회 구조적 문제가 제대로 해결되는 일이라고 생각하고, 저는 그것을 진정한 해방이라고 부르고 싶어요. 재일조선인의 경우는 식민지 지배의 역사와 그 이후의 차별에 대한 일본의 공식 사과와 보상, 명예 회복 등이 이루어질 필요가 있습니다. 물론 역사적 부정이나 피해가 완전히 해소된 경험은 없지만, 진정한 해방을 실천하는 사람들의 경험과 힘이 모인다면 현재적 해방에는 이를 수 있지 않을까 생각합니다.

'해방'에 대한 이야기를 나누는 게 처음이기도 하고, 이후에 몇 번이나 있을까 싶어서 이번 기회가 매우 소중했습니다. 내가 어디에 소속하느냐에 따라 8.15에 대한 의미가 다양하다는 생각이 듭니다. 다양하다는 의미에는 좋은 게 따로 있고 나쁜 게 따로 있다는 게 아니라, 결국에는 각자가 어떻게 8.15를 계속 기억하고 현재적 의미를 발견하는 게 중요할 것 같아요.

태준 저는 두 분과 대담을 하면서 애써 외면하고자 했던 '민족'에 대한 애정을 일깨울 수 있었습니다. 식민과 분단의 시간 속에 새겨진 아픔과 그 시간을 살아 냈던 존재들을 향한 고마움도 함께 나눌 수 있어 즐거웠습니다. 저에게 페미니즘은 권력 없는 사람들의 목소리를 어떻게 기입할 것인지에 대해 무한한 질문과 실천을 제공해 주는 사유예요. 페미니즘과 함께 만난 존재들은 여성일 수도 있고, 성소수자일 수도 있고, 장애인일 수도 있고, 이주노동자일 수도 있고, 민족 바깥에 있는 타민족일 수도 있고, 두 분처럼 민족 바깥에 있는 우리 민족일 수도 있습니다. 그래서인지 두 분과 대화를 나누면서 저는 또 다른 방식으로 페미니즘을 실천하고 있다는 생각이 들었습니다. 우리가 다시 만날 '민족'이라는 미래가 식민과 분단의 폭력을 극복하는 것을 넘어 페미니즘의 부단한 실천으로 구축한 평등한 세계일 것 같아서 상상만으로도 행복한 시간이었어요. 바다 건너에서 두 분의 건강을 기원합니다.

나가며

2025년 코리언'들'에게 1945년 8월이란?

'80주년'의 '8.15'를 이야기한다는 것

스스로를 한국인이라고 하는 네 사람, 재중조선족이라고 여기는 두 사람, 재일조선인이라고 말하는 두 사람 그리고 지금은 한국인이지만 동시에 스스로를 '북향민'이라고 일컫는 한 사람, 모두 아홉 명의 '코리언'이 1945년으로부터 여든 해가 지난 2025년에 광복 또는 해방의 시간을 주제로 서로 이야기를 나누었다.

아홉 사람은 각각 1980년대 후반부터 2000년대 초반 태생으로 1945년이라는 시간과는 아주 멀리 떨어진 시점에 나고 자랐다. '해방 80주년'이라는 타이틀을 단 이 대담을 위해 일부러 그때의 감각, 기억과 꽤 거리가 있는 이들에게 '초대장'을 보낸 것이다. 그렇게 한 이유는 분명했다. 현재를 사는 우리에게 '8.15'가 박제된 이미지로 기념화된 어떤 것을 넘어 새로운 의미를 줄 수 있는 것이어야 한다는 생각 때문이었다. 이 책에서 4부 대담에 앞선 열 편의 에세이를 통해 익숙하던 인식의 틀 밖으로 펼쳐진 1945년의 8월 전후라는 과거를 굳이 현재로 불러온 것은, 그 과거가 지금의 우리에게 주는 의미가 무엇인지 현재와 교차하며 바라보기 위해서다. 그렇지 않으면 한 해 한 해 숫자만 더해질 뿐인 '○○주년'을 '기념'하여 행하는 의식은 그저 형식적인 수사와 겉치레, 국가화된 기억의 정치에 불과할 뿐이다.

특별히 이 대화의 자리에는 1945년 8월, 제국주의라는 억압적 질서와 식민지민의 신분으로부터 '해방'된 이후 수립 혹은 재수립된 서로 다른 국가(지역)에서 살고 있는 '코리언'을 불러 모았다. 1945년 8월 당시, 일제가 패망을 밝힌 것은 하나의 시점이었으나 광복 혹은 해방의 순간은 맞이하는 사람이 처한 상황에 따라 각기 비동시성을 가질 수밖에 없었다. 그 후 다시 세계는 냉전 체제로 재편되었다. 대결 구도 속에서 각각 다른 진영에 속해 살고 있던 코리언은 그들 거주국의 상징화에 따라 8.15에 대한 공식 기억과의 관계(수용과 저항) 안에서 각각 다른 방식으로 8.15를 의미화할 수밖에 없었다. 이 대담에서 지역적 교차성을 더하려고 한 이유는 '국가'라는 경계를 넘어 다시 혼종하며 마주치는 오늘날의 현실 속에서 '우리'의 관계성을 짚어 보기 위해서였다.

물론 그들이 각자가 속한 '그룹', 예를 들어 30대 한국인 여성 또는 20대 재중조선족 남성 등의 대표성을 띠고 있기에 이 대담에 초대한 것은 결코 아니었다. 스스로를 코리언이라고 인식하는 사람, 코리언의 역사와 기억이 갖는 의미와 현재성에 관심이 있는 사람, 그래서 서로의 존재는 물론이고 자기 스스로를 둘러싼 세계에 대해서도 깊이 고민하는 사람에게 이번 대화의 장field에 함께해 주길 요청했다. 이어서는 80년이라는 시간과 남, 북, 중국, 일본이라는 국가(지역)을 교차하는 대화를 이끌었던 대담 진행자들의 소회를 들어 본다.

[한반도] 해방의 시작은 '만남'이었다_ 조경일

'해방'을 주제로 길게 이야기를 나눈 적이 있었던가. 해방이라는 주제는 1년 중 8월 15일에나 한 번 상기할 뿐 역사에 대한 기억이니 의례 행사 기간에 스쳐 지나가는 주제였다. 나에게 해방이란 무엇일까? 해방 80주년을 맞아 한반도 팀 대담 진행을 위해서 해방을 주제로 쓴 에세이들을 읽고 나서야 스스로에게 질문했다. 나라는 존재에게 해방이 무엇인지를 사유하는 것에 더해 "우리에게 해방이란 무엇일까?"라는 질문이 필요한 때라는 생각이 깊어 갔다.

김연우(가명), 강태성 두 대담자도 나와 고민이 비슷한 듯했다. '해방' 연구자가 아니라면 아마 대부분 생각이 비슷하지 싶다. 그래서 더욱이 대화의 주제는 무거웠다. 평범한 2030 남북 출신 청년 셋의 대화치고는 해방이라는 주제는 버겁기도 했다.

'해방'을 주제로 마련된 대담이었지만, 사실 진행자인 나의 '북한 출신'이라는 정체성이 투영된 질문 위주로 구성되었다. '8.15 해방'이

담아내지 못하는 분단된 두 체제의 경험자들이 나누는 대화가 될 수도 있겠다는 다소 나의 의도된 질문으로 이야기가 전개되었다. 80년 전 '해방의 그날'은 남쪽 출신이건 북쪽 출신이건 '그날'에 대한 기억이나 교육이 남과 북이 그리 다르지 않다고 생각했다. 오히려 해방 이후 분단된 두 체제에서의 삶과 경험 그리고 다른 기억들이 대담을 더 의미 있게 만들 것이라고 여겼다. 역시나 사건으로 인식하는 '8.15 해방'에 대한 사유는 우리 모두 비슷했다.

이번 한반도 팀의 대담에 굳이 의미를 부여하자면, 북한 출신 청년이 남한 출신 청년에게 질문하며 대화를 이끌어 가는 것이었다. 기획 의도와 별개로 이번 대담에서 북한 출신인 나는 실패한 체제를 상징하고, 남한 출신인 두 대담자는 성공한 체제를 상징한다고 나 스스로 자의적으로 생각했다. 해방의 관점에서 이런 구도를 설정해 놓고 이야기를 나누면 좋겠다는 생각이 들었다.

나에게는 북쪽이 억압의 공간이었으니 남쪽은 자연스레 해방의 공간을 의미하기 때문이다. 한국에 도착해서야 새로운 삶을, 새로운 꿈을 얻었으니 나에게 해방의 의미는 남쪽에서 나고 자란 청년들과 다를 수밖에 없다. 그래서인지 남쪽 출신인 두 대담자에게는 해방의 의미가 나의 사유와 비슷하면서도 사뭇 달랐다. 경험이 다르니 당연했다. 대화를 이어 가는 중에도 서로 다른 경험이 빚어낸 보이지 않는 경계와 조심스러움이 분위기 속에 녹아 있었다.

두 대담자는 탈북한 사람과 대화해 본 것이 내가 처음이라고 했다. 이 대담이 아니었다면 아마 두 대담자는 탈북민과 만날 기회가 없었을

지도 모른다. 대담은 진지하면서도 어딘가 어색했다. 대담의 주제 때문이었다. 탈북민과 나누는 첫 대화의 주제가 '해방'이라니. 일상의 만남이었다면 아마 또 달랐을 것이다. 대담이 끝나 갈 무렵 우리는 서로 공감했다. 역시 대화를 해 봐야 안다고. 함께 잔을 부딪치자고.

대담이 진행되는 내내 두 대담자는 특정 주제에서 특정 단어를 묘사할 때 조심스레 표현하려고 했다. '탈북민' 관련 주제였다. '탈북민'과 나누는 첫 대화라서 그런지 표현이 다소 어색한 순간이 있었다. 탈북민을 호칭하는 문제부터 이들에 대해 갖고 있던 선입견에 대한 단상까지. 당사자인 나를 앞에 두고 자신들의 생각을 이야기하려니 당연히 어색했을 것이다. '조심스러워했다'라는 표현이 맞을지도 모르겠다.

1부에서 3부까지 에세이를 관통하는 키워드는 '해방'이다. 남북한 청년들이 해방을 어떻게 인식하고 있었는지, 에세이를 읽은 후 어떤 변화가 생겼는지를 대담을 통해 노출하는 것이 취지이기도 했다. 하지만 한국 생활 21년 차인 나의 해방에 대한 인식은 남한 청년들과 별반 다르지 않았다. 북에서 해방에 대한 교육이 나에게 부재했던 탓도 있지만, 21년간 '남한화'된 나의 일상은 대담자들과 큰 차이를 만들어 내지 않았다. 하지만 '탈북민' 정체성으로 사유하는 나의 존재론적 고민이 이 대담의 의미를 더했다.

탈북민과 나누는 첫 대화라는 두 대담자의 고백에 나는 긴장을 늦출 수 없었다. 내 경험상 나와 같은 사람과 처음 대화를 하는 이들은 항상 이야기를 꺼내는 데 조심스러워했기 때문이다. 나는 가급적 대담자들이 '북한 이야기', '탈북민'을 주제로 한 이야기를 불편해하지 않으면서 자연스럽게 꺼낼 수 있도록 대화 분위기를 이끌어야 했다. 나의 경우는 21년 동안 남한 사람들과 '북한, 탈북' 이야기를 하는 게 일상이었으니 전혀 어색하지 않았다. 오히려 항상 내게 말을 걸어오는 사람들이 어색해했다. 이번 대담은 내가 이야기를 이끌어 가는 위치였으니 그나마 다행이었는지도 모르겠다.

우리는 서로 해방이 필요했다. 그리고 해방에는 만남이 필요했다. 대담자 강태성의 표현처럼, 어쩌면 잔을 부딪치듯 직접 부딪쳐 봐야 서로에 대한 오해와 편견에서 벗어날 수 있을 것이다. 김연우, 강태성은 대담을 통해 '탈북민'에 대해 더 잘 이해하게 되었다고 말했다. 우리는 8.15 해방을 주제로 대담을 진행했지만, 우리는 우리 안에 보이지 않는 경계로부터 먼저 해방이 필요했다. '그날'의 해방은 여전히 갈라진 우리에게 어떤 답을 줄 수 있을까?

해방 후 80년이 지난 오늘날, 우리에게 '해방'은 어떤 의미인가. 저마다 해방의 의미가 다르겠지만, 적어도 분단된 한반도에서 남한 출신으로, 북한 출신으로 함께 살아가는 우리에게는 '만남' 자체가 해방의 시작이 아닐까 생각한다. 그래서 단절된 채 적대적으로 남아 있는 남과 북의 만남은 곧 해방의 시작이 되리라. 8.15 해방은 분단이 끝나는 날 완성될 것이다.

[중국] '차이의 반복'을 통해 만난 '우리'_ 박솔지

무엇을 '우리'라고 할 수 있을까? 몇 차례 그런 고민을 했다. 내 나름대로 재중조선족의 역사는 물론이고 그들의 삶의 터전인 중국의 역사와 현황을 알아보고 고심 끝에 질문을 던졌는데, 두 사람에게서 돌아오는 대답이 예상했던 흐름을 이탈한다고 느낀 부분이 여러 차례 있었기 때문이다. 마치 서로 다른 이야기를 하는 것처럼.

그래서 한편으로 우리는 그냥 다른 너와 나일 뿐인데, 공연히 2025년이라는 시간에 '해방 80주년'이라는 수식어를 붙이고 거기에 '코리언'이라는 거추장스러운 겉옷을 걸쳐 대담이라는 어색한 자리를 만든 것은 아닌지 잠시 걱정했다. 나아가서 이 대담이 코리언이라는 동일성의 묶음, 현재 한국 사회의 시각에서 보면 턱없이 민족주의적이고 자칫 폭력적이라고 보일 수 있는 틀로 접근한 것 자체가 문제였나, 하고 생각하기도 했다.

우리의 대화는 여러 차례의 주고받음을 거친 후에야 대담의 끝맺음까지 도달했다. 같은 이야기를 두고 서로가 상대방이 이야기한 내용을 제대로 이해한 것이 맞는지, 혹시 잘못 이해하고 답한 것은 아닌지 묻고 또 물었기 때문이다. 처음 대담을 시작하며 다소 날 것의 대화를 나누었을 때는 그렇게 서로 되묻는 과정이, 세 사람 모두 우리말을 사용하고 있지만 서로 어법이나 구사하는 방식이 달라서 생기는 상황이겠거니 생각했다. 그런데 이 과정을 몇 차례 더 반복하다 보니, 그건 단순히 화법의 차이에서 오는 문제가 아닌 것 같았다.

재중조선족인 두 사람과 나 사이에는 말하기 방식의 차이뿐 아니라 거기에 배어 있는 한국인과 중국인이라는 국적의 차이, 한국의 연천과 서울 그리고 중국의 동북 3성이라는 생활공간의 차이가 있었다. 또 현재 소속한 국가의 주류 민족과 소수 민족이라는 차이 역시 서로 바라보고 대화하는 데 영향을 미쳤다. 그 모든 차이가 대화를 주고받는 서로를 구성하는 관계 그 자체였기 때문이다.

문제는 우리가 서로에게 존재하는 이 모든 당연한 차이를 우리의 대화 사이에 있는 공백을 채우려는 물음들 속에서야 비로소 알아차렸다는 점이다. 그리고 서로의 물음에서 자꾸 이탈하는 이유가 그 수많은 차이 때문이라는 점을 알아차렸을 때야 최연과 안걸, 나와의 대화에 밀도가 높아지고 반복되는 주고받음이 즐거워지기 시작했다.

우리의 대화 중 가장 주저함이 많았던 이야기는 '모국'과 '조국'에 관한 것이었다. 같은 표현과 한자를 쓴다고 그 의미가 같지 않음에 대한 몰이해는 즉각적인 조선족에 대한 비난으로, 나아가서 조선족의 한국인에 대한 악감정으로 이어지고 있다. '유리할 땐 한민족이고 불리할 땐 중국인이라고 이랬다저랬다' 해서 조선족이 중국인보다 더 싫다는 한국인의 혐오적 인식 기저에는 민족적인 것과 국가적인 것의 불일치와 공존에 대한 몰지각이 깔려 있다. 그 불일치가 가져오는 자기 정체성과 생활상의 차별이나 부딪침을 경험해 본 적이 없는 한국인의 '오만과 편견'이 인간 대 인간으로서 우리가 서로를 대면하지 못하도록 주저하게 하는 가장 큰 장벽이다.

나는 두 사람과의 대화를 통해 한국에서 '주류 민족'으로 살아온 나를 돌아보았다. 나를 비롯해 한국인 대부분이 아마도 대한민국 국민이면서 코리언인 주류적 인식 체계 속에서 우리 스스로가 인식하는 '코리언'이 얼마나 협소하고 한정된 존재인지 객관적으로 보지 못하고 있는 것 같다. 그러면서 국가와 민족이라는 낡은 틀을 넘어서서 코스모폴리탄적 '해방'이 필요하다고 '민족'이라는 아킬레스건을 불러오는 이들에게 비판의 목소리를 내고 있는지도 모른다.

최연은 '내 안에는 민족적(코리언)인 것과 중국적인 것이 함께 있다'는 것을 한국에서 유학 생활을 하며 더 분명하게 알아차렸다고 했다. 그렇기에 우리가 함께 8.15의 의미를 이야기하는 것이 더욱 값지다고 말했다. '모국'과 '조국'의 의미 차이와 자기 안에 함께 존재하는 민족과 국가의 뒤섞인 어떤 특성에 대한 최연의 이야기는, 조선족과 한국인의 만남 속에 빚어지는 갈등과 혐오의 문제뿐 아니라 '탈민족'이어야 함을 강조하는 다른 한편의 경향에 대한 경계 의식도 필요하다는 것을 실감하게 했다. 서로를 '있는 그 자체'로 이해하고 만나는 과정이 필요하다는 인식에는, '있는 그 자체'로의 한 인간이 결국 복합적인 사회화를 거치며 관계의 산물로 존재하는 것이라는 이해가 더해지지 않으면 안 된다.

우리의 대화에서 해방 80주년과 8.15의 의미를 짚으며 가장 많이 떠오른 화두는 '평화로운 관계'였다. 그것은 중국과 한국 사이의 갈등, 조선족과 한국인 사이에서 빚어지는 갈등이라는 현실에서 기인하는 고민일 것이다. 우리는 서로가 만날 수 없었던 '냉전의 장벽'이 해체된 신자유주의 지구화 시대에 성장해 이렇게 만났다. 하지만 현재의 만남 사이에는 80여 년 전 제국주의 시대와 마찬가지로 서로 다른 인종과 젠더, 국적과 민족이 뒤섞이며 작동했던 차별적인 '구분선'이 남아 있다.

특히 재중조선족과 한국인 사이에는 냉전적 사고 체계와 국제관계의 현실이 강력하게 작동하고 있다. 우리가 서로를 '코리언'이라는 전제하에 과거와 현재를 엮어서 나눈 대화는 여전히 반평화적인 동아시아의 관계와 그곳을 살아가는 우리의 갈등 관계 사이에 내재한 현실, 그 과정에서 망각된 기억들을 직면하는 과정이기도 했다. 그렇게 직면하는 과정을 거치며 우리는 서로를 이해하기도 했지만, 자신을 둘러싼 세계 그 자체를 더 이해할 수 있었다.

안걸은 모든 대화가 끝난 뒤 "이 책이 한국 외에 중국이나 일본에서도 번역서로 출간될 수 있을까요?"라고 내게 물었다. 그의 말에는 우리가 나눈 대화 속에서 서로의 차이를 이해하길 바라는 마음과, 각자가 잘 알지 못했던 너와 나 사이에 잠재되어 있고 서로를 묶어 주는 '우리'라는 지난 역사의 그 흔적을 다른 사람도 찾길 바라는 마음이 담겨 있었다.

우리가 스스로를 '코리언'의 일원이라고 여기는 한, 1945년 8월 이후의 지난 기억을 핑계 삼아서라도 서로 대화하고 더 깊이 이해하려고 하는 시도는 결코 우리가 온전한 '남남'이 될 수 없기에 이루어지는 것이다. 그리고 각자에게 깃들어 있는 민족적 끈을 살려 함께 이 세계를 살아가며 호혜적 관계를 만들고자 하는 바람 때문이기도 하다. '해방 80주년'이라는 의미를 지금으로 불러와서 서로 이야기하는 행위의 의미는 바로 거기에 있을 것이다. 우리의 대화는 이다음, 또 서로를 더 나누고 함께 연결될 수 있는 어떤 가능성에 대한 기대감을 남기며 마무리되었다.

[일본] 연결되었다는 '믿음'에 대하여_ 이태준

우리의 만남은 결코 쉽지 않았다.

대한민국 바깥에 놓여 있는 '그들'과 그 안에서 살아온 '나' 사이에는 서로 경험하지 못한 역사라는 것이 존재했다. 그들의 조상은 식민지 시기에 한반도를 떠났고, 해방 이후 한반도로 돌아오지 못했거나 돌아오지 않았다. 제2차 세계 대전 종료와 동시에 강력하게 작동한 냉전과 한반도 분단은 그들의 조상이 되돌아갈 '고향'을 지워 버렸다. 그들의 조상은 해방된 민족임에도 일본 당국의 탄압과 일본 사회의 부당한 차별에 맞서며 살아왔다. '그들'로 이어지는 지금까지.

한국의 독재정권은 재일조선인을 대상으로 한 공안公安 사건을 조작했다. 재일조선인은 오랫동안 한국의 이적利敵에 머물렀다. 이는 재일조선인이 붉은 분자여서가 아니라 그들의 생명을 보호하고 안전을 도모할 국가가 없었기 때문이었다. 국가는 권력의 취약함을 감추려고 분단과 냉전이라는 철갑으로 무장했고, 취약한 존재의 목숨을 쥐는 일로 무력을 과시하며 권력을 정당화했다. 시간이 흘러 거짓된 인장印章도 점차 색이 바래졌지만, 여전히 또렷하게 남아 있는 붉은 낙인은 오늘날 우리의 만남에 이르기까지 묘한 긴장을 일으키곤 했다.

내가 만난 두 사람, 김리화와 김리이슬은 조선학교에서 청소년 시절을 보냈고 일본 대학에서 재일조선인 학생운동에 참여했다. 현재 두 사람은 한국 국적을 취득했지만 생애 대부분을 조총련과 함께, 때로는 조총련 가까이에서 활동했다. 두 사람과의 대담에서 '민족'은 수시로 언급되었고, 그럴 때마다 내 머릿속에서는 차마 떨쳐 낼 수 없는 역사성의 침입과 협상을 벌여야 했다. 나는 1990년대 신자유주의적 파편화가 전개되며 민족적 사유가 봉쇄되고, 민족을 곧 북한의 사유로 인식해 온 한국적 시간을 살아왔다. 그간 내셔널리즘을 내 나름대로 비판해 왔다고 스스로 자부했건만, 정작 두 사람과 대담을 나누면서는 가라앉았던 국적 그것도 반국半國적 인식이 불쑥불쑥 튀어나왔고 그때마다 마음이 불편했다.

두 사람에게 '민족'이란 본인들의 뿌리를 찾아가는 사명이자 동시에 재일조선인에게 배타적인 일본 당국에 맞선 저항이었다. 두 사람에게 민족은 가족과의 대화 속에 불현듯 등장하고, 가족 바깥의 사회에 접속할 때마다 인지되는 것이다. 재일조선인 커뮤니티에서는 긍정성으로, 일본 사회에서는 일상적인 차별과 혐오를 마주치는 마이너리티minority로서 말이다. 하지만 두 사람에게 민족은 전혀 정태적이지 않다. 김리화는 우리말로 된 이름을 가지지 못했거나 우리말을 하지 못하는 재일조선인 친구들을 만나며, 국적 또는 언어로 민족을 규정하고자 했던 본질주의적 인식을 성찰했다. 김리이슬 또한 남과 북, 재일만이 아니라 해외에 흩어져 있는 동포를 모두 민족으로 포괄하며,

또는 재일조선인 내에서도 민족과 역사에 대한 인식이 다양할 수 있다고 말했다. 재일조선인 운동, 즉 민족운동은 두 사람에게 민족에 대한 정의를 남기기보다 민족을 끊임없이 사유하며 재구성하는 숙제를 남겨 두었다.

두 사람은 각각 자신과 다른 디아스포라의 경험을 이해했고, 내셔널리즘에 내포된 또 다른 분단성을 지적하는 방식으로 민족적 사유를 발전시켰다. 김리화는 거주국 국적을 두고 재중조선족 선배와 논쟁했던 경험을 이야기하면서, "흩어진 이유는 같을 수 있으나 어디에서 살게 되었느냐에 따라 상황이 다르"다며 코리언의 통합적 인식을 '차이의 삭제'가 아니라 '차이의 이해'로 보았다. 김리이슬은 식민지 저항을 다룬 드라마가 재일조선인에게 민족적 감정을 공유하는 탈식민적 서사임에도, '태극기가 휘날리는' 장면이 곧 독립운동을 한국의 역사로 수렴함으로써 감정적 공유가 좌절되는 분단성을 포착했다.

알 수 없는 과거로부터 대담을 시작한 우리는 일본군'위안부' 피해생존자들이 제국의 성폭력을 고발하고 투쟁을 시작한 '현재'에서 반갑게 조우했다. 필자를 포함한 세 사람 모두 일본군'위안부' 문제를 학교에서 배웠고, 피해생존자의 투쟁을 보며 성장했다. 역사의 주변에 놓였던 타자의 말이 기준이 되는 순간 신체는 이전의 세계를 뒤로하고 또 다른 세계와 접속한다. 이는 지식의 누적을 극복하며 체화된 감각이 실천으로 이어지도록 이끈다. 김리화는 재일조선인 사회에서 부계에 따라 출신을 규정하는 서사를 비판하며 할머님의 생애와 경험을 찾아 나선다. 이는 반쪽 가족사의 빈틈을 채우는 동시에 재일조선인 사회의 가부장성에 대한 도전이다. 한편 김리이슬은 민족 차별의 경험을 젠더gender로 번역하여 "한쪽 다리가 밟혀 있으면서 다른 마이너리티를 밟고 있는 것은 아닌지"라고 질문한다. 김리이슬이 사용하는 '김'과 '리'라는 두 개의 성씨는 부계의 성姓만 따라야 하는 가부장성에 대한 반항인 동시에, 두 개의 성씨를 삭제하지 않는 것으로 탈식민적 실천을 수행하는 마이너리티한 저항이었다.

서로의 말과 말이 얽히고설켰던 이 대담은 매끄러운 동질성을 찾아가는 과정이 아니었다. 우리의 대담은 과거의 본래 것을 확인하는 작업이라기보다, 각자 다른 경험이 과거와 어떤 차이를 만들어 냈고 과거와 단절하지 못한 채 오늘에 이른 반평화적 상태에서 서로의 연결이 지닌 의미를 구성하는 과정이었다. 상대의 말에 대한 동의보다 공감이 앞섰던 데는, 그와 연결되고 싶다는 나의 의지와 함께 달리 살아온 차이의 시간을 겸허히 인정하기 위해서였다. 역설적으로 기억 바깥의 놓인 또 다른 기억을 찾아 거슬러 가는 이 대담에서, 나는 우리가 잃어버린 시간과 그것을 애써 외면했던 나의 상처를 응시했다. 대담을 시작하며 가졌던 '우리가 어떻게 연결될 수 있을까'라는 질문은 '우리는 이미 연결되었다'라는 믿음으로 변화했다. 그 믿음은 서로 다른 공간에서 각자가 차별에 대항하며 배웠던 페미니즘 또는 마이너리티한 실천으로부터 정초되었고, 이는 언제 도래할지 모르지만 민족적 사회의 미래마저 꿈꾸게 해 주었다.

해방 80년을 맞이하여 나눈 이번 대담에서 우리는 역사의 한순간을 함께했고, 또 함께하지 못한 시간도 코리언이라는 정체성으로 칠

혹 같은 터널을 지나왔기에 동시성으로부터 서로를 잇는 연결을 확인했다. 또 차별에 맞섰던 각자의 경험이, 우리가 당도할 미래의 윤리가 되리라는 믿음을 정립했다.

우리는 대담이 끝나는 자리에서 다음의 만남을 약속했다.

다르지만 닮아 있는 코리언'들'의 연결 끈, 8.15

대담의 진행을 맡은 연구자 세 사람은 오랜 시간 여러 차례 서로 의견을 나누며 각기 나눠 진행하는 대담의 내용과 고민을 공유해 왔다. 대담자 각각은 자신이 마주하며 살아가는 현실에 따라 해방되지 못한 것, 혹은 해방 80주년을 맞아 고민해야 할 지점에 대해 젠더, 소수자 차별, 분단, 냉전, 평화, 역사 갈등 등으로 서로 그 무게를 달리하는 이야기를 내놓았다. 1부에서 3부까지 에세이를 읽으며 각자가 2025년의 대화 테이블로 불러온 고민의 결은 스스로 설정한 그 삶의 무게추에 따라 다르게 드러났다.

그런데 각 대담 사이에는 의도하지 않은 교차점이 몇몇 발견되었다. 지역별 대담이 끝마무리에 다다랐을 무렵, 연구자 세 사람은 모든 대담에서 일본군성노예제라는 공통의 화제가 등장했다는 사실을 알아차렸다. 의도한 것은 아니었다. 대담의 질문지나 주제에 그 화제가 모두 포함되어 있거나, 대담 참여자를 해당 주제에 관심이 깊은 사람으로 섭외한 것도 아니었다. 단지 2025년 현재에 식민으로부터의 해방,

제국주의 전쟁의 종식이라는 8.15의 의미를 불러오다 보니 자연스럽게 여전히 지속되고 있는 동아시아의 반평화적 갈등과 긴장 관계, 그 중심 화두 중 하나인 역사 문제를 각 대담에서 공통으로 이야기하며 나온 주제였다.

우리는 만약 같은 내용의 대담에 1960~1970년대생인 사람들이 참여했다면 세 개의 지역별 대담을 교차하며 등장하는 화제가 일본군성노예제 사안은 아니었을 것이라고 이야기했다. 그만큼 2010년대를 지나는 시점, 동아시아 각국에서 이 이슈가 '코리언'인 우리 모두에게 영향이 큰 사안이었다는 것이다. 이 주제는 '민족'적 역사 이슈에 '젠더'적 차원의 억압과 해방이라는 교차성이 작용하며 탈식민적 성찰과 행동을 촉구한다는 점에서, 그 이전에 지배적이었던 '독립'과 '광복'이라는 기억의 코드와는 다르다. 이제 8.15는 식민지배의 아픔을 극복한 어떤 순간만이 아니라 우리에게 남아 있는 탈식민과 현재의 실천 과제를 돌아보게 하는 화두가 되어야 한다는 점을, 대담의 장에 자연스레 등장한 이 화제를 통해서 다시금 상기할 수 있었다.

그렇더라도 대한민국에서 한국인으로 태어나고 자란 이들에게는 평소 인식되지 않는 '민족', '국적'의 균열 속에 주어지는 현실적인 고민이, 중국과 일본에서 코리언 디아스포라로 살아가고 있는 이들과 북에서 태어났지만 남으로 와서 살고 있는 이에게는 분명하게 작동하고 있음을 세 지역별 대담의 교차를 통해 더욱 분명히 인식할 수 있었다. 그리고 거꾸로 이를 통해 여전히 우리의 안과 밖에서 작동하고 있는 '냉전-분단적'인 구조를 새삼스럽게 확인하기도 했다. 냉전적 균열

선을 따라 분단된 서로의 역사와 기억, 삶의 현실을 여전히 일그러진 프레임을 통해서만 바라보는 데 익숙하다는 사실을 알게 되었기 때문이다.

해방 80주년은 곧 분단 80주년을 의미하기도 한다. 1945년의 38도선 분할 점령과 1948년 두 개의 분단국가 수립은 시간차·의미차를 갖지만, 식민으로부터의 독립이라는 해방과 분단, 전쟁이라는 시간은 서로 이어져 오늘에 이르고 있기 때문이다. 분단이라는 적대적 균열의 지속은 코리언 디아스포라에게도 영향을 미치지만, 당연히 한반도에 거주하는 코리언에게는 훨씬 직접적이다. 그러나 그런 직접성이 곧 그들에게 분단 자체에 대한 고민과 남과 북에 대한 고민으로 첨예하게 이어지는 것은 아니었다. 해방과 분단이라는 화두를 통해 북에서 온 이가 남에서 사는 이들에게 묻지 않았으면, 평소 무감각하게 살고 있었지만 여전히 자신에게 작동하는 '레드 콤플렉스'를 인식하지 못했을 것이라는 대담자의 답변은 이 대담이 갖는 의미를 다시 정리해 준다. '탈북민'과 '한국인'은 그들 사이에 휴전선이 없는 한 같은 나라 안에서 살고 있지만, 이들 사이에 여전히 보이지 않는 분단선이 작동하는 것이다. 남과 북은 그처럼 서로 가까이에 있지만 가장 먼 거리를 유지하며 살아가고 있다.

또 한 가지, 차별에 맞서 살아오며 '조선적'을 고집하는 재일조선인을 보며 자기 안의 민족적인 것, 분단과 통일을 다시금 생각했다는 재중조선족 대담자의 이야기와, 거꾸로 스스로를 중국인이라고 스스럼없이 받아들이고 이야기하는 재중조선족을 보며 당황했다는 재일조선인 대담자의 이야기 역시 의도하지 않았지만 각각의 대화 속에 등장한 또 다른 교차점이었다. 서로 살아온 거주국의 역사적 환경이 갖는 차이에 기인했지만, 역사적 배경을 알지 못한 채로 서로를 대면했다면 만남의 의미는 상대를 이해할 수 없는 대상으로 만드는 지점에서 그쳤을 것이다. 역설적으로, 그들이 서로를 보며 느낀 당혹감과 고민은 상대를 '나와 같은 코리언'이라고 여기는 지점에서 발현된 것이기도 하다. 상대가 그저 나와 다른 국적의 누군가였다면 벌어지지 않았을 상황인 것이다.

그렇게 우리는 이 대화를 통해 서로가 가진 무수한 차이와 함께 관계의 특이성을 재인식했다. 대담의 장에 마주 앉은 서로는 타인이지만 단순한 타인이기만 할 수 없는, 나의 생활세계와 정체성의 일부분을 이루는 존재라는 점을 대화를 하며 알게 되었다. '우리'라는 부름은 먼발치에서 서로를 바라보기만 할 때는 추상적이고 현실적이지 않은 어떤 것이었지만, 서로에 대한 경계심 반 기대감 반으로 자신과 상대가 가진 차이를 향해 부딪치며 들어가 보니 생각지도 못했던 닮음의 지점을 발견하게 만들었다.

닮음의 지점은 아마도 우리를 '코리언'이라고 이름할 수 있는 어떤 것이다. 대화의 말미에 이 대담 이후에 함께 할 수 있는 무언가를 또 찾으면 좋겠다는 각자의 바람 역시 예상하지 않았던 또 하나의 교차점이었다. '우리'가 남겨 둔 함께 할 수 있는 무언가는 우리 스스로가 '코리언'이라는 묶음 속에서 과거와 현재 그리고 미래를 서로 연결할 수 있는 존재라는 유대감을 얻었기에 나온 이야기라고 생각한다. 무엇보다 8.15라는 화두가 우리를 잇는 기억의 끈으로 역할을 했기에 가능했다. 8.15는 그런 의미에서 여전히 코리언'들'에게 '과거의 사건이지만 현재와 미래를 구성하는 중요한 분기점'으로 남아 있다.

8.15 80주년을 기념하여 분단되어 버린 코리언'들'의 삶과 기억을 이어서 엮기 위해 시작한 우리의 여정은 그렇게 앞날을 기약하며 마무리되었다. 8.15는 앞으로도 화석화되고 바래진 과거, 흑백 사진 속 어떤 장면이 아니라 현재와 미래를 만드는 성찰의 마중물로서 지금의 삶 속에서 서로를 마주하고 나누는 '대화거리'다.

마지막 장까지 함께 온 이 책의 독자들도 그렇게 이 대화에 함께하는 기회가 되었기를 바란다.

모든 집필진과 대담 참여자를 대신하여
박솔지 씀.

참고문헌

1장

구보 도루 지음, 강진아 옮김, 『중국근현대사 4. 사회주의를 향한 도전(1945~1971)』, 삼천리, 2013.

김경일·윤휘탁·이동진·임성모, 『동아시아의 민족이산과 도시: 20세기 전반 만주의 조선인』, 역사비평사, 2004.

김도형 엮음, 『식민지시기 재만조선인의 삶과 기억 Ⅱ』, 선인, 2009.

김도형 엮음, 『식민지시기 재만조선인의 삶과 기억 Ⅲ』, 선인, 2009.

김춘선, 「1880-1900년대《북간도》지역의 정세변화와《중한변계선후장정》의 체결」, 천수산 주편, 『조선족 역사의 새 탐구 上』, 신성출판사, 2005.

백원담·천광싱, 「타이완과 홍콩 그리고 사상의 일대일로」, 백원담 엮음, 『중국과 비(非)중국 그리고 인터 차이나: 타이완과 홍콩 다시보기』, 진인진, 2021.

신주백, 「중국, 두 개의 승전기념일과 8.15의 공식화」, 정근식·신주백 엮음, 『8.15의 기억과 동아시아적 지평』, 선인, 2006.

양소전·차철구·김춘선·김철수·안화춘 저, 김춘선·김철수·안화춘 등 역, 『중국조선족혁명투쟁사』, 연변인민출판사, 2009.

왕후이, 「20세기 중국역사의 시각에서 본 아시아 평화: 항미원조전쟁(6.25)을 다시 보며」, 백원담 엮음, 『1919와 1949: 21세기 한·중 '역사다시쓰기'와 '다른 세계'』, 진인진, 2021.

유선영·차승기 엮음, 성공회대학교 동아시아연구소 기획, 『'동아' 트라우마: 식민지/제국의 경계와 탈경계의 경험들』, 그린비, 2014.

윤휘탁, 「만주국의 패망 전후 일제 식민당국의 동태와 사회분위기」, 『중국사연구』 144, 중국사학회, 2023.

윤휘탁, 「복합민족국가의 파탄: 만주국의 붕괴와 만주국인의 충돌, 수난」, 『중국사연구』 78, 중국사학회, 2012.

주덕란, 「타이완의 '광복'에 대한 역사적 기억과 역사교과서 문제」, 정근식·신주백 엮음, 『8.15의 기억과 동아시아적 지평』, 선인, 2006.

张海鹏·徐蓝 总主编, 普通高中教科书, 『历史必修-中外历史纲要(上)』(2019审定, 朝鲜文), 人民教育出版社(北京), 2019.

齐世荣 总主编, 八年级 上册, 『中国历史』(2017审定), 人民教育出版社(北京), 2024.

齐世荣 总主编, 九年级 下册, 『世界历史』(2018审定), 人民教育出版社(北京), 2024.

《中国朝鲜族历史足迹》编辑委员会编, 『中国朝鲜族历史足迹丛书 (5) 胜利』(朝鲜文), 民族出版社(北京), 1992.

中国朝鲜族青年学会编, 『中国朝鲜族移民纪实』(朝鲜文), 延边人民出版社(延边), 1992.

2장

미즈노 나오키·문경수 지음, 한승동 옮김, 『재일조선인: 역사, 그 너머의 역사』, 삼천리, 2016.

오구마 에이지·강상중 엮음, 고민정·고경순 옮김, 『재일 1세의 기억』, 문, 2019.

오은정, 「"완전 왜년이지, 왜년으로 살았제": 히로시마 재일조선인 1.5세·2세의 귀환 서사와 해방공간」, 『한국문화인류학』 51-2, 한국문화인류학회, 2018.

이붕언 지음, 윤상인 옮김, 『재일동포 1세, 기억의 저편』, 동아시아, 2009.

정계향, 「재일조선인, 일본의 지역사회를 살다: 해방 후 다카라즈카(宝塚) 재일조선인의 정주와 생활을 중심으로」, 『구술사연구』 8-2, 한국구술사학회, 2017.

정영환 지음, 임경화 옮김, 『해방 공간의 재일조선인사: 독립으로 가는 험난한 길』, 푸른역사, 2019.

조경희, 「전후 일본 '대중'의 안과 밖: 암시장 담론과 재일조선인의 생활세계」, 『현대문학의 연구』 50, 한국문학연구학회, 2013.

久保文明·中村尚史 外, 『現代の歴史総合-みる·読みとく·考える』, 山川出版社, 2022.

大串潤児·石居人也 外, 『精選日本史探究-今につなぐ 未来をえがく』, 実教出版, 2023.

大橋幸泰 外, 『高等學校 日本史探究』, 第一学習社, 2023.

渡辺晃宏·山本博文 外, 『日本史探究』, 東京書籍, 2023.

福井憲彦 外, 『世界史探究』, 東京書籍, 2023.

市內大祐·長井伸仁·吉澤誠一郎 外, 『わたしたちの歴史-日本から世界へ』, 山川出版社, 2022.

遠山茂樹·藤原彰·今井清一 지음, 박영주 옮김, 『일본현대사: 소화시대의 일본』, 한울, 1988.

伊藤隆·渡辺利夫·小堀桂一郎 외, 『私たちの歴史総合』, 明成社, 2022.
伊藤純郎 외, 『高等學校 日本史探究』, 淸水書院, 2023.
이미지 출처(68쪽, 71쪽) http://k-jinken.net/minzokukyoiku/shasindemiru.htm
일본 방위성 홈페이지 https://www.mod.go.jp
재일한인역사자료관 홈페이지 http://www.j-koreans.org

3장

한중일3국공동역사편찬위원회, 『미래를 여는 역사: 한중일이 함께 만든 동아시아 3국의 근현대사』, 한겨레출판, 2005.

4장

기석복, 〈우리 문학평론에 있어서의 몇 가지 문제에 대하여〉, 《노동신문》, 1952. 2. 28.
김성보, 『북한의 역사 1: 건국과 인민민주주의의 경험 1945~1960』, 역사비평사, 2011.
김은정, 「이태준의 「농토」론」, 『상허학보』 9, 상허학회, 2002.
김재용, 『북한문학의 역사적 이해』, 문학과지성사, 1994.
김재용, 「월북 이후 이태준의 문학활동과 「먼지」의 문제성」, 『이태준 문학의 재인식』, 소명출판, 2004.
김지영, 「고쳐 쓴 식민 기억과 잊혀진 텍스트, 냉전의 두 가지 징후: 이태준의 「해방전후」 개작 연구」, 『상허학보』 46, 상허학회, 2016.
박중선, 〈대중을 집단주의로 교양시키자: 이태준작 단편소설 호랑이할머니에 대하여〉, 《노동신문》, 1949. 8. 2.
오태호, 「북한문학의 지배 담론과 텍스트의 균열 양상 연구: 해방에서 한국전쟁기까지(1945~1953)의 주요 작품을 중심으로」, 『한국근대문학연구』 17-1, 한국근대문학회, 2016.
이오덕, 『우리글 바로쓰기』 2, 한길사, 1992.
이태준, 「해방전후」, 『해방전후』, 조선문학사, 1947(『이태준 문학전집③ 해방전후·고향길』, 깊은샘, 1995).
이태준, 「호랑이 할머니」, 『첫전투』, 문화전선사, 1949(『이태준 문학전집③ 해방전후·고향길』, 깊은샘, 1995).

이태준, 『농토』, 삼성문화사, 1948(『이태준 문학전집④ 소련기행·농토·먼지』, 깊은샘, 2001).
이희수, 「북한 정권 수립기 문맹퇴치운동의 정치사회화 기능에 관한 연구」, 『평생교육학연구』 12-4, 한국평생교육학회, 2006.
전혜정, 「문맹퇴치 경험, 문맹퇴치경험: 주체사상의 기치 밑에 새 사회 건설에서 이룩한 경험』, 평양: 사회과학출판사, 1987.
한설야, 〈평양시 당 관하 문학예술선전 출판부문 열성자 회의에서 한 한설야 동지의 보고〉, 《조선문학》, 1956. 2.

5장

김례삼, 『인생의 고행길』, 연변인민출판사, 1994.
김춘선·리광평, 『중국조선족사료전집 역사편: 이주사 11권』, 연변인민출판사, 2012.
리욱 외, 『20세기 중국조선족 문학사료전집: 리욱 문학편』, 중국조선민족문화예술출판사, 2002.
설인, 『설인시선집』, 민족출판사, 1999.
손춘일, 『中國朝鮮族移民史』, 中華書局, 2009.
연길 한글연구회, 『태풍』, 연변문화사, 1947.
윤인진, 『코리언 디아스포라』, 고려대학교출판부, 2004.
이광일, 『해방 후 조선족 소설 문학 연구』, 경인문화사, 2003.
중국조선족청년학회 편, 『중국조선족이민실록』, 연변인민출판사, 1989.
최국철, 『광복의 후예들』, 연변인민출판사, 2010.

6장

강희영, 「한인여성디아스포라의 이주경험과 트랜스로컬 정체성에 관한 연구: 구소련권 유학이주여성의 한국체류경험을 중심으로」, 한양대학교 대학원, 사회학과 박사학위논문, 2013.
건국대학교 통일인문학연구단, 『코리언의 생활문화』, 도서출판 선인, 2015.
김계자, 「김시종 시의 공간성 표현과 '재일'의 근거」, 박광현·오태영 편, 『재일조선인의 자기서사의 문화지리Ⅱ』, 도서출판 역락, 2023.
김사량 지음, 김석희 옮김, 『빛 속으로』, 녹색광선, 2021.

김예림, 「이동하는 국적, 월경하는 주체, 경계적 문화자본: 한국내 재일조선인 3세의 정체성 정치와 문화실천」, 『상허학보』 25, 상허학회, 2009.
김진환, 「재일조선인과 한국인의 문화공존 지혜찾기」, 건국대학교 통일인문학연구단, 『코리언의 생활문화』, 도서출판 선인, 2015.
다케다 세이지 지음, 재일조선인문화연구회 옮김, 『'재일'이라는 근거』, 소명출판, 2016.
박광현, 「귀국사업과 '니가타': 재일조선인의 문학지리」, 『동악어문학』 제67집, 동학어문학회, 2016.
박광현·오태영, 『재일조선인의 자기서사의 문화지리 Ⅱ』, 도서출판 역락, 2023.
박광현·허병식, 『재일조선인의 자기서사의 문화지리 Ⅰ』, 도서출판 역락, 2023.
서경식 지음, 권혁태 옮김, 『언어의 감옥에서: 어느 재일조선인의 초상』, 돌베개, 2011.
송효섭, 『문화기호학』, 아르케, 2000.
신승모, 「재일에스닉 잡지에 나타난 재일조선인의 자기서사」, 박광현·허병식 엮음, 『재일조선인의 자기서사의 문화지리 Ⅰ』, 도서출판 역락, 2023.
에르네스트 르낭 지음, 신행선 옮김, 『민족이란 무엇인가』, 책세상, 2002.
우메지와 아유미, 「사소설 문법으로 읽는 재일조선인 문학: 이회성(李恢成)과 이양지(李良枝) 작품을 중심으로」, 『한국학연구』 제39집, 인하대학교 한국학연구소, 2015.
유미리 원작, 우병길 각색, 『가족 시네마』, 커뮤니케이션북스, 2005.
윤다인, 「모국수학이 재일동포의 민족정체성에 미치는 영향에 관한 연구」, 서울대학교 대학원, 사회학과 석사학위논문, 2012.
이회성 지음, 김숙자 옮김, 『죽은 자가 남긴 것』, 도서출판 소화, 1996.
토도로프 지음, 이기우 옮김, 『상징의 이론』, 한국문화사, 1995.
하상일, 「〈총련〉계 재일 디아스포라 시문학 연구」, 『한민족문화연구』 제36집, 한민족문화학회, 2011.
허병식, 「재일조선인의 자기서사의 정체성 정치와 윤리: 서경식의 '在日' 인식 비판」, 박광현·허병식, 『재일조선인의 자기서사의 문화지리 Ⅰ』, 도서출판 역락, 2023.
매일신보, 〈일본민간인 본국송환 시작〉, 《매일신보》, 1945. 10. 10.

7장

김민환, 『큰 새는 바람을 거슬러 난다』, 문예중앙, 2021.

김종군, 「분단체제 속 사회주의 활동 집안의 가족사와 트라우마」, 『통일인문학』 60, 건국대학교 인문학연구원, 2014.

문영심, 『정해룡평전』, 도서출판 길, 2024.

윤점순·정종희, 『비정의 시대』, 도서출판 은빛, 2023.

정종희, 「통일에 거는 광명천지」, 『월간중앙』 2월호, 중앙일보사, 1990.

정해진, 「정해진 회고록」, 미간행, 2018.

8장

강명숙, 「일제말기 학생 근로 동원의 실태와 그 특징」, 『한국교육사학』 30(2), 한국교육사학회, 2008.

김경미, 「식민지교육 경험 세대의 기억」, 『한국교육사학』 27(1), 한국교육사학회, 2005.

김수지 지음, 윤철기·안중철 옮김, 『혁명과 일상: 해방 후 북조선, 1945~50년』, 후마니타스, 2023.

김재웅, 『고백하는 사람들』, 푸른역사, 2020.

브루스 커밍스 지음, 김자동 옮김, 『한국전쟁의 기원』, 일월서각, 1986.

송준서, 「해방 후 북한의 소련군과 북한 주민의 루소포비아, 1945-1950」, 『중소연구』 47(2), 2023, 한양대 아태지역연구센터.

안문석, 『북한 현대사 산책 1』, 인물과사상사, 2016.

표도르 째르치즈스키(이휘성), 『김일성 이전의 북한: 1945년 8월 9일 소련군 참전부터 10월 13일 평양 연설까지』, 한울엠플러스, 2018.

황동하, 「전시체제기(1937년~1945년) 일제의 '적색 제국주의' 소련 표상」, 『역사연구』 47, 역사연구소, 2023.

A. 기토비차·B. 볼소프 지음, 최학송 옮김, 『1946년 북조선의 가을: 소련 작가들의 해방직후 북조선 방문기』, 글누림, 2006.

Antony Beevor, "Red Army Raped Every German Woman, Says Author", interview by Dave Eberhart, NewsMax, (May 2, 2002), Accessed March 26, 2006 from http://www.newsmax.com/archives/ articles/2002/5/2/80440.shtml

Krishna Ignalaga Thomas, "Politics of History and Memory: The Russian Rape of Germany in Berlin, 1945", Historia, 2007.

이 책의 집필진(차례 순)

박영균 (건국대학교 대학원 통일인문학과 교수)
정치-사회철학을 전공했다. 논문으로 「분단의 아비투스에 관한 철학적 성찰」, 「코리안 디아스포라의 민족공통성 연구방법론」, 「남북의 가치 충돌 양상에 대한 예측적 연구 2: 사회공동체」, 「냉전의 오리엔탈리즘 비판과 탈식민적 냉전 연구」, 「통일인문학의 현재, 인문적 전환의 독특성과 과제들」, 「1980년대 한국의 지성사, 역사적 트라우마와 후사건적 주체의 이념적 급진화」 등이, 공저로 『코리언의 역사적 트라우마』, 『민족과 탈민족의 경계를 넘는 코리언』, 『시간을 걷다, 모던 서울』 등이 있다.

박솔지 (건국대학교 통일인문학연구단 전임연구원)
학부에서 정치외교학, 대학원에서 통일인문학을 전공했다. 분단이 빚어내는 정치·사회·문화에 주목하며 코리언의 역사적 트라우마와 공간 치유에 관한 작업을 진행 중이다. 논문으로 「분단 트라우마의 치유를 위한 임상적 연구: DMZ 접경 지역 답사를 활용한 공간 치유 사례 분석」, 「한국사회 '기억공간'의 분석과 치유적 전환」, 「분단국가의 국가주의와 기억의 국가이념적 영토화: 독립기념관 분석을 중심으로」가 있으며, 『기억과 장소』, 『시간을 걷다, 모던 서울』 등에 공동 저자로 참여했다.

정진아 (건국대학교 대학원 통일인문학과 교수)
한국 현대사 전공자로서 해방 이후 남북 주민과 코리언 디아스포라가 만들어 가고자 한 국가, 사회, 개인의 역동적인 모습에 관심이 많다. 최근에는 담론과 생활 세계를 통해 남북 주민의 삶과 문화를 이해하고자 한다. 저서로 『한국 경제의 설계자들』, 공저로 『시민의 한국사 2: 근현대편』, 『간첩, 밀사, 특사의 시대』, 『통일담론의 지성사』, 『시간을 걷다, 모던 서울』 등이 있다.

박민철 (건국대학교 대학원 통일인문학과 교수)
학부와 대학원에서 철학을 전공했다. 한국현대철학 전공자로서 한국 근현대 사상사와 지성사, 통일인문학과 통합적 코리아학의 방법론 등을 주로 연구하고 있다. 주요 논문으로는 「한국현대철학사 방법론의 확장」, 「식민지 조선의 역사철학 테제: 박치우의 '운명론'」, 「1950년대 한국의 철학연구자들에게 '철학'은 무엇이었나」 등이 있으며, 『영화 속 통일인문학』, 『기억과 장소』, 『시간을 걷다, 모던 서울』 등에 공동 저자로 참여했다.

박재인 (건국대학교 통일인문학연구단 HK연구교수)
우리의 갖가지 욕망을 그려내면서 위안과 깨달음을 주는 문학의 치료적 힘을 연구하고 있다. 그중 탈북민 문학치료, 문학적 상상력을 통한 평화교육 등에 마음을 두고 책상과 현장을 뛰어다니고 있다. 부족하지만 그동안의 노력은 『탈북민을 위한 문학치료』(2018), 「분단 역사에 대한 통합서사적 상상력과 통일교육」(2019), 「새로운 정신적 도식(자기서사) 탐색을 위한 서사지도와 작품 창작의 문학치료 기법」(2025) 등 학술적 담론 통로를 통하여 발표해 왔다.

전은주 (건국대학교 통일인문학연구단 HK연구교수)
국문학을 전공했다. 이주의 언어와 정체성의 결을 좇으며, 재한조선족 시문학에 나타난 인식의 변화와 정체성 문제를 중심으로 연구해 왔다. 최근에는 시문학을 통한 정신 치유의 가능성에도 주목하고 있다. 주요 논문으로 「재한조선족 시문학의 형성과 인식의 변모 연구」, 「재한조선족을 위한 시치유 방안 설계에 관한 시론」이 있으며, 『한중수교 30년의 조선족』, 『조선족 차세대 학자의 연구 동향과 전망』, 『시간을 걷다, 모던 서울』 등에 공동 저자로 참여했다.

전영선 (건국대학교 대학원 통일인문학과 교수)
대학에서 고전문학을 전공했다. 당연히 같을 것이라 믿었던 남북 문화 차이를 확인한 이후 분단 이후 달라진 남북 문화의 지형을 연구하고, 남북 문화의 소통과 통합을 위한 디자인과 문화번역을 고민하고 있다. 주요 저서로는 『북한 아파트의 정치 문화사』, 『공화국의 립스틱』, 『한(조선)반도 개념의 분단사: 문학예술편』, 『어서와 북한 영화는 처음이지』, 『시간을 걷다, 모던 서울』 등이 있다.

김종군 (건국대학교 대학원 통일인문학과 교수)
고전문학 전공으로, 남북의 고전문학 연구 성과와 문학사를 비교해 통합 문학사 서술 방안을 모색하고 남북 및 코리언 디아스포라의 민속을 비교 분석해 코리언의 문화 통합에 주목하고 있다. 코리언의 분단 트라우마의 실상을 파악하기 위해 구술 조사를 광범위하게 진행해 구술 치유 방안을 제안했다. 『고전문학을 바라보는 북한의 시각』, 『북한의 민속』, 『시간을 걷다, 모던 서울』 등에 공동저자로 참여했고 다수의 연구 논문을 제출했다.

김종곤 (건국대학교 통일인문학연구단 HK연구교수)
분단과 전쟁이 남긴 상처로 인한 각종 사회적 문제를 포착하고 이를 해결하기 위한 방안으로서 사회적 치유에 관심을 갖고 연구하고 있다. 주요 논문으로는 「5.18 사후노출자의 트라우마와 이행기 정의로서 사회적 치유」, 「분단폭력 트라우마의 치유와 '불일치'의 정치」, 공저로 『비판적 4.3 연구』, 『사회적 재난의 인문학적 이해』, 『5.18 다시 쓰기』, 『시간을 걷다, 모던 서울』 등이 있다.

도지인 (건국대학교 대학원 통일인문학과 교수)
국회에서 보좌진으로 일하면서 북한 문제에 관심을 갖게 되었다. 북·중·소 관계를 주제로 박사 학위를 받고 현재는 건국대학교 통일인문학연구단에서 인문학의 렌즈를 통해 북한의 사회현상을 다해석하고 문화와 외교를 접목하는 연구를 하고 있다. 공저로 『시간을 걷다, 모던 서울』이 있다.

대담 참여자

[남과 북 청년의 대담]
조경일_ 건국대학교 통일인문학 박사수료. 탈북민으로서 분단으로 경직된 사회에서 대립과 갈등의 벽을 어떻게 하면 줄일 수 있을까 줄곧 생각한다.
김연우(가명)_ 서울에 거주하는 30대 여성. 한때 역사적 정의와 인권 문제에 관심을 두고 활동한 경험이 있으며, 지금은 일상 속에서 그 고민을 이어가고 있다.
강태성_ 홍익대학교 재학생. 전쟁이 없는 평화로운 세계를 꿈꾸며 다양한 사회문제를 공부하고 있다.

[재중조선족과 한국인의 대담]
박솔지_ 건국대학교 통일인문학 박사. 디아스포라와 함께하는 코리언의 역사적 트라우마 치유 작업과 성찰적 공간 만들기에 관심이 많다.
최연(가명)_ 한국에 유학 중인 조선족 대학원생. 디아스포라의 이야기와 역사에 관심이 많다.
안걸(가명)_ 중국 하얼빈 지역에서 살고 있는 대학생이다.

[재일조선인과 한국인의 대담]
이태준_ 건국대학교 통일인문학 박사과정. 페미니즘을 통해 서성이는 존재에게 다가가고, 그들과 대화하는 연구를 하고 있다.
김리화_ 도쿄외국어대학과 도시샤대학 코리아연구센터 특별 연구원. 해방 후 재일조선인들이 진행한 음악 활동을 역사적으로 밝히는 연구를 하고 있다.
김리이슬_ 우리말과 일본어 통번역가. 재일본조선인인권협회 성차별철폐부회 스태프로 활동하고 있다.